直《ひた》向《む》きに勝つ

近代コーチの祖・岡部平太

橘 京平
Tachibana Kyohei

忘羊社

はじめに

世界が新型コロナウイルスのパンデミックに見舞われた二〇二〇（令和二）年。すべての人々の生活を一変させた理不尽な敵に立ち向かうかのように、九月から十二月にかけ、福岡で十回にわたって上演された演劇があった。

『ＰＥＡＣＥ　ＨＩＬＬ　天狗と呼ばれた男〜岡部平太物語』

この芝居のモデルとなった岡部平太《へいた》は一八九一（明治二十四）年、福岡・糸島《いとしま》半島の農家に生まれた。幼い頃からスポーツ万能で、講道館柔道の創始者、嘉納《かのう》治五郎《じごろう》（一八六〇〜一九三八）が校長を務める東京高等師範学校に進学。その後、アメリカに留学してスポーツ科学を学び、選手の育成に人生を投じて輝かしい実績を残した。日本で「コーチ」と呼ぶことのできる最初の人物と言える。岡部は「ルールに基づき、フェアに勝つ」ことを信条とし、そのために科学的なトレーニングを導入した。近代コーチの祖としての実績は本来、歴史に名を刻むべき輝かしいものだ。

しかし、岡部の科学的なスポーツ理論は根性論が根強かった当時の日本では異端であり、相手が誰であろうと納得するまで意見を貫く旺盛な反骨精神も災いし、波瀾万丈な人生を送った。戦前は満洲（中国東北部）でスポーツを通じた日中融和に尽くしたが、戦火で夢は破れ、一人息子も特攻隊で亡くす。それでも再び立ち上がり、戦後は福岡にスポーツの聖地「平和台」を創設。ボストン・

マラソンで日本人を初優勝に導くなど、コーチとして生涯グラウンドに立ち続けた。

私は東京オリンピック開催を控えた二〇一九（令和元）年冬、この岡部の人生をもとに脚色を加えた小説（上下巻）を上梓《じょうし》した。それを原作に舞台化されたのが『ＰＥＡＣＥ　ＨＩＬＬ』である。福岡の「劇団ショーマンシップ」と「ギンギラ太陽'S」という、結成二十年を超える二つの人気劇団による合同公演だった。

原作を読んで「ぜひ舞台にしたい」と手を挙げたのは「ギンギラ太陽'S」主宰の大塚ムネトである。大塚はスポーツを通して人を育て、平和を希求しながらも挫折を繰り返した岡部の不撓《ふとう》不屈の生き方にのめり込み、脚本を書き進めていた。

当初、公演は二〇二〇年七月のオリンピック開幕に合わせたスケジュールになっていた。岡部は過去二度、東京オリンピックに向けた日本選手団の陸上コーチを委嘱されている。しかし、一度目の一九四〇（昭和十五）年は、日中戦争の戦局激化をうけて日本が開催を返上、二度目の一九六四（昭和三十九）年は岡部自身が病魔に侵《おか》され、競技場には立てなかった。そんな岡部の無念も、舞台上演で晴らせるはずだった。

劇団が稽古入りを予定していたのは四月。しかし、コロナの第一波は拡大し、収束は見えない。三月末にはオリンピックの延期が決まり、政府は緊急事態宣言の発出へ動いた。その時点で公演は延期を余儀なくされた。

大塚は「上演できるかどうかわからない」という不安にさいなまれ、脚本化の途中で筆が止まってしまった。それを静かに見守り、支え続けたのが「劇団ショーマンシップ」座長で、主役の岡部を演じた仲谷《なかたに》一《ひと》志《し》である。仲谷は金策に走り回りながら「必ず上演させる」と大塚を励まし続けた。

緊急事態宣言が解かれ、劇団は九月に振替公演を決定。悩みに悩んだ大塚が書き上げた脚本は、当初の構想から大幅に変更されていた。

冒頭、場面は岡部が指揮を執る平和台陸上競技場の建設現場。工事を手伝う選手たちを前に、会話が交わされる。

岡部「戦争は終わった。だが苦しい時代は続く！」
全員「苦しい時代は続く！」
選手A「不安におびえながら息を潜《ひそ》め」
選手B「眠れぬ夜明けを迎え」
選手C「学校にも仕事にも行くことができず」
岡部「ただただ、じっと耐えてきた！」
全員「じっと耐えてきた！」
岡部「ただただ、生きるために耐えてきた！」
全員「生きるために耐えてきた！」
岡部「さあ進もう」
全員「進もう！」
岡部「もう今までとは違うかもしれない。まだ苦しいことが続くかもしれない。それでも前を向いて！」
全員「前を向いて！」
岡部「お互い励まし合いながら」

全員「お互い励まし合いながら」

岡部「さあ、一緒に進もう！」

全員「さあ、一緒に！」

会話の前のト書きには、こう書いてあった。

「戦後の平和復活への願いと、コロナからの復活を願うイメージ」

この言葉がすべてを表している。大塚は、戦争という悲惨で苦しい時代を乗り越えた岡部や当時の人々の姿を借りて、コロナ禍を生きる我々へのメッセージを送ったのである。

六月に入り、稽古が始まった。初めてこの冒頭のシーンを読む劇団員たちの声を聞いて、私はこみ上げるものを抑えきれなかった。公演では観客のすすり泣きが漏れ、カーテンコールは拍手と歓声に包まれた。


私が小説を書いた上でさらにノンフィクションを執筆しようと考えたのは、今この時期に、改めて岡部平太という人間の「実像」を世の中に知らしめたいと思ったからである。

岡部は常に選手の立場を重んじ、現場主義を貫いた。そのためには当時のスポーツ組織を束ねていた大日本体育協会との対決も辞さず、忖度《そんたく》なしに組織のトップとやり合った。しかし、岡部が他界して半世紀が過ぎた今もなお、日本のスポーツ界には旧態依然とした精神論がはびこり、パワーハラスメントも後を絶たない。二〇二一（令和三）年二月には、東京五輪・パラリンピック組織委員会の森喜朗会長（当時）の女性蔑視発言が問題化し、辞任に追い込まれた。発言内容そのものもだが、現場にいた組織委のメンバーが誰も異論を挟まなかったことを情けなく感じた人も多いはずだ。

もし、その場に岡部がいたら即座に反論しただろう。早くから女性選手の育成に取り組んだ岡部について、その指導を受けた日本女性初のオリンピック・メダリスト、人見絹枝《ひとみきぬえ》（一九〇七〜三一）は自著『スパイクの跡』にこう書き残している。

「岡部さんの顔は何回みてもこわい。でもあの顔で仲々《なかなか》情に脆《もろ》く、熱すればすぐ涙を流される。そこに言い知れない親しみがある。あの岡部さんの顔をみると凡《すべ》てのものを見通しているかと思われる位、断乎《だんこ》として人に譲らない所がある。自分の意見をどこまでも主張する人である。女子の斯道《しどう》にもこんな大先輩があったらと羨《うらや》ましく思われる」

人見が岡部の強さと温かい人柄に敬意を抱いていたことがよく伝わってくる。

世界的に新型コロナの収束が見えない中、この原稿を書いている四月の時点でも東京オリンピック開催の方針に変更はない。開催には人それぞれ賛否はあるにしろ、そもそもの在《あ》り方に疑問を持つ人は多いだろう。さて、岡部は何と言うだろうか。アマチュアリズムを貫いた岡部が、巨大ビジネスと化した現在の姿を苦々しく見ているのは間違いない。

コロナという未曾有《みぞう》の敵は、人類に変化を促した。それはオリンピックについても言えることではないだろうか。スポーツに生涯を捧げた岡部の直向《ひたむ》きな生き方が今、我々の行くべき道を照らしているように思える。

プロローグ　昭和の巌流島

一九五四（昭和二十九）年十二月二十二日、東京・蔵前《くらまえ》国技館。後に「昭和の巌流島《がんりゅうじま》」と称され、日本の格闘技史に残る「力道山《りきどうざん》ＶＳ木村政彦」のゴングが鳴ろうとするまさにその時、観客席にいた白髪交じりの男が立ち上がって叫んだ。

「木村、やめろ！　殺されるぞ。試合を止めろ！」

試合前の興奮に水を差す男の声に、周囲の観客は訝《いぶか》しげな視線を送ったが、世紀の大勝負が一人の老人のたわごとで中断されるはずもない。試合は予定通り始まった。

史上最強の柔道家とうたわれた木村は、プロレスラーの力道山とタッグを組み、アメリカのシャープ兄弟と対決する興行試合で各地を転戦。日本ではちょうどテレビ放送が始まったばかりで、新宿西口に設置された街頭テレビには黒山の人だかりができた。

体格に勝るアメリカ人プロレスラーを相手に日本の選手が果敢に立ち向かう映像の迫力は、戦後復興の気運とも相まって全国的なプロレスブームを巻き起こし、二人は一気に時代の寵児《ちょうじ》となった。しかし、タッグマッチで力道山の引き立て役ばかりやらされた木村が、プロレスに台本があることを暴露し力道山に勝負を挑んだことで、マスコミは二人の対決を、真の日本一を決する勝負として大々的に報じた。

試合は木村が金的を蹴ったとして怒った力道山が、突如として掌底（張り手）を連発。会場で叫んだ男の「殺されるぞ」という忠告は幸いにして外れたものの、木村はドクターストップでみじめな敗北を喫した。男は木村の完敗を当初から確信していたのである。

この男こそ、岡部平太《へいた》その人だった。一八九一（明治二十四）年九月十日、玄界灘に面した福岡県糸島《いとしま》半島の芥屋《けや》村で、農家の長男として生まれた岡部は嘉納治五郎《かのうじごろう》が興した柔道・講道館に入門。そのたぐいまれな身体能力で、学生ではただ一人四段を授与されるなど嘉納の愛《まな》弟子として名を上げる。

嘉納が校長を務める東京高等師範学校を卒業した岡部は、柔道の国際化を推し進めるために米国へ留学。さまざまなスポーツを体験し、スポーツ生理学をはじめとする専門知識と科学的なトレーニング理論を学ぶ。「根性」に代表される精神論が主流だった当時の日本で、スポーツを初めて科学的な視点からとらえた人物である。

私が岡部の名を初めて知ったのは八年ほど前、東京五輪の二度目の開催が決まった頃だった。知人と久しぶりに酒を酌み交わす席でオリンピックからスポーツの話になり、「本当にすごい人だから、伝記を書くべきだ」と熱心に勧められたのがきっかけである。

早速、ネットを検索したところ、岡部の著書が二冊出てきた。『コーチ五〇年』と『スポーツと禅の話――あがる心理の究明と克服』。絶版になっていたが、古書を探し求めて読んだところ、そのスケールの大きさと生来の反骨精神、波瀾万丈な生涯にすっかり魅了されてしまった。

一方で、競技者としての実力はもちろんのこと、近代的なコーチの先駆けとしての実績も申し分ない岡部のことを、地元福岡の人々はおろか、長らく新聞社で記者をしてきた私を含めスポーツ関係者がほとんど知らないのは不思議というほかなかった。岡部はなぜ、忘れられてしまったのだろうか――。

その疑問を解きたいと思ったが、岡部が没したのは一九六六（昭和四十一）年十一月六日。それからすでに半世紀余りが過ぎており、実際に岡部を知る人が存命なのかどうかも定かではなかった。取材を進めるにつれて、岡部の薫陶《くんとう》を受けた弟子たちとも出会うことになるのだが、ここではまず、岡部の生涯を簡潔に紹介しておくことにしたい。

岡部の日本における師は先に挙げた嘉納だったが、スポーツに対する思想という意味で最も影響を受けたのが、留学先の米国シカゴ大学で出会った、エイモス・アロンゾ・スタッグ（Amos Alonzo Stagg　一八六二～一九六五）という体育学の教授だった。スタッグは、アメリカンフットボール指導の先駆者で、職業としての「コーチ」を確立した最初の人物として知られる。

ちなみにスタッグはピューリタン（清教徒）で、大学は神学部を卒業。アメフトのほか野球やバスケットボールの選手としても活躍した。投手としてプロ球団から巨額の契約金で誘われたが、それを拒否。九十六歳までカレッジフットボール（大学アメフト）のコーチとしてグラウンドに立ち、アマチュアスポーツに生涯を捧げた。

岡部はスタッグから、スポーツマンとして最も大切なことを学んだ。それは「フェアプレーで勝つ」という信念だった。日本に初めてアメフトという競技を紹介したのも岡部だが、それもスタッグの影響だった。

スタッグの後を追い、生涯をコーチとして過ごした岡部は、選手たちにいつもこう話した。

「日本ではあまり勝てとは言わないが、スポーツは勝たなきゃいかん。しかし、ルールに則《のっと》ったフェアプレーでなくてはいかん。争うのではなく、競うのだ」

まず、勝とうとする意志を持ち、どうすれば勝てるのかを考え、努力することで人は成長する、というのがスタッグから受け継いだ岡部の考え方だった。そして、その方法として科学的な視点に基づくトレーニングを普及させていったのである。


岡部は晩年、スポーツ界への功績を認められ、朝日新聞社から一九六三年度の「朝日賞」を贈られた。ちょうど前回（一九六四〈昭和三十九〉年）の東京オリンピックが開かれる前年のこと。岡部は日本選手団の陸上強化コーチを委嘱されていた。

受賞のスピーチで、岡部はこう語っている。

「私がぜひ感謝を捧げたいと思いますのは、スタッグ先生です。私はいくらやったって一生涯かかっても先生にはとても追いつかないと思いますが、私は結局、一生涯グラウンドにおるつもりです」

スタッグとの出会いが、岡部のスポーツに対する考え方の原点となったのである。

ここで冒頭の「力道山ＶＳ木村」に話を戻す。岡部が木村の敗北を予測し、「殺される」とまで危惧したのには確固たる理由があった。実は、岡部には米国留学時代にレスラーと対戦した経験があったのである。師匠の嘉納から「柔道の国際化を図るために、レスリングを研究してこい」と指示されていたからだ。

岡部が留学したのは、一九一七（大正六）年。力道山と木村が対戦する三十七年前、すでに異種格闘技戦の可能性を探っていたのである。この時、岡部はスポーツ生理学の権威だったペンシルベニア大学の教授を介し、プロレスラーを相手にルールについて協議した。

岡部は柔道着の着用を持ち掛けたが、レスラーはどうしても承知しない。しかもプロである以上は報奨金がなければ戦わないという。道着がなければ、ルールはおのずからレスリング有利にならざるを得ない。さらに、報奨金ありきの勝負をすれば、岡部はアマチュア失格となってしまう。

こうしたことから、岡部は「ルール不成立」という結論に至り、嘉納に報告した。しかも、アメリカで垣間見た興行の世界は「金と酒と女」にまみれた別世界。いかに国際化を目指すためとはいえ、柔道が足を踏み入れるべき場所ではないと考えるに至った。

力道山との試合で、木村は柔道着を着ていない。ルールもレスリングスタイルである。柔道では十五年間無敗で、「史上最強」とうたわれた木村だったが、この力道山に絶対有利な条件では勝てる道理がない。岡部にとって試合結果は、火を見るよりも明らかだった。

実は試合の前日、岡部は旧知のスポーツ記者たちの元を訪れている。『日本スポーツを救え―野人岡部平太のたたかい』（田中舘哲彦著）に寄せた一文で、読売新聞の運動部記者だった川本信正がその時のやり取りを書いている。川本は、オリンピックを「五輪」と初めて新聞に表記したことで知られる。岡部は上京する度に川本を呼び出し、酒を酌み交わしていた。抜粋すると――。

「これから警視庁へ行こう」

「何しに行くんですか？」

「試合をやめさせるんだ」

「どうしてですか？」

「殺人事件が起こるぞ」

「大丈夫じゃないですか？　もうやることも決まっちゃってますし、今からやめさせることもできないでしょう」

「いや、そういうわけにはいかん」

――そして試合当日、冒頭のシーンになる。


川本によると、岡部は木村とは面識があり「柔道をやるなら、酒なんか飲んじゃだめだぞ」と注意していたという。木村の師匠で柔道家の牛島辰熊《たつくま》は講道館出身。岡部からすると後輩にあたる人物だった。日本一の柔道家を目指す木村に、岡部は若い頃の自分を重ねていたのだろう。しかし、大酒飲みだった木村は、試合のために出身地の熊本から上京する車中でも飲んでいたと伝えられている。

　ともあれ、木村が「殺される」という最悪の事態は免れた。岡部は「よかった。命があって」と肩をなでおろしていたというが、岡部の叫びには、後輩への愛情とともに、自分の過去の体験が生かされていないことへの苛《いら》立《だ》ちも込められていたのではないだろうか。

　それは、この「柔道対プロレス」というテーマこそが、岡部にとっては人生の分岐点となる大事件を引き起こしたものだったからだ。

　一九二一（大正十）年二月のこと。アメリカのプロレスラー、アド・サンテルが講道館に対戦を申し入れ、講道館が受諾したという記事が新聞に掲載された。留学から帰国していた岡部は、嘉納に対戦拒否を進言する。

しかし、徹夜の議論も実らず、嘉納は首を縦に振らない。師匠に直言して歯向かった責任を重く感じた岡部は、自ら嘉納の下を去ったのである。

嘉納の右腕として、講道館柔道や日本スポーツ界を牽引《けんいん》していくはずだった岡部の輝かしい未来は、この日を境に大きく変わってしまった。

アウトサイダーとなった岡部は、新天地・満洲に活路を求める。日清、日露戦争を経て大陸進出を果たした日本にとって、満洲は希望の地だった。岡部は、そこで強大な予算と権限を持つ国策会社「南満洲鉄道」（満鉄）の体育部門の責任者となる。

岡部は内地の「大日本体育協会」とは別組織の「満洲体育協会」を創設。日本初の陸上の国際試合となる「日仏対抗陸上競技大会」を開催したほか、総監督として極東選手権で優勝を果たすなど、破竹の活躍を見せる。

その一方で、中央集権型の手法を強める大日本体育協会とは鋭く対立。日本選手団長を務めたフィリピン・マニラでの極東大会では、審判の不正に抗議して大会をボイコットするなど、持ち前の反骨心でスタッグから学んだ「フェアプレー」精神を貫く。

こうして「満洲の雄」となった岡部は、スポーツを通じた日中交流に尽力する。とくに現地の軍閥を率いた張学良《ちょうがくりょう》（一九〇一〜二〇〇一）とは馬が合い、スポーツ大会を多く手掛けた。それは、高まる戦争の危機をスポーツの力で回避しようとする岡部なりの努力だった。しかし一九三一（昭和六）年、満洲事変の勃発に伴い、考えもしなかった裏切りによって軍部に追及された岡部は、処刑の危機に追い込まれてしまう。
辛《から》くも処刑を免れた岡部は、再びスポーツによって日中の若者たちの融和を図ろうとするが、戦争の激化がその行動を阻む。一九四五（昭和二十）年一月には首相の小磯国昭《くにあき》に戦争中止を直《じか》談判するも、時すでに遅し。一人息子は学徒出陣で特攻し、沖縄の空に散る。

悲嘆にくれた岡部だったが、一人息子の死を無駄にすまいと敗戦後、郷里で再起を図る。一九四八（昭和二十三）年、福岡市で開催された第三回国民体育大会の事務局長を任せられた岡部は、連合国軍最高司令官総司令部（ＧＨＱ）が接収して駐留していた土地を奪還し、大会の主会場とすることに成功する。

ＧＨＱ幹部との度《たび》重なる折衝《せっしょう》で、岡部はこの言葉を繰り返した。

「もう戦争は終わった。ここをスポーツによるピースヒル（平和台）としたい」

主会場となった小高い丘は、福岡城、陸軍連隊、そしてＧＨＱと長らく兵士たちの拠点となってきた。しかし、今こそ平和の拠点として生まれ変わらせたいという、岡部の強い意志がＧＨＱを動かしたのである。

岡部はここを「平和台陸上競技場」と命名した。

国体を成功に導いた岡部は、日本のスポーツを再興するため、コーチとして果敢に挑んでいく。とくに「日本人が世界で勝てる競技」としてマラソンに着目し、選手の育成に力を注ぐ。

一九五〇（昭和二十五）年、日本初のオリンピック・マラソン選手、金栗四三《かなくりしそう》（一八九一〜一九八三）に呼び掛けて「オリンピックマラソンに優勝する会」を設立。監督として日本選手団を率いた一九五一（昭和二十六）年の米国ボストン・マラソンで、日本人初優勝を成し遂げた。

現在の平和台。中央が平和台陸上競技場、手前が平和台野球場跡地（西日本新聞社提供）

それは世界のスポーツ界を熟知し、科学的トレーニング法を知る岡部だからこそ成し得た結果だった。その後も岡部は、高地トレーニングを提唱するなど、草創期の日本マラソン界を牽引していく。

岡部が生涯に取り組んだスポーツは、柔道、剣道、アメリカンフットボール、陸上、水泳、野球、ラグビー、サッカー、レスリング、ボクシング、バスケットボール、バレーボール、サーフィン、スキー、スケートなど多岐に及ぶ。

一九六三（昭和三十八）年一月に行われた岡部の朝日賞授賞式で、金栗はこう祝辞を述べている。

「これだけ多種多様のスポーツをやったのは、日本にはおりますまい」

「（科学的なトレーニングを）本当に真剣にやろうと発案して実行したのは、ここにおる岡部です」

ただ一方で、こうも語っている。

「今まであんまり世の中に言えなかったのは元気が良すぎて意見が強い、角《かど》がある。それでしょっちゅう人とぶつかっておった。それほどまでに自分が研究心、または意欲があるということは、これは勝負師、競争をやる人には一番大切な要素と思っております」

それを受け、岡部は授賞スピーチの最後にこう語っている。倒れる半年前のことだ。

「これから一生懸命で日本のスポーツ界のために、純粋なスポーツのために働くつもりでございます」

岡部が生涯をかけて追い求めた「純粋なスポーツ」は今、受け継がれているのだろうか。そんなことにも思いを馳せながら、彼の人生をたどってみたい。

第一章　敗戦国に勝利を

コーチとしての岡部が最も輝きを放ったのは、一九五一（昭和二十六）年四月十九日、米国で開催された第五十五回ボストン・マラソンだった。日本人がマラソンの国際大会で史上初めて優勝した大会で、この時、日本選手団の監督を務めたのが岡部である。

ボストン・マラソンは世界で最も歴史あるレースで、米国では国民的行事となっている。最近では二〇一八（平成三十）年に市民ランナー出身の川内《かわうち》優輝《ゆうき》が、一九八一（昭和五十六）年の瀬古《せこ》俊彦以来、三十一年ぶりの優勝を果たして注目された。川内は日本人優勝者としては八人目である。

しかし、今と当時とでは「日本人優勝」の意味合いが全く違う。当時は太平洋戦争終結からまだ六年後で、敗戦国・日本は連合国の占領下にあった。一九四八（昭和二十三）年のロンドン・オリンピックには出場が許されず、日本が国際試合に復帰したのはこのボストン・マラソンが初めてだった。

スポーツの世界ではあるものの、日本が復権を果たしたという意味は、とてつもなく大きかった。ちょうど同じ日、実質的に日本を統治してきた連合国軍最高司令官のダグラス・マッカーサー（一八八〇〜一九六四）が退任。米紙「ボストン・グローブ」は一面トップにマッカーサー、二番手に日本人優勝の記事を配置しており、この日が時代の転換点となったことを明瞭に示している。

BASEBALL FINAL
Boston Evening Globe
Jap Star Wins Marathon
MacArthur Warns:
FINAL SCORE
Braves 2 Giants 4
A-Bomb Survivor Captures Marathon
Blasts Any U.S. Appeasement
50 Percent Cut in May Draft for Bay State
Most Soldiers Know Old Song General Quoted
1st 10 Finishers
U.S. in Imminent Peril
Flee as Fire

「ボストン・グローブ」紙の一面を飾った田中茂樹の記事（1951年4月19日付）

このボストン・マラソンで世界の頂点に立ったのは、二十歳になったばかりの田中茂樹（一九三一〜）だった。歴史に名を刻んだこの偉大なランナーは、まだ存命なのだろうか。岡部から直接指導を受けた選手たちの多くが鬼籍に入っている。田中の年齢を計算すると、八十代の半ばだ。しかし、過去の新聞記事などを調べても、その消息は全く知れない。

一縷《いちる》の望みをかけて、私は陸上関係者をたどった。伝言ゲームのように数人を経て、ようやく連絡先がわかったのは、二〇一七（平成二十九）年六月のことだった。教えられた番号に電話を掛ける。三回目のコールで、張りのある男性の声が聞こえてきた。

「はい、田中です」

取材の意図を説明すると、間髪《かんぱつ》入れずに答えが返ってきた。

「ほう、岡部先生ですか。懐かしいなあ。最近はもう取材は受けてないんですが、恩人の岡部先生のことなら、ぜひ話がしたい。マラソン界で指導を受けて生きているのは、もう俺しかいませんから」

田中は栃木県宇都宮市に住んでいた。一体どうやって世界制覇は成し遂げられたのか。ようやく会えた田中の証言と岡部が残した文章などから、当時を再現したい――。

栄冠への出発点となったのは一九五〇（昭和二十五）年二月十九日、佐賀市で開催された二十キロロードレースだった。岡部はこの二年前の一九四八（昭和二十三）年、福岡で開かれた第三回国体を事務局長として成功させていた。岡部は当時の心境を著書の中でこう記している。

「私には何だか不思議にピンとくるものがあった。これは大事なレースだと考えた。敗戦以来、日本国民全体に浸透した虚脱感や劣等感は甚《はなは》だしいものがあった。しかしそれを払拭《ふっしょく》しない限り、日本の再建は恐らくむずかしい。自分は国体を終わったあとこれを踏み切り台にしてみよう。とそんな風に考えて佐賀に出た」（『コーチ五〇年』）

その直感は当たった。視察に訪れた岡部は、日本人初のオリンピック・マラソン選手、金栗《かなくり》四三《しそう》と偶然、再会する。東京高等師範学校（東京高師）の同窓でもある二人は同い年で、この時、五十八歳。久しぶりに顔を合わせ「おー、生きとったかあ」と声を掛け合うと、岡部はそれまで温めていた計画を金栗に熱く説いた。

「日本人は身体的に見ても、世界で勝てる陸上競技はマラソンしかありません。いち早く恒常的な練習会を開いて世界に挑戦しましょう。きょうのレースを見て何とかしないといけないと思いました。勝利を目指してひたすらにゴールに向かって走る若者の姿に勇気をもらいました」

金栗は黙って岡部の話を聞いていた。マラソンで世界制覇し、日本を復興させたいという思いは、金栗も同じだった。岡部の言葉に突き動かされた金栗は「よし、やろうじゃないか」と即決。ロードレースを主催していた朝日新聞社西部運動部の伊藤寛に協力を求めて寄付を集め、「オリンピックマラソンに優勝する会」を結成したのである。

　岡部と金栗の二人はともに東京高師の校長、嘉納治五郎《かのうじごろう》を師と仰いだ。金栗は熊本県玉名《たまな》郡春富《はるどみ》村（現・和水《いずみ》町）出身で、入学は岡部より三年早い。これは、岡部が十六歳以上しか入学が認められなかった福岡師範を経て東京高師に入学したためである。二人は東京高師時代に出会っていた。金栗は東京高師時代に嘉納からマラソンの力を認められ、日本が初参加した一九一二（明治四十五）年のストックホルム・オリンピックに出場。岡部は柔道家として講道館の創設者、嘉納の愛《まな》弟子として名を上げた。

　岡部は房州（千葉県南部）での夏の水泳合宿について「私の歩んだ道」（『学校体育』一九五二年七月号～十二月号）という文章に、こう書いている。

「（朝八時に出てから夕方五時に帰り着く遠泳は）泳ぎの技術よりも体力の方が物を言うので、マラソンの練習に来ていた金栗さんと私が列の先頭を泳ぎ、あと千メートルばかりになって私から寮までの競走を金栗さんに挑んだ。二人とも一生懸命に泳いだが海岸に足がつくとペタペタと砂の上に座り込んでしまった。元気はあっても十里も泳げば脚の力はなくなるものと見える」

　負けず嫌いの二人らしい青春時代のエピソードがほほえましい。

　金栗の三度目のオリンピックとなった一九二四（大正十三）年のパリ大会は、岡部が朝日新聞社の特派員として視察している。著書『世界の運動界』によると、選手たちと一緒にコースを下見した際、金栗は「石敷きの所は脚を痛めはせぬか」と心配していたという。レース当日、報道車から見た様子を「三十三番待ったが金栗選手の姿は見えない。こんなはずはない」と記した岡部は、ゴール地点でも姿が見えず選手宿舎を訪問。金栗が完走できなかったことを知って残念がっている。

戦後になってからは、福岡市で開催された第三回国体の視察で再会したようだ。西日本新聞にこんな記事が掲載されている（一九四七〈昭和二十二〉年十月七日朝刊）。

> **◎金栗さんもマラソンコース検分**
> 来福中の国民体育大会選考委員一行は、郷土の競技界の先輩岡部平太《へいた》、マラソン王金栗四三両氏の発意で、到着早々、マラソンコースとして予定されている下《しも》ノ橋から糸島《いとしま》郡前原《まえばる》町に至る四十二キロ余の全コースの下検分を行った。

下ノ橋は現在、平和台陸上競技場がある辺り。このコースは現在行われている福岡市民マラソン〈福岡市～糸島市〉の基本になっている。国体準備委員長だった岡部が、親しかった金栗を招いたのではないだろうか。

「優勝する会」のコーチは岡部と金栗に加え、アムステルダムとロサンゼルスで二度のオリンピック・マラソンに出場し、入賞した津田晴一郎。監督は先述の朝日新聞の伊藤が務めた。ロードレースに出場した選手を中心に招待状を送り、福岡市の百道《ももち》海岸近くにあった福岡県の社会教育会館を宿舎に、さっそく翌三月から合宿に入った。

マラソン界では著名な金栗の名前が効いたのか、選手はロードレース一般の部で優勝した田茂井《たもい》宗一《そういち》や小柳舜治、高校の部の覇者、田中茂樹ら九州や関西から実力者が顔を揃えた。終戦から五年。福岡市内にはまだ闇市《やみいち》が残り、金も物もない頃である。それでも選手たちは米と毛布をリュックに詰めてやってきた。

「オリンピックマラソンに優勝する会」の合宿で酒を酌み交わす岡部平太（右）と金栗四三（1950〈昭和25〉年3月ごろ、福岡市にて。大森みどり提供）

　ただ、ひとつどうしてもわからないことがあった。岡部が書いた『コーチ五〇年』には選手たちのタイムや大会の成績が記録として残されているものの、どういう練習が行われていたかが、今ひとつ判然としなかった。岡部の科学的な視点によるトレーニングが行われたに違いないと推測はできたが、証拠がなかったのである。

　手掛かりを探していたところ、岡部の孫が横浜市にいることがわかった。岡部には一男二女がいたが、長女の鞠子《まりこ》は若くして病死、長男の平一《へいいち》は特攻隊で戦死した。横浜市にいるのは次女の瑠璃子《るりこ》の一人娘、大森みどりである。

　私は二〇一八（平成三十）年三月、横浜市に向かった。ＪＲ新横浜駅から二十分ほど歩くと、広大な敷地に建つマンションが見えてきた。その一室がみどりの自宅だった。玄関のチャイムを鳴らすと、みどりがほほ笑みながら出迎えてくれた。

「祖父は私には優しかったですが、祖母には苦労もあったようです」

　思い立ったら前後を顧《かえり》みずに即行動する岡部を支える大変さは、想像に難くない。まだ幼かったとは言え、みどりはそうした家族の様子を見ていたのだろう。

　自宅には岡部の遺品が保管されていた。一九四八（昭和二十三）年の福岡国体のポスター、一九六四（昭和三十九）年の東京オリンピック陸上コーチの委嘱状、愛用のストップウオッチ、写真類などを見せてもらったが、疑問を解くヒントは見当たらなかった。

ところが、取材から半年ほど過ぎた二〇一八（平成三十）年の夏、みどりから古いオープンリール式のテープが送られてきた。遺品を整理していて見つけたものだが、聴くことができないので内容はわからないという。タイトルには「朝日賞」とある。朝日賞は、朝日新聞社が創設した賞で、調べてみると、岡部はマラソン選手育成の功績を認められ、一九六二（昭和三十七）年度に受賞していた。当時七十一歳だった。

専門業者に依頼すると、再生できるという。聴いてみて驚いた。そこには、受賞スピーチをする岡部の肉声（約五分間）が収められていたのである。初めて耳にする岡部の声は野太く、とつとつとしながらも、包容力に満ちていた。さらに貴重だったのは、祝辞を述べる金栗の声（約二十七分間）も収められていたことである。金栗は岡部と設立した「オリンピックマラソンに優勝する会」の活動を詳細に振り返りながら岡部を称賛していた。その内容から、岡部の先駆的な意見を金栗が取り入れていった様子もわかってきた。

テープによると、金栗は技術よりも精神論に重きを置いていた。「相手が一分間に二百歩足を運ぶ時に、自分は二百二十歩行けば、二十歩速いから必ず勝つ。そして人が一時間練習するのに二時間練習すれば勝つ」と信じていたのである。

一方、スポーツを科学的視点でとらえていた岡部はその著書で、マラソンを「肺と心臓で走る競技」と定義している。それは、米国で学んだ生理学を基礎に、酸素と血液の関係から導かれたものだった。筋肉を収縮するエネルギーは、グリコーゲンという物質を分解することによって作られるが、その際に生成される乳酸が蓄積すると筋肉の収縮が困難になる。しかし、酸素が十分に供給されれば乳酸の一部はグリコーゲンに再合成される。

その鍵を握るのが、体重一キロあたりに一分間に取り入れる酸素の量、つまり最大酸素摂取量である。この最大酸素摂取量を向上させて酸素を十分に取り入れ、血液によって体内に循環させればエネルギーは供給され続けることになる。

そのために必要な練習が、日本にはまだ本格的に導入されていなかったインターバル走だった。距離を一定にして、速く走るのとゆっくり走るのを交互に繰り返すことによって、心肺機能とスピードの両方が鍛えられる。相手についていけないと負けるし、競っている時は一気に抜き去るスパートができないと勝てない。

岡部は戦前、一流選手の指導法を学ぶために世界を行脚《あんぎゃ》した。その時、フィンランドで見た中長距離界の王者、パーヴォ・ヌルミ（一八九七〜一九七三）のインターバル練習が脳裏に焼き付いていたのである。この時の岡部の考えを立証するかのように、インターバル走を徹底的に取り入れたチェコのエミール・ザトペック（一九二二〜二〇〇〇）は、日本で「優勝する会」が始動した二年後の一九五二（昭和二十七）年に開催されたヘルシンキ五輪で五千メートル、一万メートル、マラソンの三冠を果たす。

ヌルミの練習を参考にしながら、岡部は金栗に持久力とスピードの双方を鍛える必要性を説いた。三度のオリンピックに出場した金栗もスピードの重要性には気付いていたが、実践する術《すべ》を持っていなかった。

「たしかにスピードは重要だ。よし、やってみよう」

金栗は岡部の先見の明と具体策に感心し、未知の練習に挑むことにしたのである。

練習会場は、福岡市の平和台陸上競技場と大濠公園だった。岡部は米国留学時代に愛用していたストップウォッチを手に、インターバル走のタイムを計測した。

その様子を詳しく知るために、私は田中の住む宇都宮市へと向かった。待ち合わせ場所のＪＲ宇都宮駅改札口の正面に、グレーのシャツに黒の短パン姿の田中が立っていた。「ご自宅で話をさせてもらえませんか」と言う私に、田中は笑みを浮かべながら「いやいや、積もる話もある。一杯やりながら話そう」と、駅から徒歩十分のところにある居酒屋へと誘った。

この時田中は八十七歳。頭髪は薄く、目じりのシワも深く、どこにでもいる普通の高齢の男性に見えた。しかし、店に向かう後ろ姿を見ると、背筋は伸び、短パンから見えるふくらはぎは、膨れ上がり張りがある。歩くスピードも速い。足腰は健在で、勝負した体力と胆力は衰えていなかった。

暖簾《のれん》をくぐると、カウンター六席とテーブル二卓しかないこじんまりした店内は、まだ午後二時過ぎとあって、客は誰もいなかった。テーブルに座ると、田中はかばんの中から、アルバムを取り出した。そして「優勝する会」やボストン・マラソンの写真を見せながら、当時の記憶をたどり始めた。

「岡部さんには、不思議な練習ばかりやらされた。四百メートルや千五百メートルを何分で走ってこいとか。それに集団で走らされたかと思うと、一番後ろの選手が追い抜いて先頭を走れとかいう指示が出た。あの時はわからなかったが、それがインターバル走だった」

岡部は選手の体調管理についても細心の注意を払っていた。金栗はこう証言している。

「走ること以外にも疲労回復や栄養問題について研究し、本当に真剣にやろうと発案して実行したのは岡部君だった」

最初に提案したのは、選手の疲労度に関する科学的調査だった。岡部は、炭鉱労働者の労働環境を調査していた三井山野《やまの》炭鉱（福岡県嘉麻《かま》市）の研究所に協力を依頼。選手が走る前後の尿や血液、呼気を採取して調べた結果、マラソンで一時間半を走る疲労度は、炭鉱労働で最も激務だった木材運搬に匹敵することがわかった。

田中は合宿の食事を思い起こす。

「すき焼きが出て驚いていると、岡部先生は『疲労回復には食事と睡眠が一番だ。食え食え』と笑っていた。根性論や精神論ばかりの時代で、そんなことを言う人は初めてだった」

マラソンの疲労度の高さを示す調査結果を踏まえ、岡部はすき焼きなどカロリーの高い食事を選手に摂《と》らせたのである。

合宿ではクロスカントリーもメニューに加えた。世界行脚でイギリスのコーチから「平坦な道ばかり走ると同じ筋肉に疲労が蓄積して、故障の原因になる」と聞いていた岡部の発案だった。こうした指導の下、優勝する会ではすべての練習が科学的見地に基づいて行われた。

福岡合宿に始まり、宮崎県延岡市、山口県宇部市と三回の合宿を終えると、選手はみるみる力をつけていった。十キロのタイムは全選手が向上。特に田中の成長は著しかった。

広島県北部の比婆《ひば》郡敷信《しのう》村出身の田中は十四歳で父を亡くし、二人の兄は軍隊に応召《おうしょう》された。そのため母の農作業を手伝いながら一年遅れで比婆西高校に進学した。高校までは片道四キロの山道。

「オリンピックマラソンに優勝する会」の集合写真。後ろから二列目中央が岡部平太。右端に金栗四三、最前列右端に田中茂樹の姿も見える（1950〈昭和25〉年8月ごろ、山口県宇部市にて。大森みどり提供）

そこを毎日走って通っているうちに、周囲からは「いだてん田中」と呼ばれるようになった。

「田中は純真で練習熱心。合宿ではベテラン選手に食いついて離れなかった。面白い存在になる」

岡部が注目した田中は、合宿当初と比較すると十キロでタイムを四分も縮めていた。ほかの選手も記録を伸ばしている。手応えをつかんだ岡部は、金栗に壮大な計画を打ち明けた。

「来年春のボストン・マラソンに選手を派遣しましょう。敗戦で打ちひしがれた日本人の誇りを取り戻すには、アメリカの伝統ある大会を制するのが一番です」

ボストン・マラソンは一八九七（明治三十）年に始まった、世界で最も古い大会である。金栗は岡部の大胆な計画に驚きながらも賛同したが、問題があった。日本はいまだ占領下にあり、国際大会への出場が認められていなかったのである。

ただ、岡部には目論見《もくろみ》があった。ボストン郊外にあるハーバード大学の陸上部では、世界行脚をした時に知り合ったヤコウ・ミッコラがコーチとして指導していたからだ。米国の恩師スタッグも力になってくれるはずである。岡部はすぐ筆を執り、二人に手紙を書いた。

『日本から選手団を派遣したい。日本人が敗戦の苦しみから立ち上がるために、ぜひ力になってほしい』

それから一カ月後、ミッコラから返事が届き、封を開けると正式な招待状が入っていた。


年が替わった一九五一（昭和二十六）年二月四日、選考会を兼ねた大会が山口市で開催され、田中が見事な走りで優勝した。しかも二時間二十八分十六秒の日本記録である。戦前の一九三六（昭和十一）年、ベルリン・オリンピックで孫《ソン》基《キ》禎《ジョン》（日本統治時代の朝鮮出身）が金メダルに輝いた二時間二十九分十九秒を上回る驚異的なタイムだった。

この結果、ボストン派遣選手は田中を含め、小柳舜治、拝郷《はいごう》弘美《ひろみ》、内川義高《よしたか》の四人に決まり、監督に岡部、コーチに津田晴一郎が選ばれた。

岡部は選考レース後、報道陣にこう語った。

「極めて常識的な予想として、日本が勝てるという期待を持っている。田中が（孫基禎の）オリンピック記録を破っているということのほかに、四人とも甲乙ない実力を持っている。普通のマラソンなら前半で外国選手に離されるのだが、今度はそんな選手は一名もいない」

「マラソンや水泳は徹底的に持久力が物をいうので、他の競走のように体格の大小や体重が直接物をいわない。私はその点に不動の信念を抱いている」

岡部の発言は、感覚的なものではなかった。田中の記録が示すように、インターバル走やクロスカントリーを取り入れたことで、選手が世界でも負けないスピードを身に付けたということが勝利への自信につながっていたのである。

しかし、岡部とは逆に選手は不安に駆られていた。日本選手団に選出された時、田中は岡部とこんな会話を交わしたという。

「岡部さん、なぜ、アメリカで走らないといけないんですか。戦争で戦ったアメリカでレースをするなんて、敵国に乗り込むことを意味しているんですよ。それは我々が捕虜にされることを意味しているんじゃないですか？」

「心配するな。私はアメリカに留学して生活をしていたんだ。きみらが思っているような国ではない。それに監督、コーチの仕事というのは、各選手のコンディションを最高に保ち、大事な一発勝負で悔いを後に残さない完全なレースをやらせることだ。それを私が責任を持ってやる。きみたちは、ただ走ることに専念すればいい」

この言葉を田中はボストンに乗り込んで実感することになる。

日本選手団は一九五一（昭和二十六）年四月二日、羽田空港からハワイ、サンフランシスコ経由でボストンに向かった。一行がボストンにあるジェネラル・エドワード・ローレンス・ローガン国際空港に到着すると、ボストン体育協会の関係者らが

ボストン・マラソン出場のため空路到着した日本選手団（田中茂樹提供）

迎えてくれた。一人ずつに首飾りを掛け、記念撮影が始まる。食事も豪勢だった。

「砂糖もある。肉もある。果物もある。何でもある。こんな国の人と戦って勝てるわけがない。でもし勝ったら、きっとアメリカは日本を認めるに違いない」

田中の胸中には、不安と闘争心が交錯していた。

そんな田中が数日後、米国防総省から調査を受けることになった。その理由は、田中が広島の人間だったからである。

国防総省の男が、通訳を介して田中に訊ねた。

「あなたは本当にヒロシマから来たのか？」

「もちろんです。生まれも育ちも広島の人間です」

「ではこの写真は実際にあったことなのか？」

そこには原爆投下で亡くなった人や大けがをした人、焼け野原になった街並みが映っていた。田中の村は広島市内から遠く離れていたため、被爆はしていなかったが、村に運び込まれた被爆者もおり、原爆の悲惨さは十分に知っていた。

「事実です。あなたたちが原爆を落としたせいです」

「ヒロシマの人間は全員死んだと思っていたが、そうではなかったのか。では、あなたに訊きたい。戦争を起こさないためには何が必要ですか？」

「必要とかいう問題じゃない。戦争を起こさなければいいだけだ。そんなの当たり前じゃないか！」

田中はストレートに自分の気持ちをぶつけた。すると、男は通訳と一緒に拍手をした。

「あなたの言っていることはもっともだ。大会では応援する。頑張ってくれ」

国防総省の人間が自分の意見に賛同するとは思ってもいなかった田中は、不思議な気持ちで男が差し出した右手を握り返した。

米国側は初出場の日本選手団を手厚く遇した。練習は岡部と親交があるミッコラの計らいで、ハーバード大学のグラウンドと周辺の道路が使えることになり、現地のメディアや日系人が連日押し寄せた。大会コースを試走する時には、一般の車が邪魔にならないように交通整理もしてくれた。

現地に入ってからの岡部は、選手たちの体調のピークを大会当日に持っていくことだけを考えていた。過去のオリンピックで日本が敗れた原因の一つを「現地でのオーバーワーク」と分析した岡部は長い距離を走らせず、インターバル走を中心に調整させた。食事にも注意を払い、ニューヨークですき焼き店を経営する知人からコックを送り込んでもらっていた。

こうして選手たちは少しずつ生活に慣れてきたが、それでもまだ不安は拭《ぬぐ》えていなかった。日本人が経営するアパートを借りた宿舎で、夜になると選手たちは声を潜《ひそ》めて話し合った。

ボストンの街で練習する田中茂樹（左端）ら4選手（1951〈昭和26〉年4月、田中茂樹提供）

「アメリカ人が優しく接してくれたのには驚いたが、もし負けたらどうなる？　やはり捕虜になってしまうのか？」

「そうだな。四人の中で誰でもいいから優勝しないと、ひどい目に遭《あ》うだろうな」

大会が近づくにつれ、選手たちは初めて経験する重圧に押し潰されそうになっていた。そんな気持ちを察した岡部は大会二日前、朝のミーティングでこう話した。

「今日の昼、フィギュアスケートという競技がある。いろんなスポーツを観るのも勉強になるぞ。行きたい者はいるか？」

誰も反応しない中で、田中だけが手を挙げた。

「私は行きます。ぜひ観てみたいです」

「じゃあ、付添人と一緒に行きなさい」

フィギュアスケートの会場に着くと、田中はスタンド席に座った。競技はすでに始まっていて、女子選手が氷の上で飛び跳ねたり回転したり滑ったりしていた。

「これは何をやっとるんですか？」

初めて見る光景に驚いた田中は、付添人の男に訊いた。

「氷の上での演技に、審判が点数をつけて競う競技です」

田中はいきなり唸《うな》り声を上げた。

「おおお、これはまるで舞妓《まいこ》さんが舞っとるようじゃ」

うっとりと見つめる田中は、興奮しすぎたせいか、いつの間にか鼻血を流していた。

「あれでもう緊張は吹っ飛んだ。アメリカは想像していたのとは全然違ってスケールが大きいし、素晴らしい国だと思った」

　田中を縛り付けていた敵対心や警戒心は消え、プレッシャーからも解き放たれていた。

　一九五一（昭和二十六）年四月十九日正午、百五十三人の選手は一斉にスタートを切った。日本の選手たちは、岡部からレースの戦い方を口酸《す》っぱく説かれていた。

「いいか。我々はこの一年、スピード練習をしてきた。外国人選手は前半に飛ばしてくる。しかし、それに煽《あお》られるな。これまでの練習通りに自分たちのペースを守れば、外国人選手が飛ばしても離されることはないし、後半には絶対に抜き返せる」

　岡部の予想通り、日本選手のレース運びは順調だった。小柳が快調な走りで、折り返しまでトップで通過した。三番手を走る田中も、これまでにない体の軽さを感じていた。

「全然きつくなかった。飛ばしたかったが、岡部さんの指示が頭に残っていて、自分のペースで走ることに徹した」

　すると、二十六キロ付近、ボストン特有の「心臓破りの丘」に入った時だった。沿道から日本語の声援が聞こえてきた。ボストンで暮らす日系人たちの中には、戦時中に強制収容された者も多かった。日本選手の応援に力が入らないはずはない。

「田中、頑張れ」

「小柳のペースが落ちたぞ！　急げ！」

　この声援で田中の脳裏に岡部の言葉が浮かんできた。

「いいか、勝負を仕掛けるのは一度きりだ。相手の蹴り足を見ろ。蹴り足が弱まっている時は疲れている証拠だ」

　前を走る選手の足に目をやると、靴底が見えなくなっている。

「よし、今だ！　ここから先は俺の得意な坂が続く」

　田中は一気にスパートをかけた。起伏の激しいコースは、インターバル走とクロスカントリー走の成果もあり、得意になっていたのである。田中は無我夢中で四カ所の上り坂を駆け上がり、一人抜き、二人抜き、そして最後の下り坂を懸命に走り、ゴールに飛び込んだ。両手を広げて待ち構えていた岡部が、田中を抱き締めて大声で泣いている。

　しかし、田中は岡部がなぜ泣いているのかわからなかった。会場に響き渡る歓声に包まれて控室に戻ると、誰かから「勝ったぞ」と言われたがピンとこない。すると、岡部から「電話だ」と言って受話器を渡された。出ると電話口の向こうから興奮した声が聞こえる。

「田中さん、優勝おめでとうございます。今の気持ちを聞かせてください」

　岡部の地元、福岡の西日本新聞社からかかってきた国際電話だった。

「えっ！　優勝？　私がですか？」

　この時、田中は初めて自分が優勝したことを知った。二位に三分三十秒もの大差をつけていたが、ゴールにはテープがなく、一位になったのがわからなかったのである。

　表彰式でボストン市長から月桂冠を頭に載せられ、金メダルを受け取ると、外国人選手たちが駆け寄ってきた。何かと思うと、シューズを脱げと催促された。

「おお、ちゃんと指が五本あるじゃないか。人間で良かった」

ボストン・マラソンでゴールを駆け抜ける田中茂樹（田中茂樹提供）

外国人選手たちがジョークを交えて一斉に笑いだした。田中が履いていたのは、ランニングシューズではなく、金栗が初出場した一九一二（明治四十五）年のストックホルム・オリンピックから愛用してきた「金栗足袋《たび》」だった。マラソン用に改造を重ねて四十年近くの月日が過ぎてようやく、田中はこの足袋で日本人として初めて世界のトップに立ったのである。

田中の快挙はニュースとして世界中に打電された。アメリカの新聞は、広島から来た青年を「アトムボーイ」「アトミックボーイ」と称え、一面を飾った。田中が記事を眺めていると、同じ一面のトップには連合国軍最高司令官マッカーサーの退任を伝える記事が掲載されていた。日本に進駐した権力者の「老兵は死なず、ただ消え去るのみ」という演説と並んだ「ＪＡＰＡＮ」

ジョー・ディマジオと握手を交わす田中茂樹（田中茂樹提供）

勝利の文字。万感の思いを募らせた田中は「どうだ、みたか！」と思わず叫んでいた。

田中の優勝を筆頭に、残る三人も九位以内に入る好成績を残した日本選手団は、祝いを兼ねて大会翌日からアメリカ各地を旅行した。

ニューヨークでは大リーグのヤンキースタジアムを訪問した。選手一人一人が場内アナウンスで紹介され、スーパースターのジョー・ディマジオが田中ら選手と握手を交わした。フロリダでは、一九二四（大正十三）年のパリ・オリンピックの競泳自由形で三つの金メダルに輝き、その後、俳優に転身して映画『類猿人ターザン』の主役を演じたジョニー・ワイズミュラーからハリウッドを案内された。

この祝勝旅行、実は訪米前から岡部が計画したものだった。師匠スタッグに頼んで、選手たちが有名人に会えるよう手配していたのである。ボストンでの優勝をいかに岡部が確信していたかがわかる。

ただ、肝心の岡部は大会が終わるとすぐ姿を消してしまった。向かったのは、東部のボストンから二千キロ離れた中西部のアイオワ州。アイオワ大学で体育学教授のチャールズ・マックロイから運動能力テストについての講義を受けるためだった。それからさらに三千キロ離れた西海岸へ向かった岡部は、カリフォルニア州ストックトンのパシフィック大学でフットボールのコーチを務めてい

クラウチングスタートの格好で写真に収まるジョニー・ワイズミューラーと田中茂樹（田中茂樹提供）

たスタッグと二十七年ぶりの再会を果たした。こうして、大陸横断の旅を終えて帰国したのは六月下旬になってからだった。

ひと足先の五月上旬、帰国した選手たちは大歓迎を受けた。田中は何度も優勝パレードに担ぎ出されたという。

「岡部さんがいなかったら、私の優勝はあり得なかった。勝利に導くために選手の気持ちを考えるとか、体調管理も考慮して最新のトレーニングを取り入れるとか……。ボストンでフィギュアスケートを見せる発想なんて、どの指導者も考えつかなかったのではないか。人間的にもスケールが大きくて、あんな指導者は見たことがない」

居酒屋で三時間近く話し続けた田中は、帰り際《ぎわ》にしみじみと語った。

岡部が盟友、金栗と立ち上げた「オリンピックマラソンに優勝する会」は、その後も西田勝雄《かつお》、広島庫《くら》夫《お》、山田敬蔵《けいぞう》、浜村秀雄、貞永《さだなが》信義らトップ選手を育成。ボストンでの二度の優勝を含めて国際的なマラソン大会で十年間に六度も優勝させ、黎明期にあった日本マラソン界の礎《いしずえ》を築くことになるのである。

第二章　天狗と呼ばれた男

ここで岡部平太《へいた》の生い立ちに触れておこう。

生を受けたのは一八九一（明治二十四）年。日清戦争の三年前、日本が富国強兵に突き進んでいる頃である。郷里の芥屋《けや》村（現・福岡県糸島市志摩新町）がある糸島《いとしま》半島には、まだ鉄道は敷かれていない。村は玄界灘の大海原に面し、背後には糸島富士と呼ばれる可也山《かやさん》が鎮座している。

この自然豊かな村で、岡部は四男五女の長男として生まれた。父峰吉《みねきち》と母キタは農業の傍《かたわ》ら、養《よう》蚕《さん》業と櫨蠟《はぜろう》業を営んでいた。櫨蠟は、ハゼノキの実から作るロウソクの原料で、まだ電灯が普及していなかったこの頃、農家の副業として貴重な収入源になっていた。

福岡近辺では、いたずらっ子のことを「悪僧《わるそう》坊主」と呼ぶが、岡部はその典型だった。「遊びといたずらには、少しの不自由もなかった」と自身も述懐しているように、大人の目を盗んで農家が育てた果物を食べ散らかすのは日常茶飯事。田んぼや畑では戦争ごっこをして荒らし回り、炭焼き小屋で一晩を過ごして家出騒動になったこともあった。

その悪僧ぶりが、一大事を引き起こす。

通学していた小学校の近くにため池があった。秋口になっても水は生暖かく、体力を持て余していた岡部は、よく一人で泳いでいた。ある夕方、漁師のおかみさんが歩いてくる。岡部はとっさにいたずらを思いつく。バシャバシャと音を立てては潜り、遠くから浮かび上がって……を繰り返し、注意を引いたところでハスの葉の茂みから坊主頭をのぞかせた。
　その途端、おかみさんは「河童《かっぱ》だ」と大声を出して走り去り、村中のうわさになった。だが、話はここで終わらない。その様子を岡部本人が後年になって書いた文章があるので紹介しよう。岡部が卒業した東京高等師範学校（後の筑波大学）の同窓会である茗渓《めいけい》会の会報「教育」に寄稿したもので、何とそれが高校三年の国語の教科書（三省堂、金田一京助編著）に採用されたのだ。

「生きていた河童の話」

　私の生家は、海まで百五十メートルくらいの所にある。二百十日ごろともなれば、海は荒れ、海水は冷たくなって泳げない。裸のまま海岸を少し歩きながら、松原のほうに回りこむと、海にうち出している村一番の川がある。川口は広くなっているが、元来たいした川ではない。それを上って行くと国道にかかった長さ五間《けん》余りの土橋があって、川筋は左に行くが、右側にはかなり大きいはす池があり、私の通っている小学校がある。昔は、そのほうが川の本流だったかもしれない。海の水は冷たいが、川の水はやや暖かく、はす池にはいれば、冷えきったからだには、ふろにはいっているように、なま暖かい気持のよさで、はすの茎のとげとげをよけながら、時のたつのも忘れて泳ぎ回っていた。
　この辺一帯は何十町歩《ちょうぶ》とある大小の松林で、国道が一本、小学校の前からはす池の縁と、土橋を渡って何町と隔てた村と村に通ずる人通りの少ない道になっており、夕方からは特に寂しい場所である。朝早く肴籠《さかなかご》をかついで売りに出かけた漁師のおかみさんが、向うから帰ってくる。周囲がだんだん暗くなるにつれて、子供のいたずら気は、すぐに頭をもたげざるをえない。私はまず彼女の注意を引くため、ばちゃばちゃ！　っと大きく水をたたき、そのまま池の中にもぐりこんだ。息の続く限り、彼女の想像も及ばぬくらい遠くまで水底をもぐり、静かに向う向きに浮び上がった。私は母の好みで、例年、夏はくりくり坊主にされていた。そのまままた水の底にもぐり、今度は方向を変えて、はすの葉を引き寄せ、その間から彼女をじっと見た。そこで彼女も完全に河童の正体を見届けたわけである。私はいよいよ河童のいろいろの姿態をできるだけ自然に、かつ巧妙にやって見せた。すると、この漁師の妻君は、何か大声を残して、部落のほうへ走り去った。

二、三日して、村の共同ぶろに行くと、みんなで、がやがや話しているのをじっと聞いていると、おとなたちのだれもが、河童の話ばかりやっている。家に帰ると、両親までが河童の存在を、もはや疑えない真実と考えているらしい。私ですとでも言おうものなら、父にどんなめに会わされるかわからないので黙っていた。

それまではまだよかったが、その次の満潮の日に、これも松原にある駐在巡査の娘さんがふたり、川口に洗濯にやって来た。砂がすべって、ひとりがおぼれかかって、それを助けようとしたらしくて、ふたりとも溺死するという大惨事が起った。そのふれが回ったので、私も二、三番目くらいには現場に駆けつけて、おとなといっしょになって水にもぐり死体捜査に大いに協力した。村じゅう総がかりで捜した結果、夕方潮が落ちてから、やっと砂をかぶった死体が発見された。

その二つの死体を取り囲んで、おとなたちの評定《ひょうじょう》が始まった。私も功労者のひとりとして、その最前列のほうにしゃがんで評定を聞いていたが、まず異口同音に決まったことは、これははす池にいる河童のしわざに相違ないという結論だった。現に見た者がいるとも言うのである。村の青年が中心で、はす池を干すと言いだした。ある部落では、この池は自分たちの部落のものだから、自分たちの部落に干させてもらいたいと言いだした。そこで、もうひとり、古くからこの松山の奥に小屋がけして住んでいる老爺《ろうや》で、かわうそやたぬきをとって生活していると言われる、多少左巻きなのがいて、自分は今までかわうそでも河童でも逃がしたことはない。自分に撃たしてくれと、ぼそぼそ言いだした。ここに至っては、私も少々こわくなったので、おとなたちの腰のあたりをくぐり抜けて、早々逃げて帰った。その後、この評定がどうなったか知らないが、ただ河童がつかまらないことだけは確かである。

岡部が育った糸島の海辺

冬になって、学校の先生が夜学を教えに行かれるので、遠くの村までちょうちん持ちとしてお供をすると、隣村のここでも、先生の家族たちまでが、私に尋ねられる話はきまって学校の池の河童の話である。河童を見ただろう。色はどうだったということばかり……私は河童の話だけは沈黙した。（原文のまま。一部ルビを加えた）

読んでみておわかりだと思うが、岡部の文章はストーリー性に秀でているだけでなく、茶目っ気もある。スポーツ万能で反骨心旺

岡部平太が書いた作文が掲載された高校の教科書（大森みどり提供）

盛という、いかめしい印象とは全く違って、人間的な大らかさを感じさせる。

そうした岡部の実像について、私に初めて詳しい話をしてくれたのは、福岡教育大学名誉教授（体育学専攻）で、岡部の教え子の厨《くりや》義弘だった。所在を探して何とか連絡が取れ、福岡県久留米市にある厨の自宅を訪ねたのは、二〇一七（平成二十九）年四月のことだった。通された日本間で、私は正座して相対した。目の前の座卓には書類が山積みにされている。

「この書類と記憶をたどって岡部先生について話すから、その後に質問してほしい」

厨は岡部が晩年に福岡教育大学で教鞭を執った時の学生だった。それ以来、岡部の人間性に惚《ほ》れ込んで師と仰ぎ、その実績を研究していくつも論文を発表していた。

「岡部先生の行動力と先見性は、すごいの一言に尽きる。世界を渡り歩き、スポーツとは何かを研究し、その答えを出した。そして世界の平和を追求した。スポーツだけでなく、頭脳明晰《めいせき》で、絵も文章も一流だった。今の時代でもそんな人間には出会ったことがない」

熱のこもったこの言葉を何度も繰り返しながら、厨の話は四時間に及んでいた。足もしびれて感覚がなくなってきたところで、私はようやく質問した。

「岡部さんのお子さんや親戚はご存知ですか？」

「私も年を取って、年賀状のやり取りも途《と》絶《だ》えている。ただ、西日本新聞に岡部拓也というカメラマンがいたはずだ。彼は岡部先生の親戚だったと思う」

灯台下《もと》暗しとはこのこと、西日本新聞は私が記者として勤めている新聞社である。こんな偶然があるのだろうか。拓也は一緒に仕事をしたこともある後輩だった。厨と別れて連絡すると「平太は大叔父で……。祖母は平太の妹です」と言うではないか。

文章からだけではわからない実像を知るには、身近な人たちの証言がどうしても欠かせない。厨のひと言によって、その突破口が開けたのである。しかし、その厨は二〇一九（令和元）年六月二十一日、八十五歳で亡くなってしまった。冥福を祈りたい。

それからは拓也を通じて、親戚への取材が一気に進んだ。岡部の生家近くには、甥の剛一《ごういち》が暮らしていた。残念ながら数年前に生家は取り壊されて更地《さらち》になっていたが、剛一は岡部の思い出を語ってくれた。

「叔父の悪僧ぶりは相当なものだったと聞いていたが、晩年は一緒にフナ釣りに行って一匹も釣れなくても、怒ることもなかった。自然相手に鍛えた体の強さには驚いたが……」

生家の前には引津《ひきつ》湾があり、岡部は幼い頃から一キロ以上離れた対岸まで難なく泳いでいたという。剛一は五十代後半になった岡部の泳ぎを見たことがあるが、「それまで見たこともない力強いクロール」は鮮明な記憶として残っている。それもそのはず、詳しくは後述するが、岡部のクロールは米国仕込み。超一流選手から直接手ほどきを受けたのだから当たり前だったのである。

岡部家の暮らし向きは楽ではなかったが、両親は岡部が十六歳の時、福岡市にあった全寮制の福岡師範学校に進学させる。教師を目指す師範学校は県内に一校しかなく、狭き門だった。岡部は高等小学校を十四歳で卒業したが、師範学校が受験できる十六歳までの二年間余りは寺子屋や予備校で勉学の日々を送る。

その頃の記憶として、岡部は一九〇五（明治三十八）年五月二十七日の出来事を記している。

「あの日、日本海大海戦の大砲のとどろきを小山の上で聞いたのを今も覚えている」

日本の連合艦隊と、ロシアのバルチック艦隊が九州・対馬沖で激突し、日本が史上まれに見る勝利を収めた日露戦争最大の艦隊決戦である。それは、世界が覇権を争う帝国主義の時代へと向かう中、岡部が初めて身近に戦争を感じた瞬間だった。

一九〇八（明治四十一）年、福岡師範に入学した岡部は、糸島の海山で鍛えた運動能力をフルに発揮する。柔道、テニス、相撲、陸上、野球、ボートなど「勉強そっちのけで、全く選手生活に移行してしまった」というほどスポーツにのめり込んだのである。

年に春秋の二回は全校でのクラス対抗試合があり、岡部は朝からボートを漕いだ後、リレー、野球、そして午後は柔道、相撲、テニスに出場。「一日中競技をやってもほとんど疲労を感じなかった。よほど体が強かったのだろうか」と自分でも不思議がるほど強靭な体力を養っていた。

しかも、リレーはいつも一着、野球は捕手で四番。柔道、相撲、テニスは「別格扱い」され、模範試合や五人掛け、十人掛けをやらされた。それでも一日に六、七種目を全勝したことがあったというから驚きだ。さらに、休日は一人で阿蘇、霧島、雲仙のほか四国の山々を登った。著名な紀行文を読み尽くしたという岡部は、当時の心境を文章に残している。

「山岳の霊に魅せられたとでもいうのだろうか。下界を遠く離れた山嶺《さんれい》の清浄さは、私の心の秘密の宝庫にしまっておいて、休暇の度《たび》に山岳誌をめくった」（『スポーツと禅の話』）

しかし、スポーツでの大活躍とは裏腹に、持ち前の反骨精神が頭をもたげてきたのもこの頃だった。

福岡師範では孔子、菅原道真、福岡藩の儒学者貝原益軒《かいばらえきけん》、スイスの教育家ペスタロッチの四人を理想の人物に掲げていた。学期ごとに記念祭を催しており、生徒は講演を聴いての感想文を書かされる。

岡部はこれに反発する。

「自分の悪い点を指摘されるような話ばかりで、自分にはこの四人の誰にも少しも性格的に似ている点はない。いくら努力しても到底だめだと諦めた」

そこで一年の時に「学校は理想の人物を生徒に押しつけるものではない」と批判する文章を提出。これに舎監長が激怒し、謹慎処分を下した。

そして三年の夏、事件は起きた。それは舎監長の訓示がきっかけだった。

「他校を参観したら、生徒が手入れをした果実が熟しており、奥ゆかしい校風がしのばれた。我が校も中庭にキンカンを植える。大事に手入れをするように」

しばらくすると、実の熟したキンカンが植えられた。それを見た岡部は「反抗心がまたむらむらと爆発してきた」のだった。一から育てるのならいいが、すでに実がなっている。「これをどう手入れしろというのか」と憤慨したのである。実は、キンカンは実が塾した頃に移植するのが普通なのだが、そのことを岡部は随分あとになってから知ったという。

福岡師範の跡地に立つ石板（福岡市中央区の福岡教育大学付属福岡小学校）

「偽善教育だ」と反感を募らせた岡部は、四年生の剣道部員をけしかけ、中庭で試合をすることにした。相手に打ちかかるふりをしてキンカンの実に襲いかかり、すべての実を叩き落としてしまったのだ。

その時は何の処分も下されなかったが、学校に嫌気がさした岡部はその晩、寄宿舎から脱走。南極探検隊の隊員を募集するため福岡に来ていた陸軍中尉の白瀬矗《のぶ》に会いに行く。白瀬も旺盛な反骨精神の持ち主で、大いに話は合ったものの、結局は探検隊入りを諦めた。

その後も反抗的な態度を取り続けた岡部は四年になった一九一一（明治四十四）の六月、校長室に呼び出されて退学処分を言い渡された。

〈わが性《さが》は聖《ひじり》に似ずと追放の　宣告受けし六月の朝〉

〈すべもなく黙して居《い》たりわがはたち　校長室の青きカーテン〉

岡部が詠《よ》んだ歌から心境が伝わる。

その後、父峰吉が校長や教頭に頭を下げて回ったおかげで、退学は長期謹慎に変わった。峰吉は一言も話をしなかったが、母キタからは「お前をそんな悪い人間に育てた覚えはない」と涙ながらに諭《さと》された。

「これには完全に参った。どんな聖者の言葉より身に染みて忘れられない」

さすがの悪僧坊主も、母の言葉は胸に深く刺さったのである。

実家に戻った岡部は、ひたすら海で泳ぐ日々を送った。

「この海こそ私の心の古里である。その後も人生行路で志を挫《くじ》かれる度ごとに、何度も傷心を抱いてこの美しい海と山を見るために帰ってきた」


そんな日々が二カ月も過ぎた頃、岡部に将来を切り開くことになる話が舞い込む。それは大日本武徳会が主催する柔剣道の全国大会「京都武徳会」への出場通知だった。当時の日本では最高峰の大会で、全国のつわものが腕を競う、野球で言えば甲子園のようなものである。

福岡師範の柔道顧問は「隻流館《せきりゅうかん》」の館長、青柳喜平《きへい》が兼ねていた。隻流館は、黒田藩の武術「双《そう》水執流《すいしつりゅう》」を受け継ぐ由緒ある道場で、今も福岡市博多区にある。謹慎の身の岡部はいったん出場を辞退したが、青柳は「ぐずぐず考え込むな。学校には話がついている」と催促する。

当時の柔道青年には憧れの晴れ舞台であり、大会後には昇段試験もあるという。九州で武徳会の初段を持つ者は、まだいなかった。青柳の言葉で、岡部は出場を決心する。

八月、岡部は京都武徳会に出場した。トーナメントで勝ち進み、四回戦の相手は最強との呼び声高い金光《かなみつ》彌《や》一兵衛《いちひょうえ》だった。当時は二段で、後に講道館九段となり、寝技の大家として名を成す人物である。出場者の間では「金光に当たったらそれまでだな」と噂されていた。

金光は左利きで、岡部は右利き。金光は左の送り足払いで相手を崩してから体落とし、跳ね腰の連続技が得意で、寝技になれば何度も相手の腕を折ったといわれていた。しかし、岡部は金光の左足が動いた瞬間を逃さず、懐《ふところ》に飛び込んで背負い投げを放った。

隻流館に残っている岡部平太の名札を掲げる館長の舌間萬三

見事に決まったと思ったが、審判の声がない。岡部が本部席を見ると、重鎮たちはあっけにとられたのか無言で腰を浮かしている。しばらく間があって、審判が手を上げた。

「一本！」

その後も岡部は勝ち進み、決勝戦。ただ、相手は自分を引率してきていた道場の先輩だった。棄権して勝ちを譲ろうとも思ったが、観客のいる手前、それもできない。形ばかりの試合をして、岡部は相手の大外刈りで一本を取られた。結果は準優勝となったが、目標としていた初段は授与された。

福岡に帰って学校に報告に行くと、大騒ぎになっていた。校長や教頭は新聞で結果を知っていたのである。校長は「本校の名誉だ」と褒《ほ》め称え、それまで見たこともない泡の立つ飲み物を差し出した。乾杯して「世の中にこんなおいしい飲み物があるとは」と驚いた岡部は家に帰って父に尋ね、それがサイダーだと知る。氷水かラムネしか知らなかった岡部にとって、勝利の味は格別だった。

当時の岡部の強さを物語るのが、今も隻流館の壁に掛かっている名札だ。隻流館は明治に入り、「千本取り」という修行を始めた。自由に技を掛け合う「乱取り」を、千本続けて行う苦行で、一年に一人か二人しか達成していない。名札はその達成者のものだ。しかも、通常で八時間はかかるが、

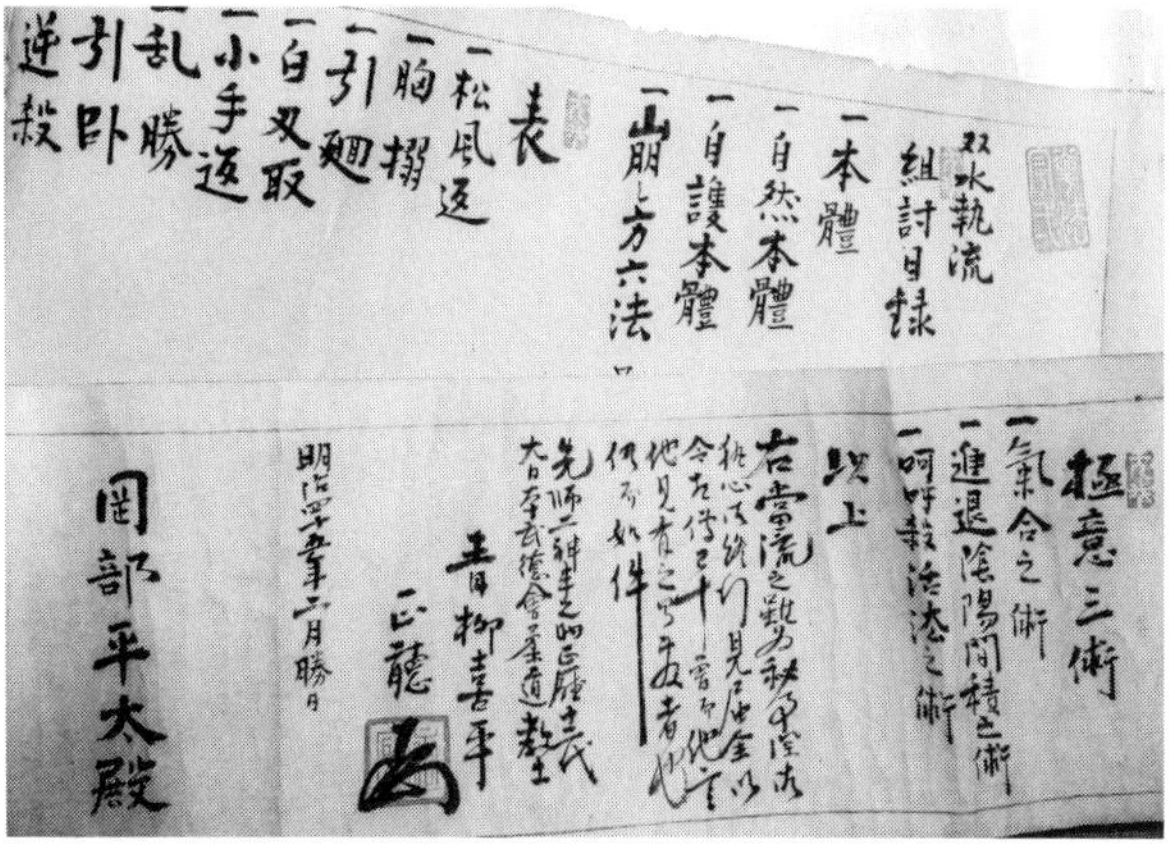
双水執流 組討目録
一本體
一自然本體
一自護本體
一山崩ト方六法
表
一松風返
一胸搦
一引廻
一白双取
一小手返
一乱勝
引臥
逆殺
極意三術
一氣合之術
一進退陰陽間積之術
一呼吸殺活法之術
以上
青柳喜平
岡部平太殿

岡部平太が受け取った隻流館の双水執流二段の免状（岡部剛一提供）

岡部は五時間で成し遂げた。二十一歳の時だった。館長の舌間《したま》萬三によると「とにかくけた違いに強かった」という伝説が残っている。

柔道での活躍もあって無事に福岡師範を卒業した岡部は翌一九一二（明治四十五）年春、無事に卒業し、福岡県久留米市にある男子高等小学校の教諭となった。教える楽しさに目覚めた岡部は、不《ふ》得手《えて》なオルガンを深夜までロウソクを灯しながら練習し、他の教師が嫌がる宿直も一人で引き受けたという。朝になり、オルガンの上に溶けたロウソクが山盛りになっていて、他の教師たちに大笑いされたと述懐している。

しかし、岡部は徐々に物足りなさを感じるようになる。福岡師範での寄宿舎生活では常に友人たちと接し、朝から晩までスポーツで体を動かしていた。そんな生活を夢見ていたが、実社会では教師間の交友にも張り合いがない。「この上もなく緊張を欠いた生活」を抜け出したくなってしまった。

そこで、東京高等師範学校（筑波大の前身）の受験を思い立つ。福岡師範など当時の師範学校では学費が免除された代わりに、卒業すると数年は教職に就くことが義務付けられていた。ただ、上級の高等師範学校に進学することはできた。現状を抜け出すためには、東京高師に行くことが唯一の方法だったのである。自分が受け持った生徒たちも受験を控えており、岡部は「生徒に算術の問題をやらせながら、自分では代数の復習をやる」という生活を半年ほど続けた。

秋口になり、岡部は福岡師範の漢文教師だった教頭の山下を訪ねた。漢文が好きだった岡部は、東京高師の国語漢文科か博物科への推薦を取り付けようと思っていた。しかし、山下はこれに反対し「柔道をやりに行け」と言う。東京高師は体操専修科に柔剣道専門コースを新設する計画があり、教頭は「きみを特別推薦する」と言う。柔道の専門家になるつもりはないと岡部は固辞したが、説得されて心を決めた。「先生から頭ごなしに二時間も説教されては、抗弁もやくに立たず、遂に説き伏せられ」（『スポーツと禅の話』）たのだった。

その足で実家に帰った岡部は「柔道をやりに行くというと母は反対するに決まっている」と考え、ただ東京の学校へ行くという話をした。村ではまだ東京の学校に進学した者はおらず、両親はまるで息子が「大臣にでもなるような」喜び方だったという。岡部はわずか一年で、久留米の生徒たちに別れを告げることになった。

一九一三（大正二）年、岡部は二十二歳で東京高師に入学した。当時は文京区大塚に校舎があり、岡部は体操専修科の学生が暮らす第七寮に入った。

日本初の教員養成学校として明治の初めに創立された東京高師は当初、富国強兵を進める政府によって、軍隊式教育が進められた。寄宿舎には軍隊をまねた小隊を組織して厳しく律し、銃を抱えて野営しながらの行軍もさせた。いわば「強制」の教育だった。

しかし、新しく校長に就任した嘉納治五郎《かのうじごろう》が教育改革を進めた。一八九三（明治二十六）年〜一九

東京高師時代、岡部平太はテニスでも活躍した（大森みどり提供）

二〇（大正九）年に三回、通算二十三年間校長を務めた嘉納は「自主自立」を重んじた。

「教育とは薫陶《くんとう》である」

生徒に強いるのではなく、自らの人格をもって導くことが大切だ、と嘉納は説いた。そして軍隊式を廃し、スポーツを奨励した。指導力や団結心を身に付け、人間性を高めるために最適だと考えたからである。現在の部活動や運動会の原形は、この時にできたとされている。

嘉納が残した言葉がある。

「教育のこと、天下これより偉なるはなし　一人の徳教、広く万人に伝わり一世の化育　遠く百世に及べり」

素晴らしい教育は世界、未来を支える。だから嘉納は「教育は実に楽しく、ほかのどんな楽しみも及ばない」と言う。

そんな嘉納の人間性を表すエピソードがある。東京高師の英語教師を探していた嘉納は、大学を出たての夏目漱石を面接する。「教師たるもの何事も生徒の模範に」と説く嘉納に、生《き》真面目な漱石は「自分にはとても務まらない」と申し出た。すると嘉納は笑みをたたえ「あなたのそういうところが、ますます気に入った」と返す。うまいことを言う人だ、と思うと漱石は

嘉納治五郎

断れなかった――。

　岡部は嘉納が作り上げた自由な校風のもと、頭角を現していく。

　入学してすぐ柔道部に入って腕試しをするが、岡部にかなう者は一人もいない。二、三日して、あまりの手応えのなさに業《ごう》を煮やした岡部は、文京区春日の講道館に向かう。百人余りが乱取り稽古をしている中で、最初に手合わせしたのが、三船久蔵《きゅうぞう》（一八八三〜一九六五）だった。理論の嘉納、実践の三船といわれた柔道の達人で「空気投げ」（現在で言う「隅《すみ》落とし」）という必殺技を開発し、後に講道館では最高位の十段となる。

「なるほどうまいものだ」と岡部は感服し、高段者は柔道専門の修行者で一日も欠かさず十年皆勤していると聞かされ「心を引き締めてかからねばならなかった」という。それから四、五年は「自分でもよく続け得たと思うくらい柔道一途《いちず》に打ち込んだ。私の青春は全く柔道だったと言える」と、この時期の柔道熱を告白している。

　講道館では春秋に紅白戦があり、成績優秀者に段位が与えられる。岡部は隻流館から双水執流の二段、京都武徳会から初段を与えられていたが、講道館では通用しない。そのため、入門してすぐ一九一三（大正二）年春の紅白戦には白帯で出場したが、あっという間に初段五人を抜き、即日、二段を与えられている。

　それでも岡部は満足しない。それから各所の道場や警察、大学などを回り、片っ端から勝負して負け知らず。翌一九一四（大正三）年春の紅白戦では三段の小田常胤《つねたね》を含めて七人抜きを果たし、学生としてはただ一人の四段に昇進した。小田は寝技の大家として名を残すことになるが、この時は小田の大内刈りをすかし、岡部が一本取っている。柔道家として開花した紅白戦だったと言っていいだろう。

　しかし、柔道に没頭すればするほど、岡部の心には疑問が生じてきた。ひとつは嘉納が提示していた講道館柔道の在《あ》り方についてであった。嘉納は当初、「柔よく剛を制す」という言葉を掲げていた。古代中国の老子の思想を基調に書かれたとされる『三略』から引いたもので、相手の力を利用すれば非力《ひりき》な者でも勝てるという考え方である。

　その後、嘉納は「精力善用　自他共栄」という言葉を創作した。これは精神と肉体の力は良いことに使い、社会の共存共栄に役立てよ、という意味で、人生哲学に近かった。全国で講演する嘉納に付いて回った岡部は「柔道とはそんな定義を下されるものだろうか」と悩むようになったのである。

　そんな苦悩を打ち消すかのように、岡部はさらに猛烈な修行を実行に移す。他の大学や警察の道場に出掛け、五人掛けや十人掛けを申し込むという、いわば「道場破り」である。浅草にあった象《きさ》潟《かた》警察署の道場開きでは、三十数人を一時間半かけて抜き去った。

　だが、周囲からは「傲岸《ごうがん》不遜《ふそん》だ」と言われるようになり、鬱々《うつうつ》としていく。寝る間も惜しんで大木を相手に打ち込みをするという度を越えた修行も続けたせいで、体も悲鳴を上げた。いつの間に

東京高等師範学校時代、柔道着姿の岡部平太（2列目中央。大森みどり提供）

か肋骨《ろっこつ》にひびが入っていたのである。

ところが、病状を自覚し、夏休みを利用して帰省した岡部には、さらなる苦悩が待っていた。ひとつは失恋である。岡部は「プラトニックではあったが、思い込んでいた初恋の女が、種々の事情で他に結婚してしまうし、体の調子はこわれるし、それに付随して、猛烈な人生に対する懐疑、煩《はん》悶《もん》に襲われた」と書き残している。

もうひとつは、岡部家に持ち上がった一大事である。父峰吉が選挙違反で検挙されてしまったのだ。峰吉は選挙好きで「家の中には代議士やその運動員が出掛けてきて泊まったりすることもあった」という。母キタは夜も眠らず神仏に願《がん》を掛けるばかりで、委ねた弁護士も真相の調査もせずに法廷に立っていた。

帰省して事の次第を知った岡部は「裁判の度に一番ひどいことを言う」とキタから聞いた検事の家を直撃。自分なりに事件の真相と思える話をぶつけると「きみの言う通りでないこともあるが、言ってることはよくわかった」と検事から応じられ、実にうれしかったという。そして間もなく峰吉は釈放された。しかし、この時の「精神的な打撃」は大きく、それ以来、岡部は政治家嫌いになったと書いている。晩年になって、岡部には政界からの誘いもあったが、一顧《いっこ》だにしなかったのはそのためだろう。

岡部の著書には選挙の時期や父にどういう嫌疑がかけられていたのかについての記載がない。帰省する前には一九一一（明治四十四）年に福岡県議選と糸島郡議選が、一九一二（大正元）年に衆院選が行われている。帰省したのは一九一四（大正三）年。峰吉の検挙、起訴から裁判まで月日を要したとしても、一番近い衆院選だったと考えるのが妥当かもしれない。

この時の衆院選では、明治維新以来の藩閥政治に対抗して、政党政治を旗頭にする立憲政友会と立憲国民党が激しく争った。有権者は直接国税を十円以上納めている満二十五歳以上の男性。『糸島郡誌』（福岡県糸島郡教育会編）によると、芥屋村の人口は大正末期で三千三百人余りだが、農作地が少なく男女ともに出稼ぎしていたとの記述がある。それからすると、有権者は数えるほどだっただろう。激しい選挙戦で峰吉にどんな嫌疑がかかったのかはわからないが、その後、峰吉は一九二〇（大正九）年から四年間、村の助役を務めており、人望があったことは間違いない。

岡部は退学することも考えながら、二カ月ほど海や山を眺めて過ごすが、東京高師の柔道部からは「上京せよ」と催促の手紙や電報がくる。当時の東京では最強といわれた慶應義塾との対抗試合が決まり、岡部なしでは戦えないというのである。度《たび》重なる要請に、退学するかどうかも決められないまま上京した。

仲間からの大歓迎を受け、岡部は十一月、慶應義塾との決戦に臨んだ。しかし、相手大将は引き分け狙いだった。二十分の試合時間を過ぎても決着はつかず、審判の嘉納が「時間は構わずゆっくりやれ」と延長を指示したおかげで、やっと勝利を収めた。それで役目を果たしたと思った岡部は、その晩の祝勝会の隙を見て脱走を試みるが、同僚に気づかれて連れ戻され、嘉納の命令で退学は阻止されてしまった。

もう、精神状態はボロボロだった。

「つまらぬことにも不覚の涙を催したり、夕方ふらふらになって巣鴨辺りを歩いていると、貧しい家で一家団欒《だんらん》して夕食の膳を囲んでいるのを見ると、涙が出て一歩も歩けなかったりした」（『スポーツと禅の話』）

万策尽き果てた岡部は、柔道部の先輩で嘉納塾（嘉納の私塾）の塾頭をしている遠山鎧治《がんじ》に相談する。遠山は「どうせ捨て身になってやるなら禅をやったらどうか」と提案。岡部は埼玉県の野火止《のびどめ》にある平林寺の峰《みね》尾《お》大休《だいきゅう》老師に教えを乞うことになった。

参禅すると、老師の相見《しょうけん》が行われる。老師から公案（課題）を与えられた修行者が座禅でその答えを練り、老師に伝えるという禅の修行の基本である。前の参禅者が戻ってくると、次の参禅者は喚鐘《かんしょう》という小型の鐘を叩いて老師の部屋へ行き、三拝九拝の礼をして解答を述べる。

岡部が部屋へ入ると、目を閉じて結跏趺坐《けっかふざ》（瞑想する際の座法）した老師は、こんな公案を出した。

「父母未生以前本来面目如何」

父母がまだ生まれる前の自分の姿はどうだ、という出題である。

岡部はその頃の最新の科学だったダーウィンの進化論やメンデルの遺伝学を引いて答えを述べたが、老師はいつも「退《しさ》れ」と言って退席を告げる鐘をカランカランと鳴らす。「無」とか「有」とか「存在」とも述べたが、いずれも鐘が鳴るだけ。ただ、老師はひと言つぶやいた。

「あなたは柔道が大変良いと聞いているのだが、どうも気力が……」

そうこうしているうちに秋が過ぎ、十二月。大雪の中たどりついた平林寺で、岡部は連日連夜、座禅を組む。そのうちに「知性も感情も含めた、強いて言えば体覚とでもいうべきもの」が現れたという。

「本来の面目、それは父母未生以前も以後もない。自己の絶対の境地、見性《けんしょう》、悟りの境地はこれだとわかった。老師に相見しても、しなくともよい。これ以外には禅はないのだと確信を得た」

岡部が書いた文章の意味は理解しにくい点もあるが、この時、岡部は力いっぱい喚鐘を鳴らして老師に相見した。すると、老師はそれに応じるかのように公案を力強く一喝。岡部がそれを復唱すると、老師は「それでよい」と頷《うなず》き、次々に新たな公案を出した。岡部はすべて元気いっぱいに答え、老師から認められた。

負けない柔道に悩んだ岡部平太が参禅した平林寺（埼玉県新座市野火止）

つまりは、岡部の心の中にあった悩みやわだかまりといったものを岡部自身が克服したことが老師にはわかったのだろう。それから岡部は「溌剌《はつらつ》として、何物をも恐れず立ち向かえる勇気は体内に充満した」と書いている。

そして、柔道の在り方についても、岡部なりの考え方を固めるきっかけとなる事件が起きる。一九一五（大正四年）の正月、講道館での恒例の鏡開き式で、岡部は前出の小田との模範試合を行った。ここで小田は徹底的な「引き分け戦法」をとった。ひたすら逃げ回る小田を見ながら、岡部は嘉納の教え通り「柔道が心身の力を有効に使う道」ならば、無理な攻撃を加えて勝ちにいく必要はないのではないかと考えた。結局、十分間余りを「大観衆の中で散歩した」だけで終わったのだが、どうしてもやり切れなさが残った。

その晩、岡部は嘉納の邸宅を訪ねて教えを乞うた。勝負になっていないのだから、嘉納の理論のどこかに誤りがあるのではないか、と思い切って質問した。しかし、納得いく答えは返ってこなかった。むしろ嘉納自身も迷っているように思えた。そこで、岡部なりに出した答えはこうだった。

「先生のあの哲学は先生の哲学であって、柔道の一般原理にはならないのではないか。私は私自身の柔道哲学を築き上げねばならない」（『コーチ五〇年』）。柔道でも剣道でもスポーツはすべて、定めた約束の上で勝負を競う。それなら勝つことに徹底するのがスポーツであり、それが柔道である。相手が引き分けに出てきたら徹底的に攻撃して勝負を決してこそ真の柔道ではないか――。柔道を修練の「道」ととらえていた嘉納と、あくまで「スポーツ」と考えた岡部。それがこの後、師弟の離別へとつながっていく。

東京高師時代の岡部は、嘉納が複数のスポーツを推奨していたこともあり、テニス部や相撲部にも駆り出された。テニス部（軟式）のエースで、後にゴルフやソフトボール、サッカーなど関西のスポーツ振興に尽力し、大阪ガス副社長になる四角《しかく》誠一とはダブルスを組み、全盛期の早稲田大学チームをあと一歩のところまで追い詰めるなど、大学テニス界を賑わせた。岡部は前衛、四角は後衛で、二人は生涯の友となる。

食欲旺盛な二人は寮の食事だけでは満足できず、夜になると学校の近くにあった「宝亭」という食堂に通い、名物の親子丼を掻《か》き込んだ。代金はその時持ち合わせのある方が払ったが、貸借を精算したことは一度もなかったという。岡部は宝亭の女将に気に入られ、卒業してからも上京すると宿代わりに使っていた。

　四角は岡部について「彼は何をやらせても万能の一流選手だった。もともと講談が好きだった私は、宮本武蔵のイメージを彼に抱いていたのかもしれない」と形容しており、尊敬の目で見ていたことがわかる。しかし、その苦悩も見聞きしており、岡部と一緒に参禅した先輩から聞いた話を書き留めている。

「岡部は絣《かすり》の着物にぼろ袴《ばかま》、下駄ばきという学生風、肩に小荷物を担いでいたが、池袋で道端に転がっていた一塊の石ころを見つけて蹴り始めた。その一つの小石を四里（約十六キロ）にも余る武蔵野の田舎道をついに平林寺の山門まで蹴り続けて行った」（『スポーツ・勝負・人間―岡部平太遺稿集』）

　相撲に関する逸話も、いくつか紹介しておこう。

　福岡市の祭り「博多どんたく」では、舞鶴（福岡）城址《じょうし》にある陸軍二十四連隊が兵隊と一般人による相撲大会を開いていた。岡部は福岡師範三年の時、寮を抜け出して見物に行った。祭りの間、学校は外出禁止だったが、幼い頃からの相撲好きの虫がうずいたようだ（小学生の頃も、後に「大門岩」という幕内力士になる同級生とよく相撲を取ったが、負けたことはなかったという逸話が残っている）。

　さて、見ていると兵隊の分《ぶ》が悪い。岡部は我慢できずに締め込みを借り、兵隊側から出場。五人抜き、十人抜き、ついに素人相撲の三役にも勝った。学校で噂になり、舎監から「君ではないか」と尋ねられてとぼけたものの、夜になって賞品がどっさり届いてバレてしまったという。

　同じ年の秋、出羽《でわ》ノ海部屋の横綱常陸山《ひたちやま》が福岡で巡業した時にも、力士たちと学生たちの相撲大会があり、岡部は幕下の力士たちを次から次になぎ倒した。最後に巨漢の関取、宇都宮にも勝ち、常陸山は観衆に向かって「この人は学生で一番強い」と褒《ほ》めちぎった。

　上京した一九一三（大正二）年の十一月には、関東対関西の学生相撲大会が行われることになり、岡部は相撲部から助っ人を頼まれた。柔道に専念すると決めていた岡部は断ったが、懇願されてやむなく関東の副将を引き受けた。

　その練習のために、両国の出羽ノ海部屋へ連れて行かれた時のこと。最初は学生同士の稽古だったが、誰も岡部に勝てない。そこで現役の力士が二人出てきたが、これも岡部にはかなわなかった。

　稽古を終えた岡部が、駅の夕刊売り場に「天狗《てんぐ》現わる」と大書してあるのを見つけて買ってみると、何と自分のことだったという。ちょうどこの頃、「天狗倶楽部」というスポーツ愛好家団体が野球や相撲の試合を行い、雑誌や新聞で人気を博していた。当時の岡部は百六十四センチ、六十八キロ。小兵《こひょう》が巨漢を次々に投げ飛ばす様子がよほど小気味《こぎみ》よくて、記者は面白がって報じたのだろう。
肝心の学生相撲大会でも当然の活躍ぶりで、四戦全勝だった。

第三章　コーチの覚悟とは

禅の修行を経て復活を果たした岡部は、人生を左右する人物と出会うことになる。

一九一六（大正五）年春、東京高師の研究科（二年間）に進学した岡部は、嘉納《かのう》に同行して神戸市の郊外、須磨地区にある豪邸を訪れた。五千坪の敷地に七百坪の建物があり、大広間は百畳敷きという豪勢さから「須磨御殿」と呼ばれていた。その屋敷内に新築された柔道場「順道館」の道場開きに招かれたのである。講道館の先輩の永岡秀一《ひでいち》（後に最高位の十段）、東京高師の同級生、会田彦一《ひこいち》も一緒だった。

家主の名は、内田信也《のぶや》（一八八〇～一九七一）。三井物産で船舶を担当していたが、一九一四（大正三）年末に独立して海運会社「内田汽船」を興した。それが第一次世界大戦による造船需要で急成長し、「船成金《ふななりきん》」となった人物である。大正末期には政界に進出し、戦後は吉田内閣の農林大臣も務める。柔道三段で、神戸出身の嘉納とは縁があった。

模範試合で、岡部は関西の強豪七人と対戦。「極めて短時間でなぎ倒した」というその強さに惚《ほ》れ込んだ内田は、自ら作った「内田奨学金制度」の第一号に、岡部と会田を採用した。学費の心配がなくなった岡部は、休暇があると須磨御殿を訪れた。内田との交友について、岡部は「私の歩んだ道」と題された文章にこう書いている。

「自分では金に縁のない性分《しょうぶん》ながらどんな金持ちの人に出会っても、少しも楽しいとか驚くということがなくなった癖は、内田氏からの無言の伝授であったと思う」

そんな時、またしても岡部に転機が訪れる。ある日曜日の朝のこと。研究科で同級の石川謙《けん》（後にお茶の水女子大教授）の下宿を訪ねると、石川はドイツに留学するという「青雲の志」を語った。「その話は同じ気持ちでいる私をかなり刺激し、興奮させた」と岡部は言う。いつごろから「同じ気持ち」、つまり留学を考えていたのかは定かではないが、海外を飛び回っていた内田の影響もあったのではないだろうか。

石川の下宿を後にした岡部が寄宿舎に帰ろうとして東京高師の校門をくぐると、玄関に車が停まっていた。「校門乗り越えのいたずらで懇意になっている守衛」に尋ねると、嘉納が来ているという。興奮冷めやらぬ岡部は校長室を訪ね、嘉納に「米国に留学したい」と訴えた。破顔一笑した嘉納は「留学費用はどうする」と言う。岡部の頭にあったのは、内田からの援助だった。「前にそんな話をおぼろげながらしたことがあるので、先生から話していただきたい」と岡部は嘉納に懇願する。内田と岡部の間では留学の話が出ていたのだろう。

嘉納がちょうどその日から関西に出張する予定だったことも奏功した。内田に会って費用面の支援について承諾を得た嘉納は一週間後に帰京。ただ、「君の英語が心配だから一年ぐらい勉強したらどうか」と助言する。岡部は「私はアメリカに対しては何の知識もなかった。ただ、そこには何事か非常な事が動いているに相違ないという感がした」と書いているので、嘉納の言う通り、語学も含めて何の準備もしていなかったに違いない。直感と思い入れで動く岡部らしいエピソードである。なぜ米国だったのかは判然としないが、欧州が第一次世界大戦の渦中にあることは当然、判断材料だっただろう。

この頃、岡部の人生は順風満帆だった。この年の八月二十九日には、生涯の伴侶を得る。妻となったのは、福岡師範の教師で剣道高段者だった東《あずま》作太郎の次女ステだった。

「岡部先生をしっかりと支える美しい方でした」

岡部と生涯の師弟関係にあり、ステの人柄を知る厨《くりや》義弘（元福岡教育大学名誉教授）は、その内助の功を称える。晩年の岡部は、飲んでいると誰彼構わず親しくなって、家に連れて帰ることがあったが、ステはいつも快く珍客を迎えていたという。また、事あるごとに「内田さんにはお世話になりました」と語っていたというから、岡部と内田とは相当に近しい関係だったのだろう。

東京高等師範学校研究科時代に東ステ（右）と結婚した岡部平太（大森みどり提供）

翌一九一七（大正六）年の春、留学先はシカゴ大学に決まった。研究科は二年制だったが、岡部は特別に期間を短縮され、一年二カ月で卒業した。
「嘉納先生や内田氏の意図は、私と米国のレスラーを試合させて、柔道の真価を世界に問うということにあったことは私にはわかっていた。私も勇躍してそれに当たり、その任を全うしようと年齢を考慮して一日も早く渡米したのであった」（『スポーツと禅の話』）

嘉納は早くから講道館柔道の海外普及を目指しており、岡部の渡米より七年前の一九〇七（明治四十）年、講道館四天王の一人だった富田常次郎と、若手で講道館三羽烏《がらす》の一人だった前田光世《みつよ》を米国に派遣。二人は軍隊や大学で挑戦者を次々に投げ飛ばし、日露戦争に勝利した日本の武術として脚光を浴びた。

（右から）前田光世、伊東徳五郎、佐竹信四郎、大野秋太郎。「玖馬（キューバ）の四天王」と呼ばれ、互いに技を掛け合う演舞でキューバでも人気を博した

一九一二（大正元）年に発行された『世界横行柔道武者修業』（前田光世記、薄田斬雲編）によると、前田はブッチャーボーイという巨漢のプロレスラー（百八十二センチ、百十三キロ）との公開勝負を行い、一本目は巴《ともえ》投げ、裏投げといった投げ技からピンフォールし、二本目は腕の関節を取って勝った。

その後、前田はイギリス、ベルギー、フランス、スペインと渡り歩き、「コンデ・コマ」と名乗って異種格闘技戦に挑み続けた（コマは金に困るのコマ、コンデは伯爵の意味）。岡部と同じ身長百六十四センチの前田が巨漢を倒す試合に、観客は熱狂したという。最終的に前田はブラジルに定住し、その手ほどきを受けたグレイシー一族が、今のブラジリアン柔術を編み出すことになる。

そのほかにも、大野秋太郎《あきたろう》、伊藤徳五郎、坂井大輔ら柔道家が、アメリカやブラジル、カナダでプロレスラーと戦い、各地で評判を呼んでいた。嘉納は岡部に対しても、講道館の先人たちが行なったような普及活動を期待していたのだろう。

一九一七（大正六）年六月、岡部は伴侶のステを日本に残して船上の人となる。

横浜港から乗り込んだのは内田汽船の「第二雲海丸」だった。貨物船のため乗客は岡部ただ一人。米国の第一次世界大戦への参戦、ロシア革命の勃発など世界情勢が風雲急を告げる中、人生を一変させる探究の旅の始まりだった。

ハワイ・ホノルル経由で、サンフランシスコまで四十二日間の長旅である。途中、エンジントラブルで停泊し、食料調達のために船長がアホウドリを猟銃で撃ち落として食料にするなど苦労した様子を岡部は記している。

それでも岡部は到着から三日後、「敵地に乗り込んだつもりで」プロレスの稽古場に通い始めた。稽古場は大きな酒場の二階にあった。見物客は辺りかまわず嚙みタバコのカスを吐き、女たちは妖しい眼差しを光らせていた。

岡部は身元を隠し、授業料を払ってレスリングのルールで相手と戦った。しかし、「相手がプロでも手を抜かなかった」という岡部の強さはたちまち評判を呼び、柔道家であることがバレて地元の邦字新聞などに書き立てられてしまう。次々に猛者《もさ》が挑んでくるが、岡部はひるまない。脂の乗り切った二十六歳である。「力が余って仕方なかった」と、現地の日本仏教会にある柔道場でも、日本人だろうがアメリカ人だろうが次々に投げ飛ばした。

それから数日後、再びプロレスの稽古場に行くと興行師の男から誘いがかかり、バーに連れて行かれた。女たちが岡部を囲み、ウイスキーをグラスに注いだ。

「酒の味もまったく知らない。英語の話も通じない」

戸惑っていると、男から英語で書かれた書面を見せられ「これに署名してくれ」と言われた。辞書を引いて読み解くと、それはミズーリ州東部にあるセントルイスで開催中の大博覧会における柔道対プロレスの試合の契約書だった。そこにはファイトマネー（報酬）が「一日何試合で週給いくら」と詳細に書いてあった。先述したように、それまでも日本人の柔道家がレスラーと対戦する異種格闘技戦には人気があり、興行師は岡部に目を付けたのだった。

「男の態度はインチキ極まるものだった」

岡部が断ると、男は即座に報酬を引き上げ、サインをするように強要してきた。いつの間にか在留邦人も間に入り、以前にプロレスラーと戦った柔道家の伊藤や坂井らの名前を挙げて「この金額は彼らの何倍にも当たる」と言って懐柔《かいじゅう》しようとしたが、岡部は首を縦に振らなかった。

その理由は、一つにはルールの問題である。この時点で岡部は、互いが裸の状態で柔道家が相手からフォールを奪うのは不可能であり、柔道着を着る条件ならやってもよいと考えていた。

もう一つはプロとアマの問題である。例えばオリンピック憲章には「参加はアマチュア選手に限る」というルールがあり、プロとは厳格な境界があることを岡部は知っていた（一九七四年、オリンピック憲章から「アマチュア」の言葉は削除された）。

「それにプロのアリーナの裏側には濁った空気が漂い、酒・女・ギャンブルが、若い自分の身を切られるほどに痛く感ぜられた」

嘉納からの期待を受けて渡米したこともあり、岡部は百歩譲って、互いに柔道着を着てファイトマネー無しでやれないかと条件を出してみたが、相手はファイトマネーの金額についてしか交渉に応じない。

岡部は交渉を打ち切り、四十日間滞在したサンフランシスコを離れた。

ソルトレークシティからシェラネバタのトンネルをくぐり、ロッキー山脈を越える。ミシシッピー平原を横切り、ニューヨーク中央線の鉄道でイリノイ州のシカゴに着いた。八月末のことである。すぐさまシカゴ大学で入学手続きを済ませると、キャンパス内のスポーツ施設「スタッグ・フィールド（ＳＴＡＧＧ　ＦＩＥＬＤ）」に向かった。夏季休暇で施設内には誰もいなかったが、岡部はそこで日本では見たこともない光景を目にする――。

ツタが絡まるシカゴ大学の正門

岡部の米国での足跡をたどるため、私は二〇一八（平成三十）年八月、シカゴを訪れた。北に五大湖の一つ、ミシガン湖を擁するシカゴは、岡部の時代には交通の要衝として急成長し、ニューヨークに次ぐ米国第二の都市になっていた。岡部が去った直後から、禁酒法の施行とともにアル・カポネに代表されるギャングが台頭していく。ニューオーリンズで生まれたジャズが、さまざまなスタイルに発展したのもこの街である。

現地コーディネーターの名嘉《なか》君代が引き合わせてくれたのは、企業家のバーナード・デルジオノだった。八十七歳になるバーナードは、シカゴ大学一年の時に岡部の恩師エイモス・アロンゾ・スタッグと交流があったという。今は卒業生の一人として大学を支援している。

「偉大なるコーチです。穏やかな性格で人情味があり、誰からも尊敬されていた」

バーナードはスタッグの人物像を語りながら、キャンパス内を案内してくれた。ツタが絡まる三角屋根の正門は岡部がいた当時のままだが、スタッグ・フィールドはキャンパス内の別の場所に移転していた。実は、スタッグ・フィールドには戦時中、原爆を製造するマンハッタン計画の研究所が置かれたのである。敬愛する師スタッグの名を冠した青春の地が、まさか核兵器を生み出す拠点になるとは、岡部は思いもしなかっただろう。

岡部は一九四一（昭和十六）年十二月八日の日米開戦を前に、こんな歌を詠《よ》んでいる。

〈たたかいの日の近づけば海を遠く　老いませる師の齢《とし》かがなうも〉

かがなう、とは日数を指折り数えるという意味で、当時八十歳近くになっていたスタッグを思う心情がにじみ出ている。岡部は歌に添えて「このセンチメンタルな歌は、先生の国といよいよ戦争をせねばならぬという反抗できない運命に対する私の悲しみであった」と書いている。

大学には岡部が留学した当時のフィールドの写真と設計図があった。四方を囲む五〜七万人収容のスタンドと広大なグラウンド、四百メートルトラック、そして体育館があった。驚いた私はバーナードに訊ねた。

「こんなに立派なスタジアムが、本当に岡部がいた時代にあったんですか？」

「もちろんだ。特にスタッグ・フィールドは最先端で、メーン、バックスタンドの下には、陸上の

岡部平太が留学した当時のスタッグ・フィールド

練習場があった。両サイドのスタンド席の地下にはプールとスケート場もあったんだ。総合的なスポーツスタジアムだった」

日本初の大規模スタジアムは、嘉納治五郎《じごろう》が提唱してこの七年後の一九二四（大正十三）年に完成する明治神宮外苑競技場（国立競技場の前身）だが、それでも収容人員は三万人余りである。

岡部の話に戻ろう。入学手続きを済ませ、岡部が二週間後に再びスタッグ・フィールドを訪れると、奇妙な光景が目に入ってきた。耳まで隠れた革《かわ》の帽子と分厚い上着を着た選手が、楕円形のボールを手に練習している。

「変な服装だが、これが有名な米国学生フットボールだな」

それがアメリカンフットボールとの出合いだった。岡部はすぐに入部し、ルールも覚えないうちに一年生チームの実戦練習に参加した。その日は公開練習で新聞記者も取材に来ており、翌日の地元紙「シカゴ・トリビューン（The Chicago Tribune）」には、東洋人として初めてフットボールを体験した選手として紹介されている。

練習三日目に初めてタックルを教わると、岡部は自分の前にいる選手がどんなに巨漢であろうが突撃し、柔道の大外刈りで倒してしまった。シカゴ大に残されていた当時の大学新聞には、コーチのパット・ペイジから「ボールを持った相手を倒せ」と声を掛けられた岡部が「俺は全員を倒す」と応じたという記述がある。

全くの偶然なのだが、実は岡部とペイジは顔なじみだった。きっかけはこの二年前、早稲田大学がシカゴ大学を招いて開催した野球部の交流戦だった。本場のベースボールを学ぼうと、早大は一九一〇（明治四十三）年から五年ごとにシカゴ大学を招聘《しょうへい》していた。ペイジはシカゴ大の野球部コーチとして来日し、東京高師を訪問した際に岡部と知り合っていた。その際、岡部は柔道着姿で現れ、ペイジに砲丸投げを習っている。その時の探究心と、アメフトで見せた闘争心にペイジが驚いた様子も大学新聞に掲載された。

岡部は、異国の地から来た自分に誰もが温かく接してくれたと追想している。キックの練習をやり過ぎて脚を引きずって教室に行くと、みんな拍手で迎えてくれた。女子学生はノートを貸してくれたり、タイプライターで講義の写しを作ったりしてくれたという。

順風満帆に思えた留学生活だったが、数日後、ある事件が起きた。アメフトの練習中に岡部が走っていると、大声が聞こえた。

「ジャップ、ゴー・オン！（前へ行け）」

「ジャップ、ゴー・アヘッド！（真っすぐ行け）」

指示を出していたのは、ヘッドコーチのスタッグだった。

アメフトの練習に励むシカゴ大学時代の岡部平太（大森みどり提供）

「ジャップ」が、日本人の蔑称《べっしょう》として使われる言葉だということを岡部は知っていた。

シカゴには日系人が少なかったが、岡部が四十日間滞在したサンフランシスコは、米国に押し寄せる移民の玄関口としての役割を担っていた。移民となった最初の東洋人は、十九世紀半ばのゴールドラッシュでカリフォルニアに渡った中国人だとされ、当初は低賃金で働いたため歓迎された。しかし、その数が増えて白人が職を失い、「中国人排斥法」によって米国への移民を禁じられてしまう。

日本人の移民は十九世紀後半から始まり、二十世紀初頭にはサンフランシスコで三万人近くに急増。しかし、日清、日露と日本が戦勝を重ねる中で、欧米では中国に加えて日本を脅威と見なす「黄禍論《こうか》」が広まり、白人たちは敵対心を募らせていく。それが差別の意味を込めた「ジャップ」という呼び名につながったとされている。

現地取材で、私は名嘉に誘われて日系人主催の食事会に参加した。場所はシカゴ・オヘア空港から車で十五分ほど走ったところにあるアーリントンハイツ。日本人や日系人が多く住む地域で、既に二世や三世になっている。

ジャズが流れる店内で、五十代の日系二世の男性に「ジャップと言われることはあるか」と質問すると「あるにはある。日本は祖国なので、あまりいい思いはしないが……」と眉をひそめて話してくれた。現代でもそう感じている人がいるだけに、岡部の怒りは相当なものだったろう。実際に本人はこう書き残している。

「何というあくどいサウンドを持った言葉だろう。『ジャップ』を聞くごとに私の若い血は時と場所を問わず煮えくり返った。この言葉を面と向かって放った奴には必ず復讐することにした」（『スポーツ行脚』）

頭に血が上った岡部は、スタッグにつかみかかるのを何とかこらえ、ボールを地面に叩きつけて立ち去った。

「この不愉快極まるグラウンドを去ろうと決心した」

大学を辞めようと考えた岡部は、ユニホーム姿のままキャンパス内の芝生に寝そべった。虚空《こくう》を眺めていると、寂しさが募ってきた。

「サンフランシスコでは、職業選手（プロレスラー）の連中と激論を交わして別れ、来たばかりのシカゴも去るのかと思うと心が痛んだ」

岡部の脳裏には、若山牧水《ぼくすい》の歌がよぎっていた。

〈幾山河越えさり行かば寂しさの　はてなむくにぞ今日も旅ゆく〉

すると、誰かが呼ぶ声がした。振り向いた先には、夕日に染まったフィールドのスタンドが見えた。逆光で声の主はわからなかったが、男が自転車を押しながら近づいてくる。スタッグだった。

「さっきはすまなかった。きみの名前は何と言うんだ」

「マイネーム　イズ　オカベ」

スタッグは「オカベ、オカベ」と、自分で確認するように何度もつぶやいて言った。

当時の現地の新聞には岡部を紹介する記事がある。「okahe」となっている記述がいくつかあり、米国人にとっては発音しにくい名前だったようだ
「きみの名前がよくわからず、つい『ジャップ』と言ってしまった。先ほどは申しわけなかった」

スタッグは深々と頭を下げた。

岡部は驚いた。まさかスタッグが素直に自分の非を認め、謝罪の言葉を口にするとは思いもしなかったからだ。スタッグは当時五十五歳。父と息子ほどの年齢差があったが、少しも偉ぶったところがない。日本で目上の人間からこんなふうに謝られたことはない。外国人の自分に頭を下げる率直さに感じ入ってしまった。

シカゴ大学時代に撮影された岡部平太とスタッグの2ショット（大森みどり提供）

岡部が呆気《あっけ》に取られていると、頭を上げたスタッグが訊いてきた。

「きみは、フットボールは好きか？」

「はい、大好きです」

シカゴに来てから、アメフトのスピードとパワー、そして緻密《ちみつ》な戦いぶりに感心したこと、コーチのペイジをはじめチームメートも快く迎え入れてくれたことを、岡部はつたない英語で伝えた。

スタッグは頷《うなず》きながら、再び口を開い

岡部平太がシカゴ大に留学した時のアパート。左側の棟の2階に住んでいた

た。

「きみはどこに住んでいるのか？」

「エリス通りの近くです」

岡部がアパートの住所を伝えると、スタッグは「私の家の近くだ。一緒に帰ろう」と誘ってきた。自転車を押すスタッグと並んで歩いていると「私の心は何だか次第にこの老人の態度に対して凪《な》いできた」と岡部は振り返っている。

通りの角に差し掛かったところで、スタッグは立ち止まった。

「私の家はここから右に曲がったところにある。今度、家に招待するからぜひ来てほしい。オカベ、明日、フィールドで待っているぞ」

それから数日後、岡部は約束通りにスタッグ邸に招かれた。

私は案内役のバーナードに連れられ、今も残っているスタッグの自宅だったという建物を案内された。樹木に囲まれた赤レンガ造りの一軒家で、そこから五分ほど歩いたところに、岡部のアパートもあった。赤レンガ造りの三階建ての二階の一室に住んでいたという。

岡部はスタッグ邸で自分の経歴を話し、アメリカで「あらゆるスポーツを学びたい」と伝える。それに対しスタッグはこう応えた。

「それなら、私の書斎の方が大学の図書館より書物がそろっているから、明日から私の書斎に来なさい」

それからというもの、岡部はスタッグ邸に通い続けた。書物をむさぼり読み、わからないことはスタッグに質問すると、適切な答えが返ってきた。妻子とも打ち解け、岡部は「私の生活はスタッグの自宅に行ってフットボールの練習に行く日々だった」

改めて、スタッグとはどういう人物だったのだろうか。シカゴ大学に残る資料やバーナードと岡部の証言を元に、その人物像に迫ると——。

スタッグはスコットランド系移民の貧しい家庭で育ち、清教徒《ピューリタン》（プロテスタントの一派）だった。進学したエール大学神学部では、アメフトでオールアメリカンに選出されたが、野球の投手としても驚異的な成績を残している。

背格好は岡部とほぼ同じで、投手としては小柄だったが、カーブを武器に活躍した。一八八七（明治二十）年四月二十六日、エール大学チームはナショナル・リーグの強豪ボストン・ビーンイーターズ（現アトランタ・ブレーブス）と対戦した。プロを相手に二対一でリードした九回裏、相手の三番打者キング・ケリーを迎えた。その年、破格の一万ドルの金銭トレードでシカゴ・ホワイトストッキングス（現シカゴ・カブス）から来た強打者である。

スタッグはこの「一万ドルケリー」を三振に仕留め、勝利を収めた。ベンチに引き揚げて来たケリーは、不満げな表情でチームメートにぶちまけた。

「お前たちの中に、彼ぐらいうまく投げる奴がいたらお目にかかりたいもんだ。いつでも俺が大統

シカゴ大学内にあるジェラルド・ラトナー・アスレチック・センターに展示されているスタッグの胸像

領にしてやる」

翌年の五月二十六日、プリンストン大学との優勝決定戦は圧巻だった。何と二安打、二十奪三振での完封勝利。後に野球でもオールアメリカンに選ばれる偉業を成し遂げたのである。

この腕前をメジャー球団が見逃すはずもない。スタッグは六球団からオファーを受けた。中でもニューヨーク・ジャイアンツからは、当時の最高年俸の四千二百ドルで勧誘を受けるが、断っている。

後にその理由を訊ねた岡部に、スタッグはこう語っている。

「プロは否定しないが、学生が人生の出発点において安易な方法で多額の金銭を受けるのは、必ずしも生涯の幸福とは限らない。人格の一要素としての学位を与えられ、スポーツマンとしてレターを贈られ、男性の性格を形作る真の闘志を鍛錬されるアマチュアとしての修行は、もっと高いものと考えている」

選手を引退後、しばらくしてスタッグは米国初の「体育」と「競技」を受け持つ副教授としてシカゴ大学に迎え入れられた。教授となって後もアメフトのコーチとして、九十六歳までグラウンドに立って学生を指導し、一九六五年、百二歳で生涯を終えた。アメフトの多くの戦術やルールを考案し、学生リーグで三百十四勝。一九五一年にアメフトの選手、指導者として殿堂入りを果たす。大学野球界にも貢献しており、今も使われるバッティングケージを発明したのはスタッグである。まさしくアマチュアスポーツに人生を捧げた「コーチの先駆け」だった。

実は、スタッグに師事した日本人は岡部以外にもいる。岡部が留学する前に、早稲田大学野球部創設者の安部磯雄（一八六五〜一九四九）、学生野球の父と呼ばれた飛田穂洲《すいしゅう》（一八八六〜一九六五）がスタッグの薫陶《くんとう》を受けている。飛田はスタッグのミニチュアの胸像を持っていたが、晩年になって「きみが持っているべきだ」と言って岡部に譲っている。スタッグの一番弟子は岡部だという意味だったのだろう。

岡部の後は、学校体育指導者の大谷武一《ぶいち》（一八八七〜一九六六）がシカゴ大学に留学した。岡部からすると東京高師の先輩で、後にソフトボールやハンドボールを日本に紹介し、ラジオ体操を考案した一人でもある。スタッグは大谷の印象について岡部にこう語っている。「彼は勉強熱心だが、きみと比べておとなしい性格だ」。それに対して岡部は「彼は真面目ですからね。それにフットボールの練習には相撲が参考になると思います。ぶつかり合いの練習は、フットボールに通じるところがあります。相撲については大谷が知っているので、彼に訊いてもらえればわかります」と答えた。シカゴ大学には、大谷の後にスタッグに師事した日本人の記録は残されていない。

岡部はスタッグの知識を受け継ぐために、ありとあらゆる競技にチャレンジした。アメフトでは持ち味のスピードを生かしてレシーバーとして活躍。地元のクラブチームでもプレーし、試合の日は、車が迎えに来るＶＩＰ待遇を受けた。

そして、シカゴに来て半年が過ぎた頃、岡部の元に日本の師匠、嘉納からの手紙が届いた。

「ボクシングとレスリングの研究をせよ」

柔道を国際化するため、岡部に西洋の格闘技を学ばせようとする嘉納からの「督促状」ともとれる文面だった。シカゴ大学にはボクシング部がなかったため、岡部はスタッグから、シカゴのダウンタウンにあるボクシングジムを紹介してもらう。そこには世界王者を育てたトレーナーがおり、バンテージの巻き方やパンチの打ち方、ステップの運び方など基本を学んだ。

地元紙の「シカゴ・トリビューン」は「日本の学生がボクシングを習う」というタイトルで写真と記事を掲載しており、その中でトレーナーは「飲み込みが早い」と評価している。

しかし、さすがの岡部も実戦形式のスパーリングは苦い体験だったようだ。顔面を打たれ、鼻が折れ、鮮血がマットに飛び散ったという。

「シカゴの寒い吹雪の夜、プロ・ボクシング道場に通って、鼻をやられ、何枚かのハンケチで押さえても鼻血が止まらず、ミシガン湖畔の電車に乗って寄宿舎に帰るつらさは、今思い出しても身にこたえる」（『スポーツと禅の話』）

それでも岡部の挑戦心は衰えなかった。次に挑んだのは、スキージャンプ。スキーの経験すらなかったが「見たら無性にやりたくなった」という。どんな競技であれ、自分でやってみないと気が済まないのが性分《しょうぶん》である。だが、スポーツ万能の岡部も結果は失敗。着地で転倒し、気絶して病院に運ばれている。

スタッグのほかにも、岡部は多くの専門家から知識を吸収している。その中の一人が、シカゴ大学の陸上競技トレーナー、トム・エック。当時六十歳を過ぎていたトムから、豊富な経験に基づく科学的トレーニングを学んだ。筋肉の仕組みやマッサージの仕方、ストップウオッチの正式な押し方、選手の心理状況など内容は多岐にわたり、「陸上競技の諸知識は、まず誰よりもこのトム・エックから教えられたものが一番多かった」(『コーチ五〇年』)。その知識は生涯を通して岡部の財産となる。

余談だが、岡部の柔道に一目惚れしてたトムは、シカゴ大学の体育館で練習会を催した。相手はレスリングやフットボールの選手たちである。岡部に締め技を掛けられたフットボール選手は意識を失った。しかし、岡部が背中を三度叩くと立ち上がった。この話は翌日の「シカゴ・トリビューン」に面白おかしく掲載された。

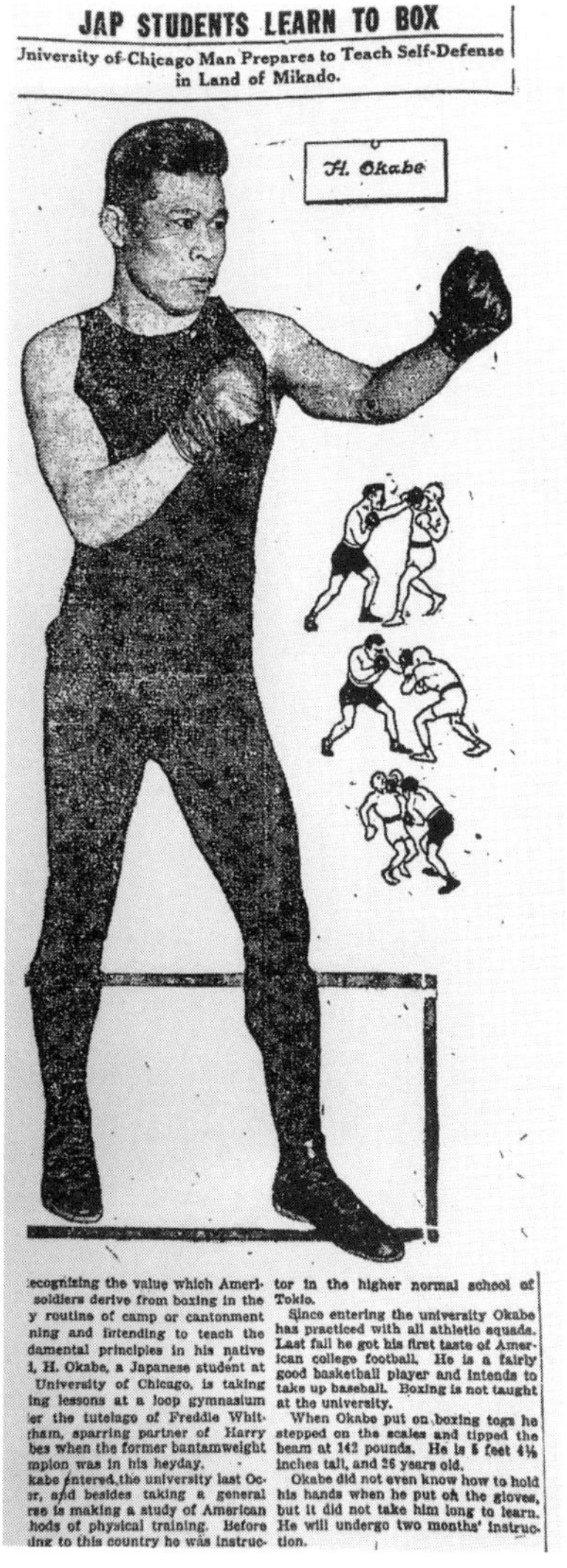

JAP STUDENTS LEARN TO BOX

Jniversity of Chicago Man Prepares to Teach Self-Defense in Land of Mikado.

H. Okabe

ecognizing the value which Ameri-
soldiers derive from boxing in the
y routine of camp or cantonment
ning and intending to teach the
damental principles in his native
l, H. Okabe, a Japanese student at
University of Chicago, is taking
ing lessons at a loop gymnasium
er the tutelage of Freddie Whit-
ham, sparring partner of Harry
bes when the former bantamweight
mpion was in his heyday.
kabe entered the university last Oc-
r, and besides taking a general
rse is making a study of American
hods of physical training. Before
ing to this country he was instruc-
tor in the higher normal school of Tokio.

Since entering the university Okabe has practiced with all athletic squads. Last fall he got his first taste of American college football. He is a fairly good basketball player and intends to take up baseball. Boxing is not taught at the university.

When Okabe put on boxing togs he stepped on the scales and tipped the beam at 142 pounds. He is 5 feet 4½ inches tall, and 26 years old.

Okabe did not even know how to hold his hands when he put on the gloves, but it did not take him long to learn. He will undergo two months' instruction.

ボクシングでの岡部の活躍を伝える「シカゴ・トリビューン」の記事(1918年3月3日付)

「日本学生オカベは、柔道でフットボールの選手たちを投げ飛ばすばかりでなく、人を殺しもするが生かしもする秘術をやって見せた」

私は渡米前に、現地コーディネーターの名嘉の紹介で、シカゴ大学図書館の吉村亜弥子（東アジアコレクション日本研究専門司書）と連絡を取り、岡部の情報をメールで送った。すると三日後に吉村から返信が来た。

「私は岡部という人物がここにいたことすら知りませんでした。ですが、調べてみると、スタッグの資料の中に、岡部という日本人に関するものがあります。もしかしてこれが知りたい人物のことかもしれません。こちらに来られたら一緒に見てみましょう」

シカゴ取材の二日目、大学図書館に入って手続きを済ませると、吉村から分厚い茶封筒を手渡された。開封すると、そこにはスタッグと岡部が交わした英文の手紙や、岡部の活躍を掲載した新聞記事が数十枚入っていた。岡部からの手紙は手書き、スタッグが出したものはタイプライターで打ったものだ。スタッグの手紙は恐らく写しだと思われるが、いずれも百年以上前のものとは思えないほど保管状態は良好だった。

二人の文通は晩年まで続いており、岡部が辛酸《しんさん》をなめた満洲時代のものも含まれる。恩師に送った岡部の切々とした心情が伝わる文面もあるが、それは後述するとして、ここでは二年半の留学中の行動をできる限り再現してみることにしよう——。

岡部はスタッグの勧めで一九一八（大正七）年春、全米の大学を回る旅に出る。最初はペンシルベニア州フィラデルフィアだった。ペンシルベニア大学には体操選手でスポーツ生理学の博士、R・マッケンジーがいた。その道では第一人者といわれるマッケンジーから、岡部はスポーツが身体に及ぼす影響について学んだ。帰国後、岡部はマッケンジーの著書を翻訳して出版もしている。

しかし、注目すべきは「柔道とレスリングの試合の正当性」を探ったことだ。

岡部は自分が柔道家であり、サンフランシスコでプロレスラーと対戦したことを話しながら、マッケンジーに相談を持ち掛けた。

「博士、柔道とレスリングの試合をやりたいんですが」

「この大学はアメリカ東部インターカレッジのレスリングの優勝チームだから、相手はいくらでもいるじゃないか」

「違います。私はレスリングをやるのでなく、柔道とレスリングの試合をやりたいのです。しかも学生相手でなく、プロ相手の試合です」

岡部が師匠の嘉納から「柔道の国際化を図れ」という指示を受けていることを伝えると、マッケンジーも「それは面白い」と興味を持った。早速、レスリ

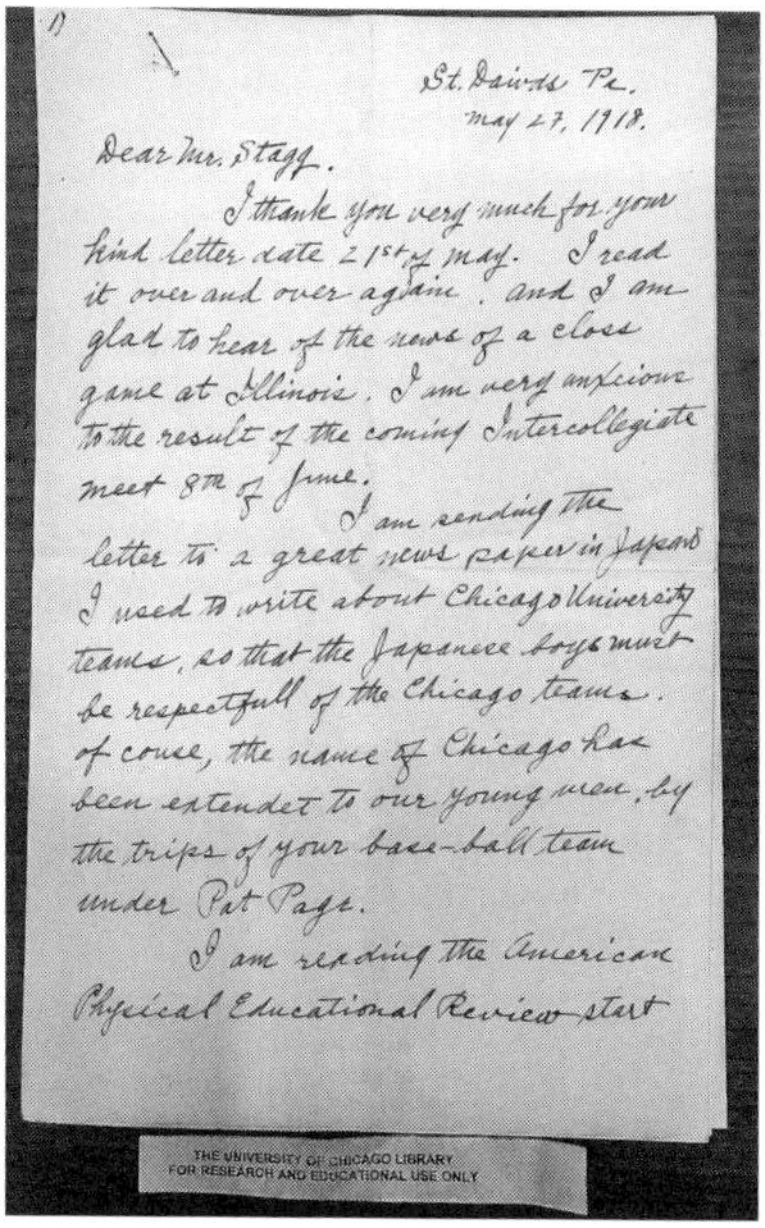
1)

St. Davids Pa.
May 27, 1918.

Dear Mr. Stagg.

I thank you very much for your kind letter date 21st of May. I read it over and over again. and I am glad to hear of the news of a close game at Illinois. I am very anxcious to the result of the coming Intercollegiate meet 8th of June.

I am sending the letter to a great news paper in Japan I used to write about Chicago University teams, so that the Japanese boys must be respectfull of the Chicago teams. of couse, the name of Chicago has been extendet to our young men, by the trips of your base-ball team under Pat Page.

I am reading the American Physical Educational Review start

1918年5月、岡部がスタッグに送った手紙（米国シカゴ大学図書館ハナ・ホルボーン・グレイ・スペシャル・コレクション・リサーチ・センター提供）

ング部の練習場で、柔道着を着せて部員たちと対戦。岡部が片っ端から投げ飛ばすのを見て感銘を受けたマッケンジーは、一カ月後にライト級の選手を連れてきた。フィラデルフィア造船所がスポンサーになっているプロレスラーだという。そこで、マッケンジー立ち合いのもと、異種試合の共通ルールを決めようということになった。

　しかし、話し合いは予想通り難航した。一つは、プロとアマチュアの間にある金銭的な問題である。プロはファイトマネーのない試合には出ない。逆に、オリンピックなどのアマチュア規定から考えると、岡部がプロとの公開試合に出場すれば、たとえ金銭を受け取らなくてもアマチュア失格となる。もう一つは着衣の問題だった。相手は、どんな条件があっても柔道着は着ないという。柔道着がなければプロレスに限りなく近い条件になってしまう。岡部は、そうまでして試合をする意味が見いだせなかった。

　話し合いは決裂し、岡部は嘉納に経緯を書き送った。

「どんなスポーツでも一定の条件下で成立するものです。条件なしの異種試合は喧嘩と同じで、もはやスポーツとは言えません。マッケンジー博士と協議した結果、柔道とプロレスの試合は成立しないという結論に達しました」

　これが後に岡部が嘉納と激論を交わす発端となる。

　二カ月後、岡部はマサチューセッツ州ケンブリッジに入った。ハーバード大学で、女子の体育理論や体育史を研究するためだ。その後も、ニュージャージー州のプリンストン大学、ニューヨーク州のコロンビア大学、コネティカット州のエール大学、オハイオ州のオーバリン大学、イリノイ州のイリノイ大学など少なくとも八校で学び、カナダにも足を運んだ。旅の途中には金策に困り、ミネソタ州の農場で三週間アルバイトをしたとも綴られている。

留学中に実践したスポーツは、アメリカンフットボール、バスケットボール、野球、レスリング、ボクシング、陸上、水泳、ボート、スキーなど多岐にわたる。

「岡部の書いた英文から、彼はスタッグを心底慕っていたことがひしひしと伝わってきます。それにわずか二年半でアメリカ各地を渡り歩き、あらゆるスポーツを実践し、勉強したその行動力はすさまじい。この人、いったい何者なんでしょうか」

円盤投げの練習に励む岡部平太(大森みどり提供)

手紙を翻訳してくれた吉村は驚きを隠さなかった。その後、吉村は東京オリンピックに向けたシカゴ大学図書館の企画として、スタッグと岡部平太《へいた》に関する資料展を二〇二〇年五月に開く計画を立てていたが、新型コロナウイルスの影響で残念ながら無期延期となっている。

岡部は留学生活で、スタッグからスポーツとは何かを教えられてきた。

「スポーツは勝たないといけないが、勝つためには根拠がいる。それに、どんな手段を取ってもいいというわけではない。スポーツにはルールがある。ルールを守りフェアで勝たないといけない」

ところが、そのスタッグ精神に反する屈辱的な出来事に遭遇する。年が替わった一九一九（大正八）年十月、岡部は再びイリノイ州に戻ってきた。シカゴから南に二百キロほど下ったイリノイ大学で、新設された体育学の講座を受講するためである。

イリノイ大学はフットボールでシカゴ大学としのぎを削るライバル校で、近いうちに定期戦が行われることになっていた。

その朝、体育学講座の担当教授に岡部が挨拶に行くと、教授がこう言った。

「勉強する時間以外は暇だろうから、体育館からうちのフットボールチームの練習でも見るといい」

岡部は教授のアドバイス通り、体育館の窓からフットボールの練習を見ていた。

〈さすがに強豪チームだ。あれはパットが教えてくれたフォワードパスとエンドランのフォーメーションだな〉

すっかり夢中になって見ていると、後ろからシャツの襟首を引っ張られた。振り返ると、いきなり罵声《ばせい》を浴びせかけられた。

「お前は、ここで何をしているんだっ！」

イリノイ大学のヘッドコーチが眉を吊り上げ、顔を真っ赤にしてにらんでいる。岡部はシカゴ大でイリノイ大とは何度も試合をしていたので、コーチとは面識があった。

「体育学の教授から、ここから練習を見たらいいと言われたんです」

「嘘を言え。誰に言われてここに送り込まれてきたんだ。二度と練習を見るな」

コーチは肩を怒らせながら去っていった。

岡部は、はらわたが煮えくり返りそうだった。

〈何なんだ、あの態度は……。まるでスパイ扱いじゃないか〉

それからの大学生活は、肩身の狭いものとなった。コーチに出くわして挨拶しても、無視された。いたたまれなくなった岡部は、スタッグに手紙をしたためた。

「ご無沙汰しております。イリノイ大学でフットボールの練習を見ていたら、コーチから、誰から送り込まれたのかと言われて気分を害しています。まるで私はスパイ扱いです。しかし、勉強が残っているので、ここに残って頑張ります」

スタッグからの返事は三日後に、岡部のアパートに届いた。

「つらい思いをさせて申しわけない。コーチは疑い深くて、シカゴ大学を信頼していないんだろう。我々は、不当なやり方で相手の情報は得ることは決してないし、日々、公開練習をしている。ライバルチームが視察に来ても構わないし、何度も練習試合をしているので、我々のサインは相手にもわかっているはずだ。私がきみの代わりになってやりたいが……。きみのイリノイでの滞在が、よりよいものになるよう祈っている」

岡部は師匠の言葉に癒された。シカゴ大学はフェアプレー精神で勝つことを信条としており、後ろめたいことは何もない。それに、岡部の置かれた状況をスタッグが自分のことのように思ってくれていることがよくわかり、ありがたかった。

このエピソードはイリノイ大学のヘッドコーチの誤解によって起きたことで、スタッグは米国のスポーツ界では誰もが尊敬する存在だった。岡部はその象徴的な話をこう書き留めている。

「イリノイ大学は一九三九年十月二十九日のフットボール試合当日、シカゴ大学のスタッグ・フィールド中央で、スタッグに対しI（アイ＝イリノイの頭文字）ブランケットの贈呈式をやった。この毛布はイリノイ大学スポーツの最高の名誉を表彰するもので、それをイリノイ全卒業生の名によってスタッグに贈呈されたのである。七万の観衆の中、ラウンドスピーカーは叫んだ。

『スタッグ教授、われらイリノイ卒業生の永久の友よ！　われわれクラブ一同は、君が栄光を讃えるため、われわれの誇りの象徴であるIブランケットを贈呈する。

　われわれは教授の人格、教授のスポーツマンシップ、教授の理想を讃美し、イリノイと過去四十年に亘《わた》る極めて親密なる交情を記念せんとしてこれを贈呈する。

　我等は常に君を最大の敵とし、また君を理想の友と呼んで来た。このブランケットはわれわれの親善の温情によって、永久に君が心を温めんとするものである』

イリノイ同窓会委員一同署名」

　スタッグはそのゲームの初めから終わりまで、贈られたブランケットを首に巻いていた。

　イリノイ大学での三週間の研究が終わった一九一九（大正八）年十一月上旬、岡部は一年半ぶりにシカゴ大学に戻った。スタッグからは数多くのことを学んだが、特にコーチとしての資質については心を打たれたようで、岡部はその内容を『スポーツと禅の話』に書き残している。

「コーチは半ば生れつきで、半ばは修養である。ちょうど生産事業において、将来マネージャーや課長になるのに、誰がその最適任者であるかはよくわからない。これは他の普通の労働でも、会社の事務でも同じことである。ある大コーチは、選手時代少しも優れたところのない人だった者もあり、また名選手といわれた人も、コーチとして全然駄目な人も何人もいた。ただ一つ、スポーツの知識と、スポーツに対する真の愛情がその良否を決定するのである。他の動機でやるものは決して大成するものでない」

「私の見方からすれば、青年のコーチという仕事は高潔なもので、良過ぎるというような人はあり得ない。理想をいえば酒を呑《の》まない、賭け事をやらない、煙草を喫《す》わない、卑俗《ひぞく》な言葉を使わない、わい談をしない。それ等はすべて競技のコーチの資格である。のみならず、それは彼自身人間として身を修めるに必要な資格でもある。それ等《ら》はすべてのコーチに要求される資格であるが、彼が全力を挙げてコーチをするには常に高く自分を持し、高潔な私生活をやっていなければならない。正しい心、深い正義感、策謀を拒否し、正直に物事を判断し、私情の恨みを持たない、常に正しく紳士的で、ただ勝利のために一途《いちず》に高い精神的態度で進むことは、すべてのコーチに要求される資格である」

シカゴを離れる時に、スタッグは、自分が使っていた帽子や靴を岡部に贈っている。晩年、岡部は大事な席があると必ず「これはスタッグ先生にもらったものだ」と身に着けていたという。

「私のスポーツ人生にとって、スタッグ先生や米国生活が大きな柱となった」

岡部は人生観を一変させた留学生活を終え、一九一九（大正八）年十二月、帰国の途に就く。しかし、日本ではさらに大きく人生を変える出来事が待っていた。

米国留学を終えた岡部は一九二〇（大正九）年一月上旬、約二年半ぶりに日本の地を踏んだ。横浜港から直接、東京高師の寄宿舎に向かったが、部屋はもぬけの殻だった。

実は岡部の留学中に日本の高等教育は、変革の時を迎えていた。一九一八（大正七）年十二月に原敬《たかし》内閣が大学令を公布。それまで設置されていた帝国大学五校（東京、京都、東北、九州、北海道）以外にも公立、私立の大学設置が認められ、各地で大学昇格運動が起きた。

東京高師もその渦中にあった。生徒や教授が昇格運動を繰り広げ、岡部が帰国した日は、ちょうど集会が開かれていたのだ。

「いつ横浜に着くか知らせていなかったので友人たちは驚くだろうと思っていましたが、その夜、寄宿舎には誰もいませんでした。生徒は全員、集会に出ていました。それはわが校の大学昇格運動のためです」

恩師スタッグに送った手紙の中で、岡部はそう振り返っている。

この日、岡部は嘉納《かのう》から「東京高師の体操科講師」と「第一高等学校と東京帝国大学農学部・経済学部の陸上コーチ」への就任を命じられた。その数日後、嘉納は「大学昇格運動も一区切りついた」として、延べ二十三年間務めた東京高師の校長を辞職する。

この時の岡部の人事に込められた真の意味には、岡部自身も気づいていなかったかもしれない。私がそのことを知ったのは、つい最近である。二〇二〇（令和二）年二月、東京のホテルのラウンジで、早稲田大学教授（人間科学）＝当時＝の友添秀則にインタビューした時のことだ。

「嘉納は岡部を自分の後継者にしようと考えたのだろう」

友添は東京高師の後身である筑波大学柔道部出身で、岡部の後輩にあたる。スポーツ倫理の第一人者で、日本オリンピック委員会（ＪＯＣ）常務理事も務めたが、実は四十年近く前から嘉納と岡部について研究してきた。研究当初の一九八〇年代は岡部を実際に知る東京高師の同級生や後輩たちがまだ存命で、話を聞いて回ったという。誰もが異口同音に「とにかく柔道が強かった」と語り、競技者としての力を認めていたそうだ。

友添によると、東京高師から海外留学した場合、地方の師範学校の教員にいったん就くのが慣習だった。しかし、岡部だけは帰国後すぐに東京高師の教員になっている。これは過去に例のないことで「岡部を手元に置いておこうという嘉納の明らかな意図が見える」と言う。

東京高等師範学校の跡地に建つ嘉納治五郎像

さて、念願のコーチに就任した岡部は、東京高師のグラウンドで、付属中学の四年生有志にアメリカンフットボールを教えた。米国から持ち帰った三個のボールを使い、ユニホーム代わりの柔道着姿で、ヘッドギアなどの防具はなかった。

　これが日本に初めてアメフトが紹介された瞬間だった。付属中学四年生のチームは、五年生チームと第一高等学校陸上運動部員のチームを相手に試合も行った（ただ、岡部が職を去った後はボールも破れてしまい、チームは解散する）。

　岡部の指導は多岐にわたった。東京帝大と第一高等学校にはバスケットボールチームも作り、強豪の東京ＹＭＣＡに挑戦した。また、嘉納が会長を務める「大日本体育協会」の蹴球（サッカー）委員長に就任し、東京高師と東京蹴球団などで構成した「関東蹴球団」を結成。日本、中国、フィリピンが参加した一九二一（大正十）年の第五回極東選手権（中国・上海）に、代表チームとして送り出した。

　日本スポーツ界はどの競技も黎明《れいめい》期にあり、岡部は「まだ若く体力には自信があったので、指導をしていて楽しかった」と書いている。

　コーチのほかに大日本体育協会の規約作りにも携わっていた。米国での経験を生かし「アマチュアスポーツの振興を図るために、協会がどうあるべきかを考えろ」という嘉納の指示だった。

　すべてが満たされたように見えた岡部だったが、帰国して一年が過ぎた一九二一（大正十）年二月、その人生を一変させる出来事が起きた。

　米国のプロレスラー、アド・サンテルが、興行師を通じて講道館に対戦を申し入れたのである。サンテルは、伊藤徳五郎五段、坂井大輔四段ら岡部の前に渡米した柔道家や、柔道からプロレスラーに転向したタロー三宅（三宅多留次《たるじ》）らを下し、「柔道世界チャンピオン」を名乗っていた。弟子のヘンリー・ウェーバーを帯同して来日したサンテルは「本家」の講道館に挑戦状を叩きつけたのだった。

世間は騒いでいたが、岡部は冷静にとらえていた。

「こんな話、嘉納先生が受けるはずがない」

というのも、岡部は柔道対プロレスについて米国で嫌と言うほど研究し、試合は成立しないという結論を導き出していたからである。

「柔道家が柔道着を着ずに、レスリングやボクシングに対しても無限に優勢であり得るという考えは、無謀に甚だしい。ルールを緩めれば果し合い以外にない。それはもはやスポーツではない」

岡部はすでに柔道とプロレスの他流試合は成立せず、「柔道家は、柔道自らの道を進むべきである」という意見を留学先から嘉納に手紙で伝えていた。だから当然、嘉納は対戦を拒否すると思っていたのだった。

講道館に挑戦状を叩きつけたアド・サンテル

しかし、事態は予期せぬ展開を迎える。講道館がサンテルとの試合を実施するという記事が新聞に掲載されたのだ。

報道の真偽を確かめるために岡部が講道館に向かうと、東京高師と講道館で後輩の桜庭《さくらば》武《たけし》がいた。

「あの新聞で書かれていたのは本当か？」

すると、桜庭から意外な答えが返ってきた。

「嘉納師範は高段者を集め、講道館は受けて立つと宣言しました。日本側のメンバーも決定しました」

「誰も反対するものはいなかったのか？」

「いません」

岡部は憤然として、大塚（文京区）の開運坂にあった嘉納邸に足を運んだ。

書斎にいた嘉納に、岡部は講道館とサンテルとの試合を許可した真意を尋ねる。この時の様子を岡部は著書『スポーツと禅の話』と『スポーツ・勝負・人間―岡部平太《へいた》遺稿集』に詳細に書いている。二人のやり取りを再現すると、こうなる――。

岡部「先生、講道館は勝負を受け入れたのですか？」

嘉納「講道館柔道の真価を世界に問う絶好の機会だ。受け入れることにした」

岡部「柔道とプロレスラーの戦いは、ルール上において成立はあり得ません。最終的には金銭で決めるしかなく、喜ぶのは興行師です」

岡部は必死になって試合中止を説いた。しかし、嘉納は一八八二（明治十五）年に創設した講道館の歴史を例に挙げ、岡部の意見を切り捨てた。

嘉納「講道館は他流試合をした苦心があったからこそ、ここまで広まったのだ。サンテル程度の外圧に屈してどうなる。そこまで講道館は弱いのか！」

冷静に話してきた岡部は、この一言で平常心を失い、身を乗り出した。

岡部「先生は東洋人初の国際オリンピック委員会の委員で、アマチュアリズムは先生ご自身の精神そのものではないんですか。先生が築いてこられた柔道をプロの興行の世界に投げ入れると、講道館そのものまでプロ団体になってしまいます」

それでも嘉納は頑として首を縦に振らない。一対一の論争は延々と続き、終わりが見えない。書斎の窓から朝日が差し込み、始発電車の音が聞こえてきた。その時、岡部にある考えが浮かんだ。

〈嘉納先生は興行師の前で「やる」と言ったことで、後に引けなくなったのではないか〉

そう考えた岡部は声を振り絞って頭を下げた。

岡部「これが最後のお願いです。電車で興行師のいる横浜に行かせてください。私が説得します」

嘉納「だめだ」

その日は東京高師の卒業式だった。それに気づいた岡部は決意した。

〈これ以上、ここにいては先生に失礼になる。先生のもとを去ろう〉

岡部「お世話になりました。これまでありがとうございました」

実は米国から帰国して以来、岡部は嘉納邸に間借りしていた。嘉納に別れの挨拶をして席を立ち、ふすまを開けると、妻ステが泣き崩れていた。翌朝、妻のステとまだ一歳にもならない長女鞠子《まりこ》を連れて嘉納邸を出た。岡部、二十九歳の時である。

「私の生涯に於ける一番寂しい記憶の一つである。ただ後悔はしていない」

師匠との絆が切れた日のことを岡部はこう振り返っている。


嘉納が名付けたとされる開運坂には、桜並木があったという。二〇二〇（令和二）年二月、私はその坂の上にあったといわれる嘉納邸を探して歩いてみたが、今は別の民家が建っていて跡形《あとかた》もなかった。桜並木も今はなく、坂を上り切ったどん詰まりにある公園に、一本が残っているだけだった。坂を下りながら、妻子を連れて家を出た岡部の決意にただ思いをはせるしかなかった。

岡部が講道館を去ったというニュースは報道各社に伝わり、大きな波紋を呼んだ。シカゴ大に保管されていた日本の英字新聞「ジャパン・アドバタイザー（The Japan Advertiser）」にはこう取り上げられている。

「岡部平太は柔道とアメリカのレスリングの試合を承服できず、講道館を去った。彼はこの試合について嘉納に強く反対した」（一九二一年三月二日）

日本の新聞には、嘉納の談話が掲載されている。

「岡部君にも会って、とくと話も聞いたが、岡部君の言うところは少し狭小な思想ではないかと思う。もちろん、講道館の主義精神としては、商売人と角技を競うということは排するかも知れぬ。しかし、講道館長としての私は、決してあくまで限定的に講道館の精神を縮めたくはない。講道館には今二万幾千人かの会員がある。その中には拳闘家と競った人もあれば力士と技を争った人もあった。この狭小な精神から行けばこれらのすべての人々を破門しなければならないし、それは出来ないことではありませんか。しかる対手《あいて》のサンテル君は既に来朝し、競技も旬日《じゅんじつ》の中に迫っているのに、こんな駄々をこねていては大きい講道館の本来の精神を没却するものではあるまいか。岡部君に対しては、私は破門は出来ないがもし強いて出るとすれば仕方がないということは言っておいた」

（「読売新聞」一九二一〈大正十〉年三月一日）

これに対し岡部も同じ記事の中で、嘉納と自身の考えについて述べている。

「嘉納先生に対しては個人として深い関係があるので実に忍びないが、講道館の精神にもとり、柔道の競技精神を過《あやま》るものであると認めたから涙を揮《ふる》って脱退した。自分は講道館を脱退しても柔道はもちろん止《や》めぬ。商売人と試合することは講道館の主旨にもとる。嘉納先生とは意見の相違であるから仕方ないが、自分はどこまでも主義に生きたいから、少なくとも講道館員である以上、商売人と試合を許すことは絶対に反対で、意見が相容《あいい》れない講道館に籍を置くに忍びないから脱退したのだ」

そもそも嘉納はこの挑戦をなぜ承諾したのか――。『講道館柔道対プロレス初対決　大正十年サンテル事件』（丸島隆雄著）ではこんな推測がなされている。

この年の一月、「嘉納はロサンゼルスとサンフランシスコに立ち寄り、伊藤（筆者注・伊藤徳五郎五段）と会っている。このとき、伊藤は現地での案内役といったところだったのだろうが、嘉納とも話す機会も多く、当然日本行き間近のサンテルの話題がでたと考えてよい。もう少し推測をたくましくすれば、サンテルの渡日は嘉納の帰朝に合わせたと考えることもできる。さらに踏み込むならば、このアメリカ西海岸でサンテル対講道館の試合について嘉納の承諾が得られたと推測するのも、あながち非現実的な話ではない」

この講道館とサンテルとの試合には後日談がある。岡部は「その後誰がどんな仕方で収拾したのか私は全く知らない」と語っているが、実は講道館では他の高段者たちが反対し、試合を禁じた。結局、有志たちが対戦し、嘉納は「個人を止めることはできない」と静観したものの、試合に出たり関係したりした七人は段位を剝奪《はくだつ》された。

試合に臨んだのは庄司彦男三段、清水肇三段、永田礼次郎三段、増田宗太郎二段の四人。一九二一（大正十）年三月五、六日の二日間、東京・九段の靖国神社相撲場で開催。四本柱の土俵の上に床を張り、その上に約五メートル四方のキャンバスを敷いて、周囲を二本のロープで囲む形で特別リングは組み立てられた。

いずれも二十分一ラウンドの三本勝負で実施。初日の第一試合はウェーバー対増田二段。増田が絞め技で先制し、二本目はウェーバーが絞め技を決めたが、三本目は時間切れで、一対一の引き分けという結果だった。

第二試合のサンテル対永田三段は、一本目はタイムアップ、二本目はサンテルのチョークホールドが反則かどうかで試合が中断され、協議の末、サンテルの反則負けが宣告された。しかし、負傷により永田が三本目を棄権し、結果的に一対一の引き分けに終わった。

二日目の第一試合、ウェーバー対清水三段は清水三段の二対〇ストレート勝ち。

サンテル対庄司のメーンイベントは、各ラウンドとも二十分タイムアップに終わり、試合は三ラウンド合計六十分を戦い抜いての時間切れドローに終わった。

二日間を通して講道館は一勝三分けで、何とか面目を保ったのである。

嘉納と岡部の確執をどう見ればいいのだろうか。先輩にあたる岡部について、前述の元早稲田大学教授の友添秀則は、その性格の違いに一端があるという。

「嘉納は酒造業を営む商売人の子。実用主義者で、変幻自在に時代に対応していく。柔よく剛を制す、という嘉納が唱えた理念も、見方によっては人の力を最大限に生かすという実用主義だ。岡部はこうだと思ったら突き進んでいく真っすぐな性格。若き岡部にとって、嘉納の対応はいい加減に思えたのだろう」

岡部はアメリカでプロフェッショナリズムの堕落を目《ま》の当たりにしており、柔道が金もうけ主義に利用されることが断じて許せなかった。しかし、「実用主義者」の嘉納は柔道の知名度を上げるというメリットを優先したのではないか、と友添は見ている。

この事件をきっかけに「岡部は講道館を破門された」という噂が流れたが、岡部は師匠のことを思ってか、晩年になるまでそれを否定しなかった。

師匠に別れを告げた岡部は同年四月、茨城県の官立水戸高校（茨城大学の前身）で体育講師になった。水戸高校は、岡部の米国留学を支援した実業家の内田信也《のぶや》が多額の寄付をしてこの前年に新設されており、岡部を呼んだのも内田だった。

岡部について内田が自叙伝『風雪五十年』に書いた文章がある。

「岡部君は高師卒業後、体育研究のために米国へ留学させたが、その滞在中、いまのオリンピック・ゲームなどを体得して帰国した。ちょうど僕が水戸高等学校を建設した当時であったので、早速同校の職員として柔道及び一般運動について指導に当たった。当時はオリンピック・ゲームに関する一般知識がないので、全国の各学校へ特派し、その指導に努めたため、わが国の学生も漸《ようや》く、世界的な運動に仲間入りするようになったのである。これは同君の大きな功績というべきであろう」

また、水戸高校建設の経緯についてはこう述べている。

「第一次大戦の黄金時代における船舶業者の私生活は、随分派手なものであったが、ただ一つ僕が他の諸君と違った点はますますスポーツに熱中したことであった。僕は三十五才前後であったから元気もあり、元来好きな道だから隔日に毎夜、日曜には午前中、邸内の順道館で若い者と烈《はげ》しく柔道を練習したものだ。ある日曜の午前、時の茨城県知事力石雄一郎氏が突然、須磨の邸に訪ねてきた。（中略）是非百万円の寄附をして水戸高等学校を建ててくれというものであったが、僕はその場で快く承諾した」

実は、岡部は米国から帰国して間もない頃、内田から「学校建築に新しい知恵はないか」と相談を受けていたことを著書『コーチ五〇年』で明かしている。

そこで文部省を訪れ、担当者から設計図を見せてもらうと、約五百ヘクタールの広大な敷地の中央に校舎があり、あとは空き地になっている。

岡部は首をひねって訊ねた。

「この空き地はどうするんでしょうか？」

「ここには花壇と農園を造る予定にしています」

担当者がのんきに答えると、岡部は思わず立ち上がって叫んだ。

「それでは駄目です！　生徒にとって大事なのは、グラウンドでしょう」

岡部はその場で設計図に赤ペンで手を入れた。校舎を脇に寄せ、中央にはサッカー練習場を内に抱いた四百メートルトラック、二百メートルの直進コース、野球場、ラグビー場と三棟の寄宿舎などを書き入れた。念頭にあったのは、シカゴ大のスタッグ・フィールドである。目を丸くする担当者に「これでお願いします」と言って立ち去った。

赴任してみると、建物は設計図通りに工事が進んでおり、校舎と寄宿舎は完成。入学した一、二年生が利用していた。しかし、肝心のグラウンドは手つかずのままだった。

岡部は自ら行動を起こす。上半身裸になり、生徒と一緒に雑草取りから始めた。近くの材木店や建築会社から砂利や石炭殻《がら》を調達し、地面を掘り下げると水はけをよくするために砂利、石炭殻、表土の順で敷き詰めていった。最後は生徒たちがローラーで地面をならし、石灰で白線を引いていく。完成したのは、日本初の本格的な四百メートルトラックだった。

それからは野球、サッカー、陸上、柔道など、あらゆるスポーツを教えた。この頃の生活ぶりを岡部はこう述懐している。

「私の体育教師兼コーチの生活がここに始まったわけである。（中略）私はまだ元気いっぱいで、何のスポーツでも私より上手な生徒はほとんどいなかった。毎日、日が暮れて物が見えなくなるまで生徒と運動場にいた。元来それがコーチの日常生活でなければならない。私の師匠スタッグ先生の日常生活を見ならって、その通りにした。官舎が運動場の向こうにあったので、生活は家庭生活の続きであった」（『コーチ五〇年』）

岡部の住まいはグラウンド近くの官舎。妻ステ、長女鞠子と暮らし、よく生徒を食事に招いていた。生徒の中には、後に三井不動産会長となり、東京ディズニーランドや筑波研究学園都市の建設に大きく貢献した江戸英雄もいた。『日本スポーツを救え―野人 岡部平太のたたかい』（田中舘哲彦著）の中で、江戸はこう証言している。

「生徒全体は岡部先生から受けた影響はひじょうに大きかった。訓練ではひじょうに厳しい。それ以外では優しい。生徒への思いやりもありましたね。家に呼んでともに食事をとり、語り合うこともしたし……。個性教育の人でしたな。個性の強い人でした」

岡部は特に陸上には力を入れた。まず、新入学の一年生を集めて百メートルの記録を測定したが、十三秒を切るものは一人もいなかった。二年生に一人か二人、十三秒を切る者がいる程度だった。もちろんスパイクを持った生徒は誰もいない。しかし、岡部の指導で火がついたのか、生徒たち数人が日曜日に東京でスパイクを買って帰ってくるとそれが流行し、たちまち陸上部が出来上がったという。

そこで、コーチとして岡部が考えたのは対抗試合を組むことだった。

「スポーツをやるのものは常に勝負の場を持たなければならぬ。水戸高校にはまだ三年生がいないが、私はそれでも試合を協定しようとした。これはまず必敗の競技である。しかし、それでもここで試合をしなければ、水戸高校は立ち上がりに遅れると思ったからである」（『コーチ五〇年』）

相手が仙台市の第二高等学校に決まると、岡部は米国で学んだ知識を基に、生徒に走るフォームやトレーニング法を指導した。試合は一九二一（大正十）年八月二十八日、水戸高校のグラウンドで行われた。百メートル走、千六百メートルリレー、砲丸投げなど十四種目の競技で対戦し、八点差の僅差で敗れたものの『体育人・岡部平太研究』（岸井守一著）には、当時のスポーツ誌の試合評が引用されている。

「水高（筆者注・水戸高校のこと）は岡部氏直伝のフォームから出発した科学的戦法を以《もっ》て戦った形があった。しかして未だ充分フォームの出来上がらず、またそのフォームによって十分力を発揮する余裕のなかった水高は地力本位の二高の力に及ばなかったと言い得られよう。しかし、それはフォームが地力に勝てないという証拠にはならない。仮に一年の日時を以て、このフォームを完成し、そのフォームより来る正式の効果が現われる時、水高は断呼として、この復仇《ふっきゅう》を遂げるべき十分の確信は、敗けた当日のゲームにおいて、容易にかつ明瞭に看取することが出来た。負けた水高にはこのままの研究態度の猛進を勧告し、勝った二高には、速やかにその正式コーチを得て、力に加ふるにその練習方法の改訂を望みたい」


このスポーツ誌を見たのか、岡部は試合についてこう書いている。

「新設の水戸高校が老雄二高と大接戦をやった報道は全国学生スポーツ界に流れて、当時の陸上界に活気を与えた」（岸井守一著『体育人・岡部平太研究』）

しかし、水戸高校の校長はこうした岡部を快く思っていなかった。体育について、身体を健康にするための遊戯ぐらいにしか考えていない校長と、スポーツ指導に全力を傾ける岡部との隔たりは大きかった。それに加えて、岡部はグラウンドを駆け回ったランニングシャツとパンツ姿のまま教官室に出入りし、会議もその格好のままで出席。その風貌と態度についても官僚出身の校長はよく思っていなかった。

生徒もそれを感じ取っていた。生徒だった前出の江戸英雄は「校長と意見が合わなかったんですよ。個性が強烈な人でしたから衝突しちゃって」と語っている。

校長との対立の溝が埋まることはなかった。岡部は生徒にも教員にも誰に告げることなく、第二高校との試合後、突如として水戸高校から姿を消した。

第五章　満洲から世界へ

師匠の嘉納《かのう》と袂《たもと》を分かち、水戸高校の校長とも対立した岡部は日本を飛び出し、満洲に渡る。日露戦争の勝利によって日本が権益を得た中国大陸東北部の満洲は、新天地として急速に発展を遂げていた。岡部はスポーツに対する古い考え方がはびこっていた内地（日本）に嫌気がさし、活躍の場を満洲に求めたのである。

しかし、ここで取材は立ち往生してしまった。岡部と師弟関係にあった厨《くりや》義弘（元福岡教育大学名誉教授）を訪ね、満洲時代について根掘り葉掘り訊いても、厨は渋い表情を浮かべるばかりだった。

「岡部先生から断片的に満洲時代のことを聞いてはいるが、歴史も複雑で謎に包まれている部分が多い。正直言って点と線がつながらないところがある」

既に当時のことを知る人物も亡くなっている。そこで、満洲に関する基礎知識を仕入れるところから始めた。図書館に通って書籍を探し、パソコンで国会図書館のデジタルコレクションを検索する日々が続いた。岡部に関する研究論文や文献を収集し、つなぎ合わせ、不明な部分はまた調べる。そんな作業が二年を過ぎた頃、ようやく岡部の満洲時代の輪郭が浮かび上がってきた――。

水戸高校から姿をくらました岡部は突然、満洲の奉天《ほうてん》（現・瀋陽《しんよう》）で中学教師をしていた東京高師時代の親友、四角《しかく》誠一のもとに現れた。その時、岡部が語った内容を四角は克明に記録している。
「水戸高校は幸い暑中休暇になったので、誰にも告げずに黙ってやってきた。この上はいかなる事態が起きても、再び水戸に帰ることはないという。それは校長の体育に対する認識、その教育方針では自分の在職は無意味だからという。つまり、彼としては彼の体育理念を実施できるところは、日本人の新天地、強大な満鉄王国をおいてはほかにないと考えてのことであったと思われる」（『スポーツ・勝負・人間―岡部平太《へいた》遺稿集』）

そして岡部は四角に、南満洲鉄道（満鉄）への就職斡旋《あっせん》を頼み込んだ。

その話に入る前に、満洲の歴史について触れておこう。少し長くなるが、岡部が約二十四年間を過ごすことになる満洲は、近代史でも特筆すべき激動地帯であり、そのことは波瀾万丈な岡部の人生に大きく影響しているからである。

満洲は、現在で言えば中国東北部の遼寧、吉林《きつりん》、黒竜江《こくりゅうこう》の三省と内モンゴル自治区の東部にまたがる。日本は一九〇五（明治三十八）年から満洲国時代も含めて終戦の一九四五（昭和二十）年まで、約四十年にわたって統治に関与した。

その歴史は東アジアにおける各国のパワーバランスに左右されたものと言える。

朝鮮半島をめぐる清国との主導権争いから勃発《ぼっぱつ》した日清戦争（一八九四〜九五）で日本は勝利。敗れた清国は、李氏朝鮮に対する宗主権を放棄して独立を承認し、大連や旅順《りょじゅん》のある遼東半島と台湾などを日本に割譲した。しかし、南下を目論《もくろ》むロシアがフランス、ドイツを巻き込んで「遼東半島を清国に返還せよ」と勧告（いわゆる三国干渉）し、日本はやむなく受諾。その後、ロシアは清国から旅順、大連を租借《そしゃく》し、ハルピン〜遼東半島に至る鉄道（東清《とうしん》鉄道南満洲支線）を建設する。

ロシアは李氏朝鮮に対しても影響力を強めており、満洲へも侵攻。その南下政策を阻止するため一九〇四（明治三十七）年、日本は旅順のロシア艦隊を砲撃し、日露戦争に突入した。翌一九〇五（明治三十八）年、勝利した日本は遼東半島（日本名・関東州）の租借権、東清鉄道南満洲支線（長春～大連）の経営権と付属地の行政権、朝鮮半島の監督権を得た。これにより、日本は満洲進出を果たし、鉄道と租借地経営を統括する半官半民の特殊会社として一九〇六（明治三十九）年に設立したのが満鉄である。行政機関としては、関東都督府《ととくふ》が設けられた。

満鉄は沿線開発を急ピッチで進めた。長春、奉天、大連、ハルピンなど主要駅の付属地は駅から数キロ範囲に及び、最大だった奉天は六百ヘクタールもあった。広大な平地に街路や電気、水道、ガスなどの生活インフラ、病院、学校、ホテルなどを整備し、人口は激増した。

一九一〇（明治四十三）年に日本は韓国を併合し、満鉄は朝鮮国有鉄道の経営を受託するなど満洲との連携を強化した。一方、清国は辛亥《しんがい》革命によって一九一二年に滅亡し、孫文《そんぶん》を臨時大総統とする中華民国が成立。孫文は宋教仁《そうきょうじん》らと国民党を結党する。しかし、その内実は各地に軍閥が割拠する内乱状態であり、日本は一九一八（大正七）年、関東都督府を行政機関の関東庁と、陸軍部隊の関東軍に分割するなど統治機能を強化していく。一九二二（大正十一）年にはロシア革命によって史上初の社会主義国家、ソビエト連邦が成立。中国共産党も発足し、パワーバランスは混沌としていくことになる。

この頃の満洲では奉天、吉林、黒竜江の三省を実効支配していたのは軍閥の張作霖《ちょうさくりん》（一八七五～一九二八）で、当初は日本と協力関係にあった。しかし、勢力拡大に伴って離反し、関東軍と対立。一九二八（昭和三）年に事件は起きる。張作霖が乗車していた列車が、関東軍の手によって奉天郊外で爆破されたのである。

息子の張学良《がくりょう》（一九〇一～二〇〇一）は、しばらくは日本に融和的だったが、父の死から半年後、国民党への合流を宣言。満鉄に並行した路線を建設するなど反日に転換し、世界恐慌のあおりも受けた満鉄の利益は激減した。関東軍は一九三一（昭和六）年九月十八日、奉天郊外の柳条湖《りゅうじょうこ》で満鉄上り線を爆破。これを張学良軍の仕業《しわざ》として全面攻撃に入った。この動きを首謀した一人が当時の作戦参謀、石原莞爾《いしわらかんじ》（一八八九～一九四九）である。

張学良は退却し、関東軍は満洲全土を制圧。翌一九三二（昭和七）年三月、満洲国が成立する。清朝最後の皇帝、愛新覚羅溥儀《あいしんかくらふぎ》（一九〇六～六七）を執政とする日本の傀儡《かいらい》政権だった。

その後、満鉄は一九三五（昭和十）年、シベリア鉄道の南側にロシアが建設し、満洲の東西を結んでいた北満鉄路（満洲里《まんしゅうり》～ハルピン～綏芬河《すいふんが》）をソ連から買収。終戦時の満鉄路線は七十路線、六百三十駅、一万二千五百キロに上った。

そして一九三七（昭和十二）年には日中戦争が始まり、終戦間際《まぎわ》の一九四五（昭和二十）年八月、ソ連軍が満洲に侵攻。多くの入植者が集団自決したほか中国残留孤児を生み、日本兵はシベリアに抑留されるなどの悲劇が起きた。満洲に取り残された日本人は百万人以上とも言われ、終戦翌年から引き揚げが始まった。漫画家の赤塚不二夫《ふじお》は、十歳の時に奉天で終戦を迎えたが、父はシベリアに抑留され、妹は栄養失調で亡くなるなど、命からがら引き揚げた経験を自伝に記している。

満鉄は一九四五（昭和二十）年の敗戦で閉鎖されるが、職員は最大で四十万人、うち日本人は十四万人にも上った超巨大企業だった。給料は内地の三倍とも言われ、立身出世を夢見る多くの若者が移住した。

初代総裁の後藤新平は「鉄道経営」「沿線の街づくり」「産業開発」「調査活動」を満鉄経営の四大業務として打ち立てた。鉄道に加えて炭鉱開発や製鉄業、電力供給、ホテル、映画（満洲映画協会）、シンクタンク（満鉄調査部）など多岐にわたる事業を展開。一九三二（昭和七）年に満洲国が成立してからは関東軍が統治の実権を握ることになるが、それまでは国家的な権力を掌握していた。

京都大名誉教授の中西輝政が月刊誌「歴史街道」に発表した文章によると、満鉄設立委員長の児玉源太郎はその将来構想をこう描いていた。

「満鉄をシベリア鉄道経由で欧州と結び、満洲を東アジアの一大経済基地として発展させる。開発はロシアとも協力し、ロシアにも利益をもたらすようにする。さらに、各民族の協同による満洲の発展を図ることによって、清国とアジアの近代化にも貢献する」

満洲での共存共栄を図るこの考えは、満洲国の建国時に掲げられる「五族協和」、つまり満洲人・日本人・漢人・朝鮮人・蒙古人が互いに協調して発展を目指すという思想につながっていく。満洲の人口は、敗戦前には当初の二・五倍の四千五百万人近くに膨張していた。満鉄は全権として国際連盟脱退を表明した政治家の松岡洋右《ようすけ》、思想家の大川周明《しゅうめい》、政治学者の具島兼三郎《ぐしまけんざぶろう》、関東軍の特務工作を行った甘粕《あまかす》正彦、植物学者の大賀一郎、歌手の東海林《しょうじ》太郎、プロ野球の松木謙治郎（阪神、東映監督）ら各界を代表する著名人を輩出している。

岡部の話に戻ろう。

満鉄は教育やスポーツにも力を入れており、四角が渡満したのも「テニスを普及させてほしい」と満鉄の幹部から誘われたからだった。満洲の学校はほとんど満鉄が経営しており、四角が教鞭を執《と》る南満《なんまん》中学堂は、中国人子弟を教育するために設立された学校だった。

　四角は岡部の熱い思いに打たれ、すぐさま行動を起こす。

「私もまだ若年で無鉄砲であった。南満中学堂で最下位の教員であった私は、校長や先輩に相談するまでもなく、ひたすらに彼の熱意に感激、心中は彼ほどの者が満鉄に入社できればという願いで一杯、大連本社に出向き、大蔵公望《きんもち》理事と保々《ほぼ》隆矣《たかし》学務部長に懇談申しあげた」（『スポーツ・勝負・人間―岡部平太遺稿集』）

　ここに名前がある大蔵と保々は、東京帝国大学出身のエリートである。大蔵は陸軍中将、男爵大蔵平三の三男で、渡米してミズーリ・パシフィック鉄道、タイドウォーター鉄道などに勤務していた。内務官僚出身の保々は二年近く欧米視察し、「自由と進取」をモットーにした教育を進めていた。

　四角の推薦を受け、岡部は満鉄の大連本社でこの二人の面接を受けた。満鉄は運動会を毎年催すなどスポーツを通じた社内融和にも熱心で、社員の肉体的、精神的な成長を促そうと、全員参加を義務付けたばかりだった。保々はスポーツでチームワークを学ばせる欧米型の教育を進めており、中央集権型で保守的な内地の文部省とは対立していた。

　そうした時期に飛び込んできたのが、岡部だったのである。考えが合わないはずがない。米国への留学経験も高く評価され、入社が決まった。当時はまだ体育と名の付く組織はなく配属先は社長室人事課慰藉《いしゃ》係。この二年後に社会課に体育係が設置され、「体育主任」となる。入社当初の給与は内地の知事クラスという破格の待遇だった。

　岡部の足跡をたどろうと、私は二〇一八（平成三十）年十月、中国に入った。大連駅に着くと、視界を覆ったのは想像を超える街並みだった。高層ビルや高級ホテルが建ち並び、交通量も多かった。驚いた顔をしていたのだろう。現地コーディネーターの徐徐《ジャジャ》が誇りに満ちた顔で言った。

「ビックリしたでしょう。大連は中国国民の中で、住みたい都市のトップスリーに入る人気を誇っているんです」

小さな漁村に過ぎなかった大連は、岡部がいた時代に満鉄が礎《いしずえ》を築き、今に至る。歴史の重みをかみしめていると、徐徐の声が耳に入ってきた。駅から東へ徒歩十五分の辺りだった。

「ここが満鉄本社だった所です。建物は当時のままだそうです」

高層ビル群と比較すると、ひときわ歴史を感じさせる重厚さだった。帝政ロシアが建設した学校を改築し、一九〇八（明治四十一）年から一九四五（昭和二十）年まで使われた建物である。三つの棟に分かれており、中央は現在、鉄道会社が使用している。正面右側は陳列館（博物館）になっていて、中に入ることができた。訪れる日本人観光客も多いという。

足を踏み入れると、真っ白い壁面には金の装飾が施されており、往時の強大な権勢を思わずにはいられない。感心していると、徐々が説明を続けた。

「この建物には総裁室がありました」

歴代の満鉄総裁には、後藤新平や松岡洋右など歴史に名を残した人物も多い。内地を飛び出した若き日の岡部も志を果たすべく、この建物を拠点に走り回っていたのだろう。そんな感慨にふけりながら、陳列館を後にした。

さて、岡部の満鉄入社が決まったその頃、内地の水戸高校は大騒ぎになっていた。岡部を慕っていた生徒たちが行方を捜し、満洲にいることを突き止めたのである。教え子の厨義弘の証言や友人の四角誠一が残した文章をもとに再現すると――。

生徒会を開いて岡部の奪還を決議した生徒たちは、カンパを募って大連までの旅費を工面。柔道部主将の岡崎英城《えいじょう》（後に衆院議員）、松本秀彦、西川正脩の三人を派遣した。

一九二一（大正十）年十月十日に東京を発った三人は下関から船で朝鮮半島の釜山に向かった。電車を乗り継ぎ、奉天の四角を訪ねたのは三日後の夜だった。「何としても先生に学校に戻って来てほ

大連に残る旧満鉄本社（現在は「満鉄旧跡陳列館」として観光スポットになっている）

しい」という生徒たちにほだされ、四角は大連にいた岡部を呼び戻した。

岡部は生徒に会うなり男泣きした。しかし、いくら生徒が翻意を求めても「満洲でやらせてくれ。きみたちのことは好きだ。私もきみたちと一緒にやっていきたかった。すまん」と言うばかりで、最後まで首を縦に振らなかった。

岡部は後に生徒の一人、西川正脩が亡くなった時の「追悼録」にこう書いている。

「水戸高等学校に行った頃は、今にして思えば稜々《りょうりょう》たる青年客気《かっき》抑え難きものある時代でした。水戸では逆に西川正脩君を通して実にたくさんの良友を得ることができました。水戸の思い出には尽きないものがあります。その中でも西川正脩、松本秀彦、岡崎英城の三君が水戸を代表して、奉天までわざわざ迎えに来られたのに対し心境を十分語ることも出来ず、永遠の袂別《べいべつ》かとさえ思って鴨《おう》緑江《りょくこう》まで私は三君を送って来ました。鴨緑江を見渡す安東の駅でお別れしてから、その晩は一人になって泣きながら韓愈の藍関《らんかん》袂別の詩※を低吟していたことを数えて見れば、既に四十年の昔になります。（中略）水戸で結ばれた誰彼の面影は、私にとって美しい青春の夢とともに生涯忘れることができない深いものがあります」

※唐代の詩人・韓愈が皇帝によかれと上奏して逆鱗に触れ、左遷された時の詩。迎えに来た兄弟の孫に「遠いところやってきた気持ちはわかるが帰れない。私の骨は拾ってくれ」と語りかける。

生徒に別れを告げた岡部は、まず野球に目を付ける。内地からの移住者が増えていたこともあり、満洲では内地の実業団や大学で人気の野球に関心が集中していた。大連には満鉄を中心とした実業団野球の「大連満洲倶楽部（満倶）」と、ほかの企業や実業家が作った「大連実業団（実業）」の二チームがあった。
日本のプロ野球はまだ創設されておらず、後に野球殿堂入りを果たす浜崎真二（慶大、後に阪急、国鉄監督）、山下実（慶大、阪急）、中沢不二雄（明大、パ・リーグ会長）、松木謙治郎（明大、阪神、東映監督）ら人気絶頂だった東京六大学のスタープレーヤーが、内地より高待遇の満倶や実業に次々と入部。この両チームによる「実満戦」はいつも超満員で、「満洲の早慶戦」と呼ばれるほどの一大イベントとなっていた。

満倶はこの後、一九二七（昭和二）年に初めて開催された社会人野球大会で優勝。満倶や実業の選手たちは、一九三四（昭和九）年に東京巨人軍が誕生して本格的に日本プロ野球が始まると、主力選手として活躍する。そして、一九四〇（昭和十五）年にはプロ野球チームが新京、奉天、鞍山《あんざん》、大連の四都市を約一カ月かけて転戦する「満洲リーグ」を開催するなど、満洲はプロ野球の一大拠点となっていった。

岡部は満洲でスポーツを広めるには、野球で自ら実力を示すのが一番だと考え、満倶に入部する。野球は福岡師範の頃から大得意である。捕手としてすぐ頭角を現し、強肩強打と闘志あふれるプレーで活躍した。相手チームの選手が「あの人は打席でボールが頭に当たっても知らん顔していた」と驚いたという逸話も残っている。

実力を見せつけた岡部は、入社の翌年、内地の大日本体育協会に対抗する「満洲体育協会」を設立する。競技ごとに選手を育成、選考して各大会へ派遣するためだった。自ら理事長に就任し、内地では成し遂げられなかったスポーツ改革に乗り出す。

三十二歳という脂の乗り切った年齢である。岡部は競技者としても普及者としても破竹の勢いを見せる。本職の柔道では満洲選抜と朝鮮選抜との対抗戦に出場し、大将戦で勝利。剣道では米国で習得したボクシングから二刀流を編み出し、朝鮮代表を相手に大将まで三人抜きして、異例の四段を授与された。

また、硬式テニスを普及させようと、内地に戻っていた親友の四角や有望選手を招待して大会を開き、自身も大連代表として勝利を挙げた。そして、普及していなかったバスケットボールやバレーボールを競技種目にした大会も開催した。

さらに、冬はマイナス二十度にもなる満洲の特性に目をつけ、スピードスケートにも乗り出す。福岡で生まれ育った岡部自身には、全くスケートの経験はなかったが、日本から移住した人々の冬の間の体力向上という意味もあり、早速、鴨緑江にリンクを作った。

「砂塵混《まじ》りの積雪の層をかき分けて、その底から一米《メートル》――一米半の厚さの暗緑色でヒスイの様《よう》な堅氷を磨き出し、その上にトランシット（筆者注・測量機）を立てて、陸上競技のトラックと同じ方法で四百米の完全なリンクを作り、種目も百米から一万米まで、それに普通の種目なども加えて、陸上競技と全く同様な方法で氷上競技を行った」（『スポーツ・勝負・人間――岡部平太遺稿集』）

これが満洲に渡った一九二一（大正十）年の冬のことである。その後、岡部は日本の「インターカレッジ」（筆者注・学生団体とみられる）と打ち合わせ、鴨緑江で第一回全日本スケート選手権大会を開いた。ただ、当時の日本にはまだスピードスケート技術が広まっておらず、記録的には世界の一流選手と大差があった。そこで岡部はロシアから選手を呼び、フォームやブレードについて研究。リンクに張る氷の質にも問題があることがわかり、奉天の大平原に新たなリンクまで作った。

「これで従来の日本記録は片端から破って見せると勇躍した」

という岡部だが、大会の朝になって氷の上が真っ黒になっていることに気づく。冬に各家庭が暖房に使う石炭の油煙が降り注いで凍っていたのである。

そんな失敗を続けながらも、一九三一（昭和六）年には満洲から河村泰男、木谷徳雄、石原省三という三人の代表選手を連れ、監督としてヘルシンキ（フィンランド）で開かれたスピードスケート世界選手権に出場。約十年間にわたって日本のスピードスケートを開拓した。河村ら三人は翌年の第三回レークプラシッド冬季オリンピックに日本代表として出場している。

岡部平太（3列目中央）は剣道5段の実力者でもあった（1915年ごろ、東京高師にて。大森みどり提供）

前出の厨義弘によると、こうした実績によって短期間で「満洲スポーツ界に岡部あり」と言われるまでになったという。『満蒙日本人紳士録』（満洲日報社）には「万能運動競技選手にして夙《つと》にスポーツの神様の稱《たたえ》あり」と紹介されている。

岡部はその希望あふれる心境を歌にしている。

〈東京はよし　大連は更によし　アカシア咲ける　新しき街〉

一九二三（大正十二）年五月、岡部は大阪で開催される第六回極東選手権競技大会（極東大会）に向かった。大会は日本、中国（当時は中華民国）、フィリピンの対抗戦。ここに満洲の選手を参加させるのが、満洲体育協会としての最初の目標だった。

内地とともに、日本が統治していた朝鮮、台湾も含めた予選で出場権を得た満洲勢は、陸上と水泳合わせて二十人足らず。記録的にもメダルには届きそうになかった。しかし、オープン種目に採用された女子水泳に出場する二人は上位が狙えると岡部は踏んでいた。

女子スポーツの普及にも力を入れていた岡部はこの前年、初開催した全満水泳選手権に女子選手を参加させた。大会では、高等女学校生徒の飯村敏子と杉江正子が日本記録を上回る活躍を見せ、それ以来、岡部は付きっきりで指導。特に自由形の飯村には、米国留学中に見よう見まねで覚えたクロールを教え込んでいた。

岡部の思惑は当たった。極東大会で自由形の飯村は五十メートルと二百メートルで優勝し、百メートルで二着。平泳ぎの杉江は百メートルで二着に入る活躍を見せたのである。

その記録を知りたいと思って随分探したが、国会図書館のデジタルコレクションを検索して、ようやく見つけた。大正十二年度の『運動年鑑』（朝日新聞社）によると、飯村の五十メートルのタイムは三十八秒六。この記録はなんと、同じ年の八月に開かれた第二回全国女子競泳大会（東京・羽田プール）で永井花子が出した日本記録（日本水泳連盟認定）と同タイムだったのである。ちなみに永井は、第六回極東大会では飯村に次いで二位だった。

この頃、日本ではまだクロールは浸透していなかった。岡部はこの三年前に米国から帰国した際、大日本水上競技連盟の関係者や選手に「世界の泳ぎはクロールが主流だ」と言って聞かせたが、古式泳法にこだわる古参の連盟理事たちから猛反発を食らった。だがその直後、アントワープ・オリンピックに出場した日本水泳陣は案の定、古式泳法で惨敗した。

極東大会での女子の活躍は目覚ましかったが、他の種目ではメダルに届かなかった。選手育成の必要性を痛感した岡部は、次の一手を打つ。指導法を学ぶために「一流人とぶつかってみないと、極意はつかめない」と満鉄幹部を説き伏せ、世界一周の旅に出たのである。

いくら米国留学の経験があるとはいえ、岡部の大胆な発想に私は目を見張った。今のように飛行機があるわけでもなく、厨義弘によると、ほとんどが事前のアポイントなしの突撃訪問だったという。

満洲時代の岡部平太（左）。競泳指導でも活躍した（大森みどり提供）

話を聞きながら感心していると、厨はこう言った。

「先生は、いつも常に世界を見据えていた。世界で勝つにはどうすればいいのか。そのために自ら実践し、自分の目と耳で確認することを怠らなかった。満鉄時代に世界を飛び回ったのも先生にとっては、ごく当たり前のことだったのだろう」

とは言え、家族には違う思いがあったようである。孫の大森みどりは、こう話してくれた。

「祖父の行動力に、祖母（妻ステ）や母（次女瑠璃子《るりこ》）は悩まされ、苦労したと思います。お金には無頓着でしたので。晩年になって、突然単身でエチオピアに行った時の資金も、祖母や母が工面したのではないでしょうか……」

岡部は一九二三（大正十二）年十二月、大連を発った。

それから八カ月間、〝ノンアポ〟で世界のトップ選手と指導者のもとに飛び込んでいった。

　最初の目的地のハワイに着いたのは一九二四（大正十三）年一月上旬。水泳自由形のスター選手、デューク・カハナモクを訪ねるためだった。前回のアントワープ・オリンピックでは、カハナモクが金、プア・ケアロハが銀で、米国ハワイ勢が競泳界を引っ張っていた。カハナモクは米国本土にいたため会えなかったが、ケアロハとは浜辺でバッタリ出くわした。ケアロハがサーフボードを持っていたので、岡部は自己紹介すると、さっそくサーフィンを習った。

「ケアロハのように滑れたら痛快至極だろう。来年夏、星が浦（満洲の自宅）の浜でうんとやってやろうと一時間ばかり練習した」（『世界の運動界』）

　日本でサーフィンが本格的に普及するのは戦後になってからだということを考えると、岡部は非常に貴重な体験をしたことになる。

　それからカリフォルニアを経由して四年ぶりに米国シカゴに戻ってきたのは、一月二十四日のことだった。岡部はまず恩師スタッグの家に足を運んだ。六十一歳になるスタッグは持病の神経痛も癒《い》えて元気そうだったが、岡部の顔を見るなり心配そうな表情を浮かべた。前年の九月に起きた関東大震災の様子が米国でも大きく報道されていたからである。

　スタッグは野球を通じて友情を培《つちか》った早稲田大学野球部創設者の安部磯雄（後に野球殿堂入りし、「日本野球の父」と呼ばれた）や、岡部の後にスタッグに師事した体育指導者の大谷武一《ぶいち》の安否を気に掛けていた。二人とも無事だったが、その様子を岡部はこう書いている。

「震災の話をできるだけ詳しく、四年間に起こった内外さまざまな変化を話し合った」

　シカゴ大学陸上コーチのトム・エックとも再会を果たした岡部は、ミシガン湖近くにあるイリノイ・アスレチック・クラブに向かった。シカゴ大学の支援者が造った十二階建てで、各階にバスケットボール、バレーボール、プールなどの施設がある。そこで会ったのは、水泳の百メートル自由形世界記録保持者で当時十九歳のジョニー・ワイズミュラーだった。岡部はプールサイドに現れたワイズミュラーと会話し、身長や体重、何歳から泳いでいるのかなど矢継ぎ早に質問。最後に「百メートルの泳ぎを見せてほしい」と頼んだ。その泳ぎについて、岡部はこう分析している。

「全く水に慣れ切った六尺三寸の長身は、あたかも真白い海豹《アザラシ》のごとくただ青く澄んだ水面を滑って行く、全く文字通り滑って行くような感じがする。よく見ると掌も掻《か》いている、足も煽《あお》つている、呼吸も一つずつしている。けれども、どこに一つの無理もない完成された芸術の表現である。手は強く掻こうともしておらぬ。細長い脚は強いて煽ろうともしていない。しかしスピードは恐ろしいほどある。脚が利いているのだと思って見れば、脚はたしかに利いている。すべてが利いているのだ。しかし、日本の水泳家に比較して言うならば、ワイズミュラーの優越した泳法はたしかに脚の強いことにある。したがって上体から手にかけてのモーションに微塵《みじん》の無理も生じない。僕は彼にしたがってプールの縁を三、四回も往復した」（『世界の運動界』）

この後、岡部はワイズミュラーから本格的にクロール泳法を教わった。手のかき方や息継ぎの指導を受けたという。「日本人でクロールを習ったのは、おそらく私が初めてだろう」と岡部は記している。ワイズミュラーは後に映画『類猿人ターザン』の主役を務め、人気俳優になった（第一章でも記したが、岡部は戦後のボストン・マラソンの祝勝旅行で選手らとこのワイズミュラーを引き合わせている）。

米国本土でバスケットボールやアメリカンフットボールなどを研究し、カナダに回った岡部は一九二四（大正十三）年三月、英国に渡った。夏のパリ・オリンピックに五千メートルと一万メートルで出場する岡崎勝男に会うためだった。岡崎は、岡部が米国留学から帰国し、一九二〇（大正九）年に東京帝大のコーチをした時の陸上部員で、外交官として在英日本大使館に駐在していた。もともと中距離が専門だったが、岡部がそのスピードに目を付け、種目を変更させたのである。岡崎は戦後の吉田茂内閣で外務大臣となり、対米協調外交を進める。

　岡部は、英国での岡崎の様子をこう書いている。

「外国で一人でやるこの種の練習は、日本で想像し得ないさまざまの苦しい事情もあるので、岡崎が最初の決心を捨てずにやっているかどうかいうことは、はなはだ不安だった。しかし、会った最初の日から練習の言葉ばかり語っている。そうして話が熱してくると、目はいつも輝いていた」

　岡部は陸上競技の勝敗を左右する根本的な要件は「合理的な練習の方法」「競技場における頭脳の動き」「根本的体力の差異」の三点にあると考えていた。やる気を失っていない岡崎の姿を確認した岡部は、世界最先端のトレーニングをしていたオックスフォード大学の陸上コーチに指導を依頼。岡崎はオリンピックまでの期間、クロスカントリーなどを取り入れた練習に励んだ。

　岡崎の練習に一カ月ほど付き添った後、岡部はデンマーク、スウェーデンから船でフィンランドに向かった。陸上の中長距離で無敵の王者と言われていたパーヴォ・ヌルミの走りをその目で見るためである。ヘルシンキでコーチのヤコウ・ミッコラを訪ねると、ヌルミは別の場所で練習しているという。岡部はその場所に向かい、自らヌルミの練習に参加しながら観察した。

「彼のジョッグに食らいついてみた。五、六百メートル食らいついてみた。大きい何の技巧もない荒削りのフォームだが、手は肘を張って左右からクロスして、足は踵《かかと》から下《おろ》して行くので爪先が飛び上がる。けれども歩幅は非常に広い。上体の動揺をしっかり防ぎとめているような格好である」

ヌルミがストップウォッチを手にして走っていたのにも驚いた。岡部は食事を共にしながら聞き出したヌルミの言葉を書き残している。

「練習法について読めるだけの本は読んだ。そうして今は全く、自分自身の考えで練習をやっている。練習予定表は全然作らない。自分のコンディションを考えて毎日適当な練習を欠かさない。もっとも一週間に一日は休む」

「レースについては、あまりいろいろなことは考えない。ただ全距離に自分の全力を使い尽くすつもりで走る。スタートに力を入れるとか、フィニッシュに多く力を使うとか、そういう考えは自分には全くない」

1924（大正13）年、フィンランドにパーヴォ・ヌルミを訪ねた岡部平太（大森みどり提供）

最も印象的な言葉は、その精神面にあったようだ。
「ランニングの練習は苦しいものである。フットボールなら味方もあれば相手もある。それによって練習にも刺激があり興奮もある。だが、陸上の練習は違う、多くの場合自分はたった一人で練習する。苦しいと思う時もある。その苦しさを我慢するのは自分一人である。雪の中での練習もする。途中で眠くなるから雪の中でうたた寝することもある。レースはランナーにとってむしろ楽しみである」
ミッコラからもトレーニング方法を学んで多くのこと

を吸収した岡部は、フィンランドを発ち、最終目的地のフランスに向かった。

パリ・オリンピックは六月、開幕した。岡部は内地の朝日新聞社から依頼され、特派員となった。サッカー決勝のウルグアイ対スイスでは、貧しいウルグアイがなぜ優勝できたのかを観戦記として執筆した。海外サッカーの本格的な観戦記としては、日本では初めて書かれたものである。岡部は大日本体育協会にいた頃、極東選手権の蹴球委員長を務めたこともあり、サッカーにも詳しかった。その観戦記を岡部は著書『世界の運動界』に記している。単なる戦評ではなく、ウルグアイのサッカー文化や選手の気持ちも含めて詳細に綴っている。まるでウルグアイの現地を見てきたかのようで、その取材力と文章力には驚かされる。抜粋して原文のまま紹介しよう（読みやすくするため、ルビと最小限の注釈を入れた）。

「ウルガイの選手」

「ウルガイの小供に土産をもって行ってやるならば、蹴球のボールが一番喜ばれる。

それ程《ほど》ウルガイの者は子供の時から蹴球がすきだ、小学校の子供達は学校の帰り道、三十分位は野原であろうが、處《ところ》かまわず球を蹴って遊ぶので、自動車の運転手泣かせといふ綽名《あだな》をつけられて居《い》る。十五六才になると必ず最寄りのクラブかティームに這入《はい》ってそこで選手になる。今度の優勝選手達もそうした連中で年齢は大抵《たいてい》十九から二十六位迄《くらいまで》の間である。（中略）今度の選手の学歴は皆小学校を終ったばかりのものが多い、大抵は店員をやって居る、大会の花形であった、黒人のアンドラーデはピアノの修繕屋をして居る。
十二月二十一日から南米の夏が来る、三ケ月だけ蹴球のシーズンが休みになるが、他の季節は皆蹴球の季節である、ウルガイの人口は現在百十万であるけれ共《ども》田舎はあまり盛んと云《い》ふ方ではなく首府のモンテビデオが最も盛んである、やって居るものの総数は二千人も居るだろう、其《その》人数で、スエーデンの五萬《まん》のプレーヤーに對《たい》せねばならなかった。（中略）

ウルガイティームの強味は持久戦に慣れて居る事であった、南米ではタイムアップの時に同点であればそれから先は何時間でも打《ぶ》つ通《とお》しの試合をやって決して引分けと云ふ事をやらぬ、だから長時間のゲームには慣らされて居る、一九一九年の優勝戦には三時間の試合をやった、今度の試合の中、フランスとのゲームは実際を白状すれば最初の二十分迄は慥《たし》かに圧迫されて居て仏蘭《フラン》西《ス》が有利であった、然《しか》しそれ以後仏蘭西は弱ってしまった、仏蘭西の時はあまりに相手を見縊《みくび》った爲《ため》油断した其《その》かわり優勝戦には全力を挙げて闘った。やはり全試合を通じて、スイスが一番強かった。

技術作戦に就いて別に詭計《きけい》（筆者注・人をだます計略）を弄《ろう》する様《よう》な事は考へなかった、ただ練習中パスには重きを措《お》いた、パスを重んずるといふ事は、ドリブルを重んずるといふ事である。パスはドリブルの延長である、それ故《ゆえ》ドリブルの出来ない者はア式蹴球（サッカーの別称である「アソシエーション式フットボール」のこと）の選手としては資格ないものと思ふ、敵の防御線までは出来るだけ低く球を運びそれから強くシュートする。

ホワワード（フォワード）、センターのペトローネは全くうまいプレーヤーである、今度のティームが編成されて満一年になるが、南米の選手権試合と国際的の試合を合せて、十七回の試合をし

パリ・オリンピックで予選突破した岡崎勝男（左、大森みどり提供）

た、其中《その》、十六回の試合、に彼は必ずゴールした、そうして二十一点の得点をした。彼がスコアーしなかった、ゲームはただ一回和蘭《オランダ》の試合があったばかりである、彼は国を出る時彼の父に誓って何の試合にも必ずゴールを入れると云って別れて来たので和蘭戦の後では其約束に違《たが》ったのを残念がって泣いて居た」

ペトローネの悔しさは、勝つことにこだわってきた岡部にとっても他人とは思えなかったのだろう。特に力が入っている。

注目のワイズミュラーは、競泳百メートル、四百メートル、リレーの各自由形を制して三つの金メダルを獲得。陸上競技では、五千メートルの岡崎は十五分二十二秒二の日本記録で予選を通過。決勝はヌルミに完敗して途中棄権となったが、岡部はその走りを称えている。

マラソン当日になり、岡部は報道車から金栗四三《かなくりしそう》の姿を見ていた。スタートしてしばらくは順調だったが、外国人選手のスピードに徐々に離され、日本人三選手はいずれも途中棄権となった。

岡部はこの世界行脚《あんぎゃ》で、さまざまなスポーツの戦術やコーチングを研究。欧州の女子体育やダンスも視察し、「コーチングには感覚論ではなく理論が重要であることを再認識した」と書き残している。

第六章　宿命的な対決

一九二四（大正十三）年のパリ・オリンピックでコーチ、報道という二役を果たした岡部だったが、実は大会直前、ある騒動に巻き込まれていた。それは、代表選手の選考をめぐる「学生陸上競技連合」（学連）と「大日本体育協会」（体協）との対立だった。後に「十三校問題」としてスポーツ界に語り継がれることの激闘を皮切りに、満洲時代の岡部は体協会長の岸清一《せいいち》（一八六七〜一九三三）と三度にわたって対決することになる。

事の起こりは、体協が発表した選手選考基準と、その選考結果にあった。日本体育大学名誉教授の森川貞夫、元早稲田大学教授の友添秀則らの研究論文や岡部の遺した文章を読んでいるうちに、その全貌がわかってきた。大筋を追ってみよう。

選考基準は①第二次予選会の成績を基準にし、オリンピック予選通過の見込みがある者、または将来性のある者②帰国後、日本の競技界に貢献できる指導者となれる者③日本青年代表として恥ずかしくない者――の三点。

選考結果は、谷三三五《ささご》（短距離）、納戸《のと》徳重《とくしげ》（中距離）、田代菊之助（長距離）、金栗《かなくり》四三《しそう》、三浦弥平（マラソン）、織田幹雄（跳躍）、上田精一（やり投げ・五種）、岡崎勝男（五千メートル）の八人。それに同行する見学員が、東京高師の二人と学連幹事の森田俊彦（東京農大）だった。

これに対して、学連に所属する早稲田、慶応、明治の三大学競争部の学生たちが「体協は腐敗している」とかみついた。理由は、代表に私学出身者が二人しかおらず、東京高師など官学出身者が多いこと。それに反して、記録の良い早稲田大の縄田尚門《しょうもん》（中距離）が落選したこと。体協が定めたアマチュア資格にそぐわない田代を選んだこと。見学者のうち二人が東京高師であることに加え、学連幹事の森田を加えたのは学連を懐柔しようとする体協の「不純な政策」であること——などだった。

体協は嘉納治五郎《かのうじごろう》が一九一一（明治四十四）年に創設して十数年が過ぎ、幹部のほとんどが東大出身者で占められるようになっていた。しかも、国はパリへの派遣に初めて補助金を出し、「明治神宮体育大会」を催すなど、国家としてスポーツ政策に乗り出した時期でもあった。このため、学生たちからは「運動なんかわかりもしない連中が、当日になると委員という大きな看板を下げて威張り回る」といった反発が大きくなっていた。特に私学の学生たちは大正デモクラシーの影響で「自由と自治」を重んじるようになっており、体協を「官僚的で特権階級の機関」とみなすようになっていたのである。

オリンピック本番の一カ月前、三大学は次のような決議文を発表した。一部を抜粋して紹介する。

「われらは多年、大日本体育協会の不公平なる屈辱に甘んじ、忍従し来たれり。しかるに今日ついに体育協会の根本的大改革案を掲げて奮起するのやむなきに至れり」

若い学生たちの怒りが噴出しているのがわかる。そしてこう続く。

「不徹底極まりなき大日本体育協会の改造を期す。われらの正義絶叫に対し要求を容《い》れられざる時は、断固として初志の貫徹に努め、今後いかなる理由あるも、体育協会主催の会合には一切参加出場せざることを決議す」

つまり、体協が組織改革を行わない限り、一切の競技に参加しないという過激な内容だった。具体的な要求としては「規約、役員を改造して、体協を全国的統一組織に改組すること」「アマチュア規定がある限り厳守すること」などを挙げている。

体協の「官僚的」な体質は、退任した嘉納に代わって、岸が会長に就任した一九二一（大正十）年以降、強まっていた。その年、体協が定めた「競技者資格」からもそれはうかがえる。三大学の要求にある「アマチュア規定」というのは、このことだ。

体協は、競技者資格を①普通競技者②競技指導者③準職業競技者④職業競技者——の四種類に分別した。①は「単に競技によって直接得られる興味、並びに精神的身体的な修練、および社交的目的のためにこれを行う者」と規定されており、いわゆるアマチュアである。②はコーチ、④は「競技その他の運動によって金銭その他物質上の利益を得る者」であり、いわゆるプロを指す。

物議を醸したのは③だった。その定義は「職業上自らその筋力を競技の練習に利用し得る者」であり、事例として「車夫、郵便配達夫、牛乳配達夫」などを挙げている。つまり日常的に仕事で走っている者は、プロに準じるためオリンピックには参加できないというわけだ。今から考えるとおかしな話だが、この頃の東京は人力車が全盛だった。車夫が形だけ大学に籍を置き、箱根駅伝に出場するようなケースが続出しており、そうした時代状況が背景にあったのも否めない。

体協がパリ・オリンピックの代表に選んだ田代菊之助は、車夫のアルバイトをしながら中央大学の夜学に通う苦学生だった。そのため体協は国内二次予選で、いったん田代の参加資格を剝奪《はくだつ》した。

しかし最終選考では記録を重視し、逆転通過させたのである。日本は一九一二（明治四十五）年のストックホルムに初参加して以来、続く一九二〇（大正九）年のアントワープでも惨敗しており（一九一六〈大正五〉年のベルリンは戦禍により中止）、結果を残したい体協は「精鋭主義」を打ち出していた。ただ、学生たちから見るとそれは体協側の身勝手な論理であり、二重基準でもあった。さらに、車夫など労働者の競技者団体「日本体育競技会」も猛反発。「公平なるべき運動精神に反している」として、根本的改正を求める意見書を送った。実際に、安藤角介という車夫は全国大会で一位になったものの、体協から失格処分にされた過去があった。

この件について、岡部は一九二二（大正十一）年一月の「福岡日日《にちにち》新聞」（「西日本新聞」の前身）に、こう書いている。満洲に渡った翌年だった。

「車夫や郵便脚夫だからという理由で普通競技者としての資格を奪うがごときことは、旧式な階級思想にほかならぬ。運動場において人は常に平等である。貴族も平民も資本家も労働者も、運動場においては常に打ち解けて談笑し、競技を争わねばならぬ」

岡部は米国から帰国した後、嘉納に命じられて体協の規約改正を検討した経験もあるだけに、アマチュア資格に関する考え方が誤った方向に行くのが我慢ならなかったのだろう。

さて、学生たちと体協との争いの舞台はパリに移る。三大学からの要求が大会直前だったこともあって、体協は何の答えも出さないまま選手を引き連れ、パリに到着。一方、学連の森田のほか、地方団体の代表として竹内《たけのうち》広三郎（大阪体協）、日比野寛（名古屋体協）、河村彦三郎（朝鮮体協）という面々も同じ船で到着した。

この後の出来事について、岡部は著書『コーチ五〇年』の中に「スポーツ界紛争の裏面史」と題して詳述している。すでにパリにいた岡部によると「両団体はパリに着いたその晩から、激しくいがみ合った」という。岡部は無関係だったが、事情を知ると放ってはおけない性格である。学生や地方団体の不満は「すべて体協組織の不備が問題だ」として、この際、学連や地方団体を含めた陸上競技連盟を組織して国際陸連に加盟するよう、体協会長の岸に何度も掛け合った。世界行脚《あんぎゃ》した岡部は、競技ごとに組織をつくり、それぞれの国際組織に加盟するのが世界の常識だと知っていたからである。この頃の日本にはまだ国際的な陸上競技の代表権を持つ団体はなく、長くＩＯＣ（国際オリンピック委員会）委員を務める嘉納個人に対する案内状によって、出場資格が与えられていた。嘉納のもとで働いた岡部には、そうした事情も重々わかっていた。

　しかし、岸は「体協の名で加盟する」と譲らない。「そんな無法なことをやるから反感を買って、体協が独善団体になるのだ。体協はそれら競技ごとの連盟の上に立てばよい」という岡部の忠告にも耳を貸さなかった。業《ごう》を煮やした岡部は、行動に出る。学連と大阪、名古屋、朝鮮の体協に満洲体協も加えた五団体で新たに「全日本陸上競技連盟」を結成し、国際陸上連盟に加盟を申請したのである。「体協は東京における単なる個人の集まりで、地方を代表し、競技者の声を反映させ得る団体ではない」というのが新団体側の主張だった。

　これに対抗して、岸は体協として加盟を申請。岡部も新団体の代表としてＩＯＣ理事のジークフリート・エドストローム（後にＩＯＣ会長）に直接会い、国際陸連への加盟斡旋《あっせん》を依頼した。エドストロームは、岡部と岸、駐フランス大使の杉村陽太郎を呼んで協議し、体協からは妥協案も出たものの、岡部は拒否。協議は紛糾を重ねたが、最終的には外交ルートを使った体協側に軍配が上がった。
岸の伝記『「幻の東京オリンピック」の夢にかけた男』（古城康夫著）によると、岸は東大の後輩で蔵相を務めた井上準之助に仲介を依頼。井上と懇意だったエドストロームは国際陸連の執行委員会で「日本における当面の責任者は岸である」と推薦した。結果を知らされた岡部はエドストロームと杉村に「将来の日本スポーツ界に禍根を残すだけだ」と言い残して協議の席から立ち去った。

一方、その頃日本では学生たちが、更なる怒りの声を上げていた。早稲田、慶応、明治に続いて中央、法政、立教など計十三校が「体協組織が改善されるまで体協主催の競技会には出場しない」と決議したのである。

これが引き金となり、その秋に開かれた内務省主催の「明治神宮競技大会」を十三校がボイコット。体協が開催予定だった全日本陸上競技大会と極東大会予選も、延期せざるを得なくなった。大会運営が立ち行かなくなった体協はようやく翌年、組織改造に踏み切る。岡部が指摘したように競技ごとの団体が続々と設立され、体協はこれらを統括する役割を担うことになったのである。ちなみに一九二五（大正十四）年に設立された日本陸上競技連盟の英語表記（Japan Association of Athletics Federations）は、岡部たちがパリで申請した団体名と同じである。

パリ・オリンピック翌年の一九二五（大正十四）年、岡部は新たな重責を任される。五月に開催される第七回極東大会の日本陸上チーム総監督である。パリで岸と激しく対立した岡部は体協からの要請を固辞したものの、「スポーツ界のため」と説得され「拒む必要はなかった」と受諾した経緯を明かしている。十三校問題を引きずっていた体協は、学生に人望がある岡部を据えることで事態を収束させようとしたのである。マニラまでの船旅を岡部は「岸さんたちとも談笑の中に長い航海を楽しく重ねた」と振り返っており、関係修復もうまくいったはずだった。

日本、中国、フィリピンが参加する極東大会は五月十六日、マニラのヴォーレンス競技場で開会した。日本選手団は現地に到着した翌日が開会式という強行スケジュールだったが、陸上チームは三段跳びの織田幹雄と南部忠平《ちゅうへい》をはじめ世界トップレベルの選手を擁し、自信を持っていた。

織田は前年のパリ・オリンピックに十九歳で出場。三段跳びで日本新記録を出し、日本陸上初の六位入賞を果たした。そして極東大会から三年後、一九二八（昭和三）年のアムステルダム・オリンピックでは日本人初の金メダルを獲得し、その名を世界にとどろかせることになる。その織田とともに訓練を重ねた南部は、一九三二（昭和七）年のロサンゼルスで金。また、一九三六（昭和十一）年のベルリンでも、織田の指導を受けた田島直人が金メダルを獲得する。つまり、織田を起点に三段跳びは「三大会連続の金」という偉業を成し遂げるわけである。

実はその織田に当時の最新理論を伝えたのが、他ならぬ岡部だった。岡部が戦後、日本マラソン界の礎を築いたことはすでに述べたが、そのずっと以前に、三段跳びの黄金期をもたらしていたのである。ほとんど自分の実績をひけらかさない岡部が、晩年の著書『コーチ五〇年』の中でこう書いているから、よほど記憶に残っていたのだろう。

「私がこれまでに日本陸上競技界に尽くし得たと思う一つのことは、三段跳びの理論を探し求めたことであった」

岡部はパリ・オリンピック前に世界のコーチたちを訪ねた際、三段跳びについても理論を訊いて回った。当時、日本で最も世界記録に近い種目だったからである。そして、パリの前のアントワープで優勝したフィンランドの選手に目をつけ、そのコーチだったヤコウ・ミッコラから理論を聞き出した。

それは簡潔に言うと、ホップ、ステップ、ジャンプのうち、ホップを高く跳ばずに低く遠くへ跳ぶこと。その頃は、世界のどの選手もホップを高く跳ぼうとしていた。しかし、そうするとステップは崩れて短くなり、その崩れた弱い足で踏み切ってもジャンプが利かない。ヘルシンキ大学工学部卒のミッコラは、その力学を地面に図解して教えてくれたという。

岡部はその「奇想天外」な発想に感銘を受け、パリで織田に伝えた。

「織田君は年も若かったが、パリの後でこの理論を徹底的にマスターしたらしい」（『コーチ五〇年』）

この秘訣はその後、南部や田島に伝えられることになる。


第七回極東大会の話に戻ろう。伸び盛りの選手をそろえた成果は如実に表れ、千五百メートルでは一位から四位までを独占、千六百メートルリレーも優勝して滑り出しは好調だった。

しかし、予想もしなかった不可解な事件が起きる。円盤投げの沖田芳夫が一投で予選二位の記録を出しながら、失格になったのである。岡部は大会本部に記録用紙の提出を求めた。用紙は夜、宿舎に届けられたが、一投目は消しゴムで消された痕跡があり、二、三投目はファウルになっていた。

岡部は用紙を持ってきたフィリピン人の男に詰め寄った。

「なぜ、ここが消されているのか？　空欄になっているのはおかしいじゃないかっ！」

「私は担当じゃないからわからない」

男はその一点張りで埒《らち》が明かない。それだけではなかった。初日の百メートル予選で、谷三三五が体一つ差を付けてフィリピン選手を破ったにもかかわらず、二位にされたのだ。

岡部はその瞬間をとらえた写真を持って抗議した。この動かぬ証拠で審判団も順位を訂正したが、岡部の不信感は払拭《ふっしょく》されていなかった。

「もしかしたら、この審判団は日本を陥《おとしい》れるつもりかもしれん」

大会規定によると、審判団は開催地で構成することになっており、全員がフィリピン人だった。

岡部の嫌な予感は的中し、翌日の走高跳でも信じられない事態が起きた。南部の出番になると、審判団がバーのたわんだ方を上にして置き、フィリピン選手が跳ぶ時は逆にしていた。それに気づいた岡部は、審判団からバーを取り上げ、鉛筆で印をつけた。たわみが下向きになっているのを確認できるようにしたのである。

「いいか南部君、この印をよく見ろ。たわみが下向きの時だけ跳ぶんだ」

岡部が南部に指示していたその時だった。前日の高《こう》障害（ハードル）で予選通過した選手が、真っ青な顔をしてやってきた。「失格になっている」と審判に言われ、決勝に出られなかったというのである。岡部は審判に問い質《ただ》した。

「なぜ失格なんだ。予選を通過しているんだぞ」

「俺は今日来たんだ。昨日の審判に聞いてくれ」

審判はけろりとした顔で言ってのけ、そそくさと立ち去った。夜になり、宿舎を見回っていた岡部は、選手の部屋からすすり泣きが漏れるのを聞いた。

「選手は勝つために真剣にやっているのに、あまりに理不尽だ」

岡部の我慢は限界に達しようとしていた。

大会は十九日に四日目を迎え、四百メートル決勝にエースの納戸徳重と田中周司の二人が出場する予定だった。パリ・オリンピックにも出場した納戸は、岡部と同じ福岡の久留米出身で、東京高師の後輩。後に福岡日日新聞のスポーツ記者になり、戦後も「オリンピックマラソンに優勝する会」などで岡部と行動を共にすることになる。

岡部はレース前、審判団に申し入れをしていた。この時の四百メートルは、各選手の走路が規定されていないオープンコースで、スタートから第一カーブまで十三メートルしかなかった。岡部は「第一カーブまでこんなに短い距離では、選手同士が接触してしまう。距離を延ばすべきだ」と主張。審判団も了承して「二十三メートル」に変更することになっていた。にもかかわらず、決勝は十三メートルのままだったのである。

岡部は「フィリピン側は、第一コーナーでフィリピン選手と納戸を接触させるつもりだ」と悟った。接触した選手は失格にできる。それでエースの納戸を潰す考えに違いない。納戸は狙われやすい内側の第二コース、田中は一番外側のコースだった。岡部は納戸と田中に策を授けた。

「納戸君、損をするかもしれんが、田中君とのポジションを入れ替わって、外から周るんだ」

納戸は混戦を避けて外側からスピードを上げ、残り五十メートルで先頭に立った。すると、後ろに付いていたフィリピンの選手が納戸の右側から前に出て来て腕を上げ、体を寄せて妨害してきた。体重を預けられた納戸の足が止まる。先にゴールを切ったのは、フィリピンの選手だった。

しかし、オープンコースでは、選手は最終コーナーを回り切って直線コースに出たら、ゴールまで直走しなくてはならないルールがあった。フィリピンの選手は明らかに違反である。日本選手団は、誰もが納戸の勝利を確信した。だが、ポールに掲げられた国旗は一、三、四位がフィリピン。日本

1925（大正14）5月、マニラで開催された第7回極東大会、400メートル走のゴールシーン。1位のフィリピンの選手が妨害したとされる（大森みどり提供）

は二位だった。四位でゴールしたはずの田中は除外されている。

岡部は猛烈に抗議した。

「一位の選手はルール違反だし、四位は日本選手が入ったじゃないか」

再びポールに旗が掲げられた。今度は一位から三位がフィリピンで四位が日本になっている。岡部が再三にわたって抗議すると、フィリピン審判団は「納戸は選手と接触して失格とみなした」と平然としている。

「もう、これは審判じゃない。審判という名の暴力だ。一方的に喧嘩を吹っ掛けられたのと同じだ」

岡部は隣にいた谷と織田に訊いた。

「どうするか？」

「もう、やめます」

二人から異口同音の答えが返ってきた。

岡部はホイッスルを吹き、コーチ、選手全員をフィールドに集めた。事情を説明し、全員の意見を聴いたが答えは同じだった。岡部は大会本部に向かって宣言した。

「日本チームは大会を棄権し、退場する」

抗議の意思を示す、前代未聞の国際大会ボイコットだった。

宿舎に戻ると、岸清一が岡部に向かって怒りの声を上げた。

「国から補助金をもらって来ている責任者は私だ。審判に服従するのが選手だろう。退場した選手は必ず出場させる！」

「選手はもちろん審判に従うべきです。ただし、審判は神の意思の代行者となって、はじめてスポーツの神聖が保たれます。今回は審判がそれを破ったのです。もはやスポーツとして成立しない。このままでは、日本そのものが笑いものになってしまいます」

　このボイコット事件が報道されると、日本では大騒ぎとなる。当時、岡部の郷里、福岡には新聞が二紙あった。「福岡日日」と「九州日報」である。戦中の新聞統制で今の「西日本新聞」に合併させられるが、この時は二紙ともに特派員をマニラに送っていた。報道を確認しようと当時の紙面をたどっていると、かなりのスペースを割いて刻々と情勢を伝えていたことがわかった。

　一九二五（大正十四）年五月二十日の「九州日報」は夕刊で、こう伝えた。

◎我が陸上選手　競技を中止す　審判の不公平に憤慨しマニラホテルに引き揚ぐ

【マニラ十九日発】本大会における審判の不公平を憤慨していた日本選手は本日の競技に入り、その審判のはなはだしく不公平なるに憤慨し、ついに競技を中止するに至れり。トラックおよびフィールドの選手一同は、悲壮なる万歳を唱えマニラホテルに引き揚げた。

極東選手權大會　第四日

人氣の焦點となれる
日比野球戰
日本人應援團自働車を乗廻して我選手を激勵

日本軍
遂に慘敗
四A對○

庭球
日軍頗る優勢
鳥羽先づ勝つ

我が陸上選手
競技を中止す
審判の不公平に憤慨しマニラホテルに引揚ぐ

本日は
解決せん
他の競技は豫定の通り行ふ

事の起りは
納戸除外
目下交渉中

◎四百米決勝

◎高障碍決勝

第四日得點數

赤行嚢犯人
皆目不明

他人の投票に
紙型を使用

第三回女學生庭球大會
主催　九州日報社

極東大会ボイコットを報じる「九州日報」（1925〈大正14〉年5月20日付）

◎本日は解決せん　他の競技は予定の通り行う

【マニラ十九日発】大紛糾を惹起《じゃっき》した四百メートル決勝の結果、ダナオ、納戸、ガルシア、ローヨングの順序であったが、突然第三コースで納戸がダナオを妨害したとして納戸を除外しダナオを一着とすることになったので、監督岡部氏はこの妨害はかえってダナオが納戸の第四コースを妨害したと主張し、審判不公平を唱え陸上選手全部は君が代を合唱して引き揚げた。目下、緊急監督会議を開き善後策を協議中であるが、役員側は選手をなだめ審判の決定に反対するはスポーツマンシップに反するとして競技開始を勧め、フィリピン側にも好意を示したが選手側の態度強硬なので、ひとまず本日の競技を延期することに決した。二十日までには万事解決する見込みである。水泳をはじめその他の競技においては何らの変更なくプログラム通り協議を行う。

しかし、岸は岡部の意見を無視して、次なる手を打ってきた。「従わなければ岡部ら強硬派十三名を除名する」と通達し、発表したのである。「福岡日日」はこう報じた。

◎選手を除名せん　協会側の態度

【マニラ二十日発】今朝の形勢は選手の意なお和《やわ》らがずゲームを継続するや否や不明である。協会側では昨夜遅くまで競技の結果、いよいよ選手が出場を承諾しなければただちに彼らを除名して最近の便船にて日本に送還することに決定した。

これを受けて岡部は、選手やスタッフ全員を部屋に集め、状況を説明した。選手団の五十四人が顔をそろえていた。

「体協が何を言おうが、スポーツマンは個人としてあるべきだ。だから、これ以降は思い思いに正しいと信じる行動を取ってほしい。代表選手を辞退する者は、十分後に集まってくれ。ただし、くれぐれも他人の自由を束縛したり煽動《せんどう》したりしないように」

十分後、一人、二人と集まり、五十三人になった。

「みんな、本当にいいんだな？」

最後に意思を確認した岡部は、岸の部屋を訪ねた。そして、何かを言おうとする岸を前に言い放った。

「我々選手団は一名を除き、五十三名が代表を辞退します」

　すると、岸のそばにいた体協関係者が声を荒げた。

「そんなことをきみの口から言える権限があるのかっ」

「私は陸上チーム全体の代表だ。体協は十三名の除名を考えていらっしゃるようですが、それは謹んで受けます。その名前を私の方から言いましょうか」

　岡部は皮肉交じりに言うと、その場を立ち去った。

「福岡日日」の続報は体協の発表に基づき、岡部たちの行動を批判する見出しになっている。

◎第七回極東選手権大会　岡部監督以下十二名を体協から除名　団体精神を破壊し国際的情誼《じょうぎ》を乱すものと認めて

【マニラ二十一日発】日本体育協会は本日午前十一時、左の如き申し渡しをなし、岡部監督及び選手十二名を除名した。スポーツマンの精神と団体精神とを破壊し、国際的情誼を乱すものと認め、日本体育協会は岡部ほか十二名を除名す。

　しかし、岡部たちが結束を乱さないと知ると、体協は次の手を打ってきた。代表を辞退した五十三人に対して宿舎の即時退去を求め、帰国の旅費も支給しないと通告してきたのである。岡部は大連にいる妻ステに、新築したばかりの家を担保に金を工面してくれるよう電報を打った。知人にも手当たり次第に借金の電報を打ったが、それで岡部の所持金は底を突いてしまった。

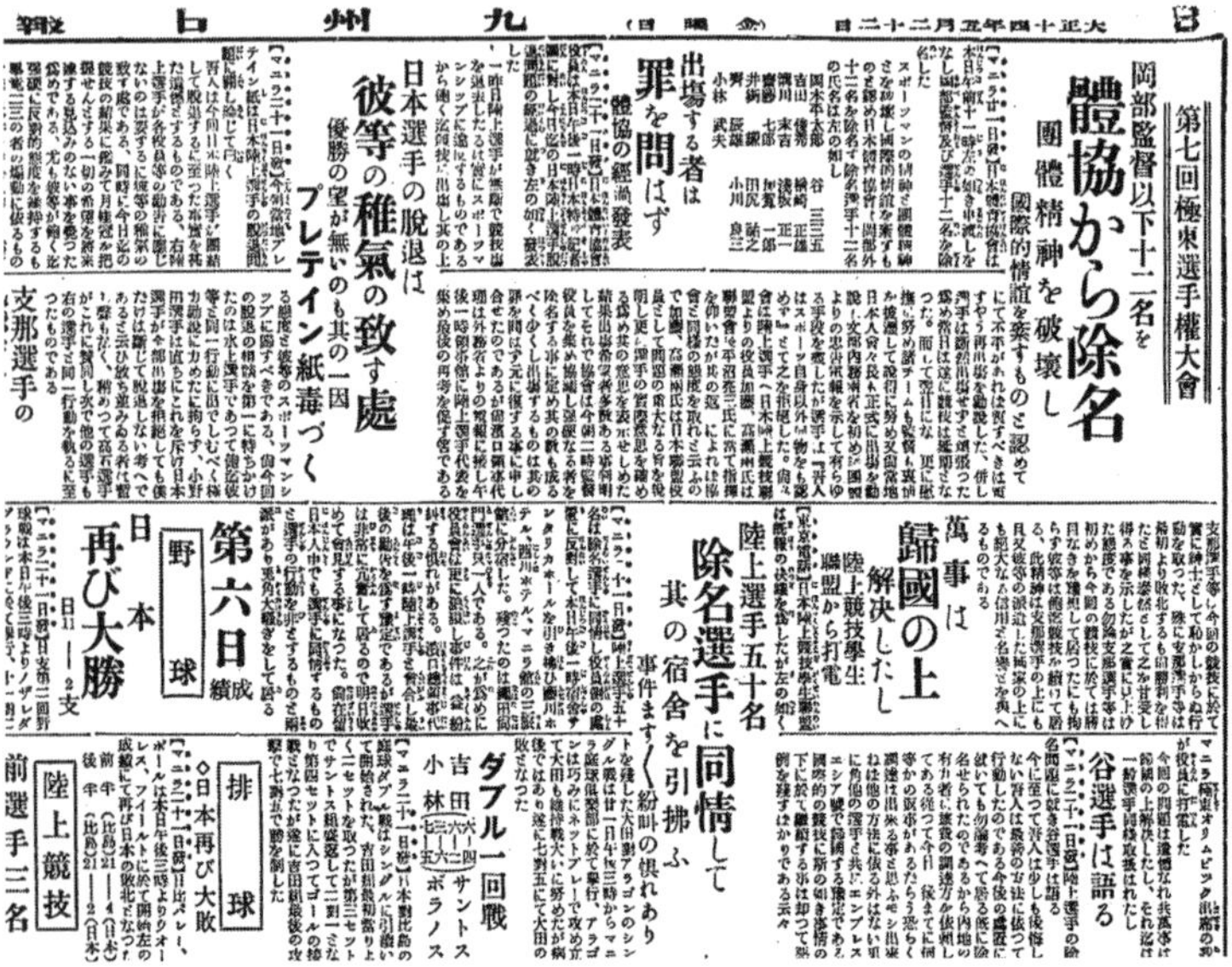
大正十四年五月二十二日　（金曜日）　九州日報

第七回極東選手權大會

岡部監督以下十二名を
體協から除名
國體精神を破壞し
國際的情誼を棄すものと認めて

出場する者は罪を問はず
體協の經過發表

日本選手の脫退は
彼等の稚氣の致す處
優勝の望が無いのも其の一因
プレテイン紙毒づく

谷選手は語る

萬事は歸國の上解決したし
陸上競技學生聯盟から打電

陸上選手五十名
除名選手に同情して
其の宿舍を引拂ふ
事件ますく紛糾の惧れあり

ダブル一回戰

第六日成績

野球
日本再び大勝

排球
日本再び大敗

陸上競技
前選手三名

岡部平太らの除名を報じる九州日報（1925〈大正14〉年5月22日付）

選手が宿舎を退去する様子を「九州日報」が伝えている。

◎陸上選手五十名　除名選手に同情して　その宿舎を引き払う　事件ますます紛糾の恐れあり

【マニラ二十一日発】陸上選手五十名は除名選手に同情し、役員側の処置に反対して本日午後一時、宿舎サンタリカホールを引き払い、藤川ホテル、西川ホテル、マニラ館の三旅館に分宿した。残ったのは縄田尚門選手ただ一人である。これがために役員会はさらに狼狽《ろうばい》し、事件はますます紛糾する恐れがある。

無一文になった岡部は、内地や満洲への情報発信もできずにいたが、この辺りから報道は体協の強硬な手法への批判に移り、世論の風向きが変わる。以下は「九州日報」

の二十二日夕刊から――。

◎陸上選手が執れる行動は至当と認め極力援助を惜しまぬ　早慶両大学選手奮起

【東京】日本に居残った各大学選手は遠き異郷にある選手たちの不平に同情し、その善後策につき協議中であったが、選手一同は領事から退去命令を受けたとの悲電に接し、いずれもその不当の処置に激昂《げっこう》し、このまま黙認していてはスポーツマンシップが蹂躙《じゅうりん》されるというので、早慶両大学で早速代表選手本部にあて電報を発した。今回陸上代表選手が執れる行動は至当と認め、極力援助を惜しまぬ。

◎役員の不親切を憤慨

【東京】慶応の浅野、三浦、森田の元老連は檄《げき》を飛ばして部員の招集を行い、極東大会に関する善後策を講ずることとなった。早稲田、高師でもそれぞれ対策を研究したがいずれもフィリピンの審判よりも体育協会役員の不親切を憤慨している。

◎松浦文部次官は語る

【東京】陸上選手がついに棄権してしまったことは誠に遺憾であったが、帰国する選手の旅費を貸さないというのは由々《ゆゆ》しき問題で、政府にそんな気はない。今のところまだ詳細な電報が来ていないが政府が直接送ったわけであるから、体育協会の非難は免れないであろう。

選手団に同情した日本人の旅館主たちが「宿泊費はいつでもいいから」と泊めてくれたのが幸いだった。「この異郷にあって何とありがたいことかと、日本人の侠気に深く感謝した」と岡部は書いている。金が集まるのを待ち、一行はようやく帰国の船に乗り込むことができたのである。

この時の心境を記し、岡部が米国の師匠スタッグに送った手紙が、シカゴ大学での取材で見つかった。岡部が書いた英文を翻訳すると、こうなる。

「大会ルールでは、関係者はすべて開催国から任命されることになっています。つまり他国からの関係者はいないのです。陸上競技の審判はアンフェアでとても普通ではなかった。挙句の果てに十五競技で六回もミスを犯しました。正確なルールも知らないのです。そのうちいくつかは写真判定でも明らかでした。私は三十回も抗議しました。私が審判に抗議したのは初めてです（人生で審判やレフェリーに抗議したことはありません）。わがチームは試合をボイコットしました。私の出した結論と行動が間違っているなら、すべての競技から身を引こうとまで考えました。しかし、アマチュアはルールとモラルに従わねばならないだけでなく、モラルのない世界とは一線を画す権利も持っていると信じます。それがアマチュアのフェア精神だと考えます」

船が神戸に着いた夜、大阪では毎日新聞社主催の報告演説会があり、東京でも報告会が開かれた。岡部によると、いずれも会場は超満員の聴衆で、岡部や選手たちの「真情あふれる大演説」が喝采を浴びた。すべてを終えた岡部は東京・大塚の食堂「宝亭」に立ち寄る。親子丼が名物で、東京高師時代に通い詰めて女将と親しくなり、上京する度《たび》に宿代わりにさせてもらっていたのである。ここで岡部は「二十四時間くらいぐっすり安眠した」（『コーチ五〇年』）という。

このボイコット事件が起きたグラウンドには、実は体協の役員は誰もいなかった。現認してもいないのに、フィリピン側の言うことを鵜呑《うの》みにして、岡部ら日本選手団を非難していたのである。岡部は著書『コーチ五〇年』の中の「スポーツ界紛争の裏面史」で、こう指摘している。

「体協が悪質なスポーツ政治に屈従して、かえって非を日本の選手団およびコーチの私に帰して自らの責任を回避しようとした悪質なスポーツ政治の一つの典型であった」

そして、こうも書いている。

「初めから体協や岸清一氏個人に対し、なんら他意あるわけではなかった。しかし次々に起こってきた問題の相手はフィリピンの役員ではなく体協、というよりもむしろ、岸さん個人と変わってしまった。岸さんと私との間には、よくよく宿命的な食い違いがあったようである。あまり会いたくない一人である」

岸清一は一八六七（慶応三）年、島根県松江市で下級武士の子として生まれた。東京帝国大学を卒業後、弁護士となり、大日本弁護士会の会長も務めた法曹界の重鎮である。大学では漕艇（ボート）部に所属し、嘉納治五郎が設立した大日本体育協会に参画。一九二一（大正十）年に第二代会長に就任した。一九二四（大正十三）年にはＩＯＣ委員となる。一九三三（昭和八）年、六十六歳で死去。その遺言で寄付がなされ、東京・神田駿河台に「岸記念体育館」が建設された。首相の若槻《わかつき》礼次郎（一八六六〜一九四九）とは同郷で親戚筋にあたる。

岡部は晩年まで岸個人、というより岸的なスポーツ界の考え方、体質を批判していた。前回一九六四（昭和三十九）年の東京オリンピック開催直前、日本陸連の会合で発言するための原稿には、次のように書き残している。脳溢血《いっけつ》で倒れて出席はかなわなかったとみられるが、大日本体育協会と当時の日本陸連を重ね合わせた内容だ。

「統制と自由は、思想の上では両極端に立つ。私はかつて、大日本体育協会に対して真っ向から反対した。人はそれを反逆とよぶ。当時の大日本体育協会は今日の日本陸連であった。組織即ち統制の強化を計らんとして、スポーツマンとして、また個人として、民主的人間性の求めてやまない人間の究極至高の希望である『自由』を無視せんとする統制に汲々《きゅうきゅう》としたからである。（中略）今日の陸連の状態は再びその後、岸清一氏の後を追う、昔時の大日本体育協会と全く同様の事をやっているものとしか思えない」（『スポーツ・勝負・人間―岡部平太《へいた》遺稿集』）

また、一九六一（昭和三十六）年三月、文部大臣宛に提出した「東京オリンピック対策に関する意見書」には、こう書いている。

「日本のスポーツ人は（外《ほか》の方面でもそうでしょうが）非常に組織を作りたがります。組織の上に乗っかって命令し、それで勝負できると思い込んでいます。（中略）組織はもちろん必要でしょうが、しかし勝負の場には組織は何の役にも立ちません。ただ闘う人そのもの二、三人の実力だけが問題です」

　岸と岡部の対立について、元早稲田大学教授の友添秀則は「残念ながら現代の組織と相通ずるところがある」と言う。東大出身で弁護士の岸は、マニラで「体面を繕《つくろ》うこと」しか考えなかった。対する岡部は正義感が強く、今でいう「選手ファースト」だ。岸と馬が合うはずもなかった。「決して忖度《そんたく》せず、本質を突いてくる岡部は体面や権威を重んじる人たちにとっては、非常に煙たい存在だった。そんな生き方をスポーツ界の現場育ちでないエリートたちは、受け付けない」。岡部の存在が日本スポーツ史の中心に置かれていないのも、友添は「消されたのだ」と見る。

「語弊はあるかもしれないが」と前置きして、友添は筆者にこう語った。

「日本の体育スポーツ史は、今まで東京高師の学校体育史だった。それは東京高師の同窓会、茗渓《めいけい》会の体育史であり、東京高師の卒業生による、嘉納を中核とした学校体育の歴史だった。明治、大正期には天狗倶楽部など民間のスポーツ愛好団体から文化人も出ているが、誰も知らない。西の方でも戦前、空手スポーツは同志社を中核としてかなり展開していた。柔道も東京では東京高師が中核とされてきたが、どう見ても強さの観点からは早稲田大学、慶応大学が中核。でも、東京高師柔道部史には、東京高師が勝った記録しかない。慶応や早稲田の黄金期もあったが、実際の歴史は残されていない。そうした流れの中で、岡部は嘉納に謀反《むほん》した人間として、茗渓会の中で外されている。消されてしまったのだ」

先に掲げた岸の伝記『「幻の東京オリンピック」の夢にかけた男』によると、岸は大学時代、英国から来日した英語教師、フレデリック・ウィリアム・ストレンジの薫陶を受けている。ボート、野球などの普及に努めたストレンジは「ボートレースにおいては勝つことに意味があるのではない。紳士としてのマナーと教養を養うのが目的である」と、スポーツマンシップを説いたという。

一方で岡部が師と仰いだスタッグは「勝つためにルールのもとでフェアに戦うことが人を育てる」と教えた。岡部と岸の対立には、そうしたスポーツ観の違いもあったのかもしれない。

第七章　迫り来る暗雲

マニラのボイコット事件から二年が過ぎた一九二七（昭和二）年九月、三十六歳になった岡部は満鉄の経営幹部に当たる参与に就任し、体育責任者として東洋最大となる大連運動場の建設に取り掛かっていた。メーンスタンドとバックスタンドがあり、五万人が収容できる。シカゴのスタッグ・フィールドに学んだ設計だった。

そこへ、さらに岡部を後押しする話が舞い込んできた。当時、満洲の行政を統括するため旅順《りょじゅん》に設置されていた関東庁から「昭和天皇の御成婚記念」としてスポーツ行事を考えてほしいという相談が来たのだ。

「競技場はできても、それだけではどうにもならない」と模索していた岡部には、温めていた案があった。それは、日本とフランスの国際陸上競技大会だった。マニラ極東大会の運営の稚拙《ちせつ》さを体験したことで、岡部には先進国との交流が必要だという考えがさらに強まっていた。それに、日本にはまだ陸上の国際大会を開いた経験はない。世界のスポーツ界に「満洲」の存在を示す絶好の機会でもある。問題は国を動かす大義名分と費用だったが、天皇行事とあればこれ以上の大義はない。

岡部はその場で関東庁に即答した。

「よしわかった。日本とフランスの国際対抗陸上競技を大連運動場でやる。費用は関東庁と満鉄で折半する。その代わり現在、半分出来上がっている大連運動場の工事を関東庁から満鉄に急がせてほしい。すぐに手を打ってもらいたい。そうでないと間に合わない」


それにしても、なぜ相手はフランスだったのか――。その理由を岡部はこう書き残している。

「イギリスは選手を招待するには相当うるさい。アメリカは強すぎる。フィンランドは強いが国際的地位から適当でない。フランスなら競技レベルにおいて図抜けて強くはないが、国際的地位もあり絶好の相手だ。そして勝てる」（『コーチ五〇年』）

初の国際大会で負けるわけにはいかない。各国の力を知り尽くした岡部ならではの分析から生まれた対戦カードだったのである。

岡部は満鉄の総裁、山本条太郎に直《じか》談判するために上京した。山本は療養のため入院中だった。ベッドに横たわっていた山本は、岡部に「君はその仕事を完全にやっつけきるのか（やり遂げられるのか）」と問うた。「大丈夫です」と岡部が答えると「金のことは心配いらぬ。いくらでも使ってよろしい」と快諾した。ものの三分から五分もかからない「痛快極まる決裁だった」と岡部は書いている。その足で岡部は外務省に向かった。パリ・オリンピックに出場した教え子の岡崎が、三等書記官として本国に戻っていたからだ。岡崎は手際よく上司を説得してフランスに打電。大統領名で総理大臣宛てに「快諾」の返事が届いた。

岡部はそのまま内地にとどまり、年が替わった一九二八（昭和三）年一月、大阪に向かった。この夏のアムステルダム・オリンピックに出場する女子陸上選手、人見絹枝《ひとみきぬえ》に会うためだった。マニラのボイコット事件以来、岡部を慕っている谷三三五《ささご》が人見のコーチを務めている関係で、様子を窺《うかが》いに行ったのである。

人見は走るフォームに悩み、オリンピックの重圧にも押しつぶされそうになっていた。岡部は三日間付き添い、試合に入る心構えを教え込んだ。その時のことを人見は、自著『スパイクの跡』にこう書き残している。

「ウォーミングアップをしていた所に突然満洲の岡部平太《へいた》氏がグラウンドに現はれた。（中略）何時《いつ》見ても岡部さんの顔はこわい。でもあの顔で仲々《なかなか》情に脆《もろ》い。熱すれば直《す》ぐ涙を出される。そこに云い得ぬ親しみがある。あの顔、あの気持、あの胸、あの頭の四つは、日本競技會の大先輩として多くの人々を常に心から敬慕せしむるものです。満洲に歸《かえ》るとスポーツの神様の様《よう》に思はれてゐる人です。實際《じっさい》あの岡部さんの顔を一目見ると、凡《すべ》てのものを見通しているかと思われる位、断乎《だんこ》として人に譲らない所がある。自分の意見をどこ迄《まで》も主張する人である。女子の斯道《しどう》にもこんな大先輩があったらと羨《うらや》ましく思われる（中略）それ丈《だけ》私は岡部さんのあの一本調子の固い心を敬慕してゐるのでした」（原文のまま。一部ルビを加えた）

当時は女子がスポーツをすること自体に偏見があり、オリンピック出場を決めてからも、人見の実家には「人前で太腿《ふともも》をさらすなど、日本女性にあってはならない」などという書面が送られてきていた。女子スポーツの開拓者となった人見は、岡部のように「断乎として人に譲らない」意志を持ちたいと願っていたのではないだろうか。岡部の「固い心」を受け継いだ人見は、アムステルダムの八百メートルで激走。ゴールで失神しながら二位に入り、日本女子初の五輪メダリストとしてその名を刻んだ。しかし、その三年後、二十四歳の若さで病没する。

人見と別れ、神戸から船で大連に向かう途中、新聞を読んだ岡部は「またか」と頭を抱えた。見出しには「日仏競技の行方は絶望」とあり、体協会長の岸清一《せいいち》の談話が載っている。「こんな国際競技は、体協の名においてしか行われないということを知らないのか」という趣旨だった。そんなこともあろうかと、岡部は満鉄の東京支社に対応を頼んでおいたのだが、岸に呼びつけられた東京支社長が散々油を搾《しぼ》られた挙句に謝ったという内容まで書いてあった。船が下関に入港すると、記者団が押し寄せてきた。

「中には一問一答で私をつるし上げようとした者もいた。私は『徹頭徹尾決行する』と決意だけを語った」

岡部はそう振り返っている。

大連に帰り着いた岡部は、その足で満鉄副総裁の松岡洋右《ようすけ》に会って事情を説明。「今すぐパリに急行したい」というと、松岡は「よろしい。行け」と即決し、目の前で旅費の支給を命じた。「さすがに外交官だけのことはある」と岡部は感銘を受けている。

岡部はステを伴ってシベリア鉄道に乗った。パリに着いたのは一九二八（昭和三）年三月。フランス陸上連盟に直行した岡部は有力選手に会い、その晩にパーティーを開くため関係者を集めてくれるよう依頼した。すると会場のホテルには、陸連関係者や選手らが大勢集まった。

岡部は新聞に掲載された岸の発言から、体協がこのまま大会を認めるはずはないと考え、フランスの監督にこう尋ねた。

「日本から私を正式な代表と認めないという電報が来ているだろう」

「そうだ。昨日あたりからこちらの新聞はそのことで大騒ぎを始めているが、僕たちは問題にして

パリで撮影された妻ステ（大森みどり提供）

いない。どこでもよく起こる問題だ」

「選手はどうなんだ」

「除名されても平気だ。日本に行く」

　そんな話をしていると、そばにいた着物姿のステが袂《たもと》から紅白の襦袢《じゅばん》を見せて「オール、シルク、シルク」と説明を始めた。日本の文化を強調することで、ステなりに援護射撃をしたつもりだったのだろう。すると着物姿が珍しいのか、大勢の選手たちがステのもとに集まり、袖をさすりながら目を白黒させたという。

　翌日、日本大使館に行くと、前夜のパーティーの写真が各新聞に大きく掲載されていた。大使館側は上機嫌で「フランススポーツ界が、こんなに大騒ぎで歓迎したのはいまだかつてないことだ。ぜひとも成功させたい。体協は大局的にこの問題を善処してほしい」との公電を日本の外務省に打った。これによって、さすがの岸も折れざるを得なかったのだろう。日本から岡部を正式に代表として認める返電が届いたのである。

　ただ、これは岡部にとっては当然のことで、あくまでも「勝つ」ことが目標である。そのために岡部はフランスのスポーツ年鑑を読み解き、相手選手の実力を徹底的に研究していた。そして、三段跳びとハンマー投げを種目に加えれば勝てると分析。フランス陸連とのパーティーの前に、ある行動に出ていた。

そのことを東京高師の後輩で、一九二四（大正十三）年、パリ・オリンピックに競泳で出場した宮畑虎雄が『スポーツ・勝負・人間―岡部平太遺稿集』に寄せた一文で書いている。

「（岡部さんは）パリに着くとすぐ、フランスの三段跳の選手たちをごちそうし、『君たちは日本へ行きたいだろう。陸連の役員に呼ばれたら、是非日本に行かせてもらいたいと言い給え』と口説いた。翌日、フランスの陸連事務所を訪ね、日仏陸上競技の種目について話し合った。フランス陸連としては零敗する三段跳は種目に加えたくない。岡部さんの方は、六対〇で大量得点できる三段跳を入れたい。話はまとまらない。そこで『三段跳の選手たちの意向もきいた上で決めようじゃないか』という。選手たちが来て『是非われわれも連れて行ってほしい』と言ったので、三段跳が加えられた。『日本が勝つように計画しているんだから必ず勝つ』と言って、岡部さんは平然としていた」

パリの岡部平太（大森みどり提供）

しかし、時代は暗い影を落とし始めていた。一九二八（昭和三）年六月四日、日中関係を揺るがす大事件が起きる。満洲北部の奉天を実効支配していた軍閥指導者、張作霖《ちょうさくりん》が関東軍によって爆殺されたのである。中国では清朝が滅んだ後、中華民国が成立したが、中国国民党、中国共産党が覇権を争い、加えて各地では軍閥が跋扈《ばっこ》する混沌とした状況にあった。
そこに、植民地満洲での勢力拡大を目論《もくろ》む関東軍

日本初の陸上の国際大会となる日仏対抗陸上競技大会を前に（左から3人目が岡部平太。大森みどり提供）

が介入していった。日本側に協力的だった張作霖が意のままに動かなくなったため、謀略を仕組んだのである。ここから時代は満洲国設立、日中戦争、そして第二次世界大戦へと突入していく。

そんな緊張感の中で九月、日仏の陸上競技大会は大連運動場で開催された。岡部の予想通り、七十八対七十六の僅差で日本は勝利を収め、運営費も入場料収入で賄《まかな》った。大会運営としては前例のない大成功だった。

日本選手団はその後、張作霖の息子、張学良《がくりょう》に奉天での国際大会に招待される。学良は父を殺されたばかりだったが、まだ二十七歳と若く軍閥内の実権を掌握できていなかった。このため関東軍との全面対決を避け、融和の道を模索していた。

岡部はその印象をこう書き残している。

「学良氏の世にも稀なる秀麗な容貌に全く凝視《みい》ってしまっていた。正直なことをいえば私は男性の容姿に就《つ》いて関心をもったことはこれが最初であったかも知れぬ。日本では到底見ることの出来ない東洋的な端麗さである。これならばたった一人パリのシャンゼリゼーを歩かせても、一人やんごとない何処《いずこ》の国からかの貴公子たることを疑わぬだろう。譬《たと》うれば月光に下するアカシアの花の清冽にもくらぶべき清爽の美である。夏の小川の夕ぐれをりょうりょうと吹きすさみ行く御曹子九郎判官《くろうほうがん》の眉目《びもく》を想いうかがわせる秀麗さである」（原文のまま。『スポーツ・勝負・人間―岡部平太遺稿集』）

この文章の最後には「父の喪に服する張学良を想いて」と題して歌も詠んでいる。

〈今宵はも　月の暗きに　学良は　男心に　泣きてやあらん〉

大会後、岡部を私邸に招いた学良はスポーツ交流を提案する。岡部は「スポーツに国境はない」と共鳴し、スポーツ交流を推し進める。日中にドイツを入れた陸上大会に続き、サッカー、バスケットボール、バレーボール、テニスの日中競技会を協力して開催。一方で満洲ラグビー蹴球協会を創設、第一回スピードスケート世界選手権の日本代表監督にも就任する。

スポーツを通して日中の交流を図ろうとする岡部の気持ちは並大抵なものではなかった。

岡部と交流があった張学良

岡部が恩師スタッグに送った手紙からも、その決意がうかがえる。

「スタッグ先生へ

日本と中華民国の体育とスポーツに関する私の考えを、どう伝えればよいのか考えています。日中関係は幸福からはかけ離れています。それは繰り返される両国の政治家や外交官の失敗によるもので、両国民は、まともとは思えないプロパガンダに扇動《せんどう》され、反感は日々高まっています。

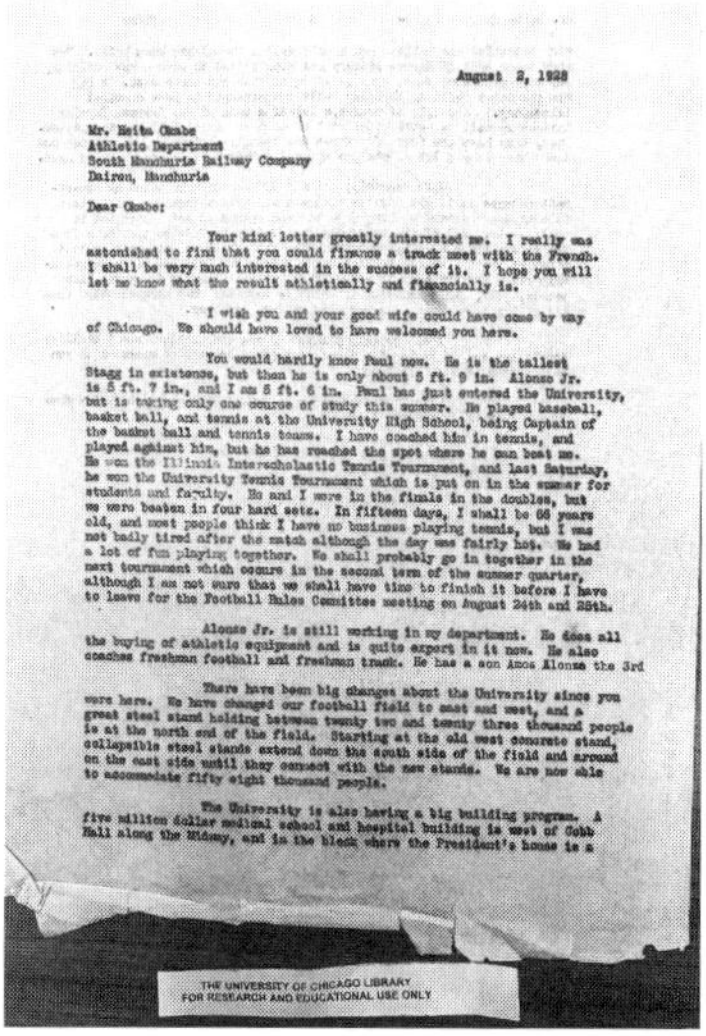

August 2, 1928

Mr. Keita Okabe
Athletic Department
South Manchuria Railway Company
Dairen, Manchuria

Dear Okabe:

Your kind letter greatly interested me. I really was astonished to find that you could finance a track meet with the French. I shall be very much interested in the success of it. I hope you will let me know what the result athletically and financially is.

I wish you and your good wife could have come by way of Chicago. We should have loved to have welcomed you here.

You would hardly know Paul now. He is the tallest Stagg in existence, but then he is only about 5 ft. 9 in. Alonzo Jr. is 5 ft. 7 in., and I am 5 ft. 6 in. Paul has just entered the University, but is taking only one course of study this summer. He played baseball, basket ball, and tennis at the University High School, being Captain of the basket ball and tennis teams. I have coached him in tennis, and played against him, but he has reached the spot where he can beat me. He won the Illinois Interscholastic Tennis Tournament, and last Saturday, he won the University Tennis Tournament which is put on in the summer for students and faculty. He and I were in the finals in the doubles, but we were beaten in four hard sets. In fifteen days, I shall be 66 years old, and most people think I have no business playing tennis, but I was not badly tired after the match although the day was fairly hot. We had a lot of fun playing together. We shall probably go in together in the next tournament which occurs in the second term of the summer quarter, although I am not sure that we shall have time to finish it before I have to leave for the Football Rules Committee meeting on August 24th and 25th.

Alonzo Jr. is still working in my department. He does all the buying of athletic equipment and is quite expert in it now. He also coaches freshman football and freshman track. He has a son Amos Alonzo the 3rd

There have been big changes about the University since you were here. We have changed our football field to east and west, and a great steel stand holding between twenty two and twenty three thousand people is at the north end of the field. Starting at the old west concrete stand, collapsible steel stands extend down the south side of the field and around on the east side until they connect with the new stands. We are now able to accommodate fifty eight thousand people.

The University is also having a big building program. A five million dollar medical school and hospital building is west of Cobb Hall along the Midway, and in the block where the President's house is a

1928年8月、スタッグが岡部に送った手紙（米国シカゴ大学図書館ハナ・ホルボーン・グレイ・スペシャル・コレクション・リサーチ・センター提供）

こうした状況を救うために介入するのが、宗教家や先駆的な教育者の役割だと思いますが、未だそういう人物はいません。

満洲に来て八年、私は後半生をこの仕事に賭けようと決心しました。この問題は、両国の若者が相互理解を深めるほかに、解決の道はありません。そのためには彼らが出会い、フェアプレーの精神を広め、良いスポーツマンシップを育むことが肝要です。

両国民の反感を和らげるのは骨が折れる仕事で、私が生きているうちにその実現を目にすることはできないかもしれません。しかし、私はこの運動が正しい道であり、その精神は最後の勝利に向けて生き続けると確信しています。その基本にあるのがスタッグ精神であり、あなたに感謝します。私はベストを尽くすことを誓います」

数カ月後、スタッグから返事が届いた。

「岡部へ

きみの考えはとても尊いものだ。フェアプレー精神とスポーツマンシップにのっとって良好な相互関係をもたらし、正しい道へと導ければ、どんな外交官や政治家もやれなかったことを達成できると信じている。きみがそんな尊い考えを持ち、尊い方法で計画を進めていることは、喜ばしいことだ」

二〇一八（平成三十）年十月、私は戦前、奉天と呼ばれていた瀋陽《しんよう》市に足を運んだ。岡部が日中間の架け橋になる決意を固めた場所、張学良の旧邸宅を訪ねるためである。四合院《しごういん》といわれる北方中国の伝統的家屋と、ローマ様式の建物が隣接して残っている。方形の中庭を囲んで東西南北に四棟があり、一棟に三室。当時の軍閥の権勢を思わせる壮麗な造りで、調度品にも品格があった。

中国・瀋陽市にある張学良旧邸宅

「張学良はとても有名な人です。ここを見学に来る人は、絶え間なくいます」

現地コーディネーターの徐徐《ジャジャ》が言う通り、観光客の波に埋もれながら室内を見て回った。それにしても、国家が敵とみなしている相手と、スポーツとは言え交流を深めるのは、相当の覚悟が必要だったに違いない。現在の日中関係を考えても「私が生きているうちに実現できないかもしれない」という岡部の言葉が当たっているだけに、やるせない思いがした。

一九三一（昭和六）年九月十八日、四十歳になったばかりの岡部の人生を一変させる事件が起きる。奉天郊外の柳条湖《りゅうじょうこ》付近で、満鉄の線路が爆破された。関東軍は張学良率いる中国軍による破壊工作と発表。満洲事変が勃発したのである。これは、実は満洲独立に向けた関東軍の謀略であり、翌年には満洲国が成立する。

私は瀋陽市の九・一八歴史博物館に向かった。この博物館は満洲事変の発端となった柳条湖事件の現場のすぐ横に建設されており、中国側からみた「九一八事変」（満洲事変）以降の「侵略」と「抗日戦争」の歴史が、ジオラマなどを多用した展示で描かれている。

建物の裏側に回り、写真撮影しようとした瞬間だった。いきなり首根っこをつかまれた。振り向くと鋭い目をした警察官らしき男が、中国語でまくし立ててきた。徐徐が駆けつけてくれて事なきを得たが、男がいなくなると徐徐は困惑した表情で「歴史には敏感なので、写真撮影は許可されたところだけでお願いします」と言った。

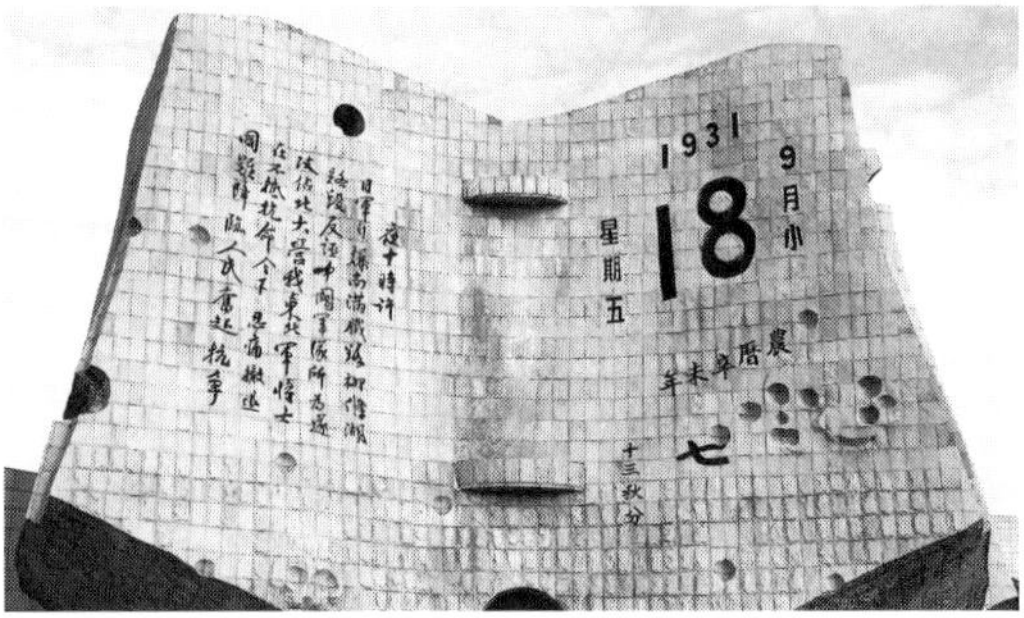

満洲事変の発端となった柳条湖事件の現場近くにある九・一八歴史博物館のモニュメント

岡部の話に戻そう。満洲事変の二年前、岡部は張学良の紹介で奉天にあった馮庸《ひょうよう》大学の陸上部コーチに就任していた。創設者の馮庸（一九〇一～八一）は張作霖の盟友の息子で、学良とは義兄弟の間柄だった。年齢も学良と同じでスポーツにも関心が高かったことから、岡部は親交を深めていった。その頃のことを岡部は知人に「こんなに中国人に深入りしたら俺の身は危ないな」と冗談交じりに語っている。

事が起きたのは、満洲事変の四日後だった。統治を強化していた関東軍が、馮庸に「反日分子」の疑いをかけ、拘禁したのである。関東軍の高級参謀だった板垣征四郎から事の次第を聴いた岡部は、拘禁先の関東憲兵隊司令部に向かった。そこで二宮健市《けんいち》司令官に「自分が責任を持つ」と説得を試みる。ようやく釈放された馮庸は、大連の星が浦にある岡部の自宅に滞在することになった。しかし、いつまた情勢が変化するかわからない。そこで岡部は、関東軍の了解も得て、馮庸を欧州へ亡命させる計画を立てた。

ところが、馮庸は寄港地の上海で下船。南京にいた中国国民党の蔣介石《しょうかいせき》に会い、抗日運動に合流してしまった。想定外の裏切りだった。身の危険を察知した岡部は、中国服を身にまとい、知人の手引きで土木工事をしたり、レストランのボーイをしたりして身を潜めていたが、ついに関東軍の手に落ちる。

奉天の関東軍司令部で事情聴取を受けた岡部には、厳しい結果が待っていた。

「社会的な地位はもとより、家族関係も一切を清算して、単独で出頭せよ」

若き日の馮庸（『馮庸与馮庸大学』より）

三日間の猶予を与えられた岡部は大連の自宅に戻り、内地や満洲の知人に手紙をしたためた。

「もう俺は死ぬだろう。家族のことを頼む」

岡部には三人の子がいた。内地で生まれた長女鞠子《まりこ》は十歳になり、満洲で生まれた長男平一《へいいち》は八歳、次女瑠璃子《るりこ》はまだ三歳だった。

岡部は妻ステと共に家族で別れの「水杯《みずさかずき》」を交わし、関東軍司令部に出頭。処刑されることが決まった。その知らせを東京で聞いた先輩の大谷武一《ぶいち》は、教授をしていた東京高師の教壇で「岡部が銃殺される」と号泣し、講義ができなかったという。

しかし、刑は執行されずに無罪放免となる。理由は判明していないが、一つは満鉄社員やスポーツ関係者から多くの助命嘆願があったこと。もう一つは、岡部が懇意にしていた関東軍作戦主任参謀の石原莞爾《いしわらかんじ》が助けたというものである。石原は岡部が馮庸大の陸上部コーチに就任した頃、旅順にある関東軍司令部の作戦主任参謀として着任。岡部より二つ年上だった。

石原は山形県鶴岡の生まれ。陸軍大学校を次席で卒業し、ドイツ留学した秀才で、軍事史研究に傾注した。その結果、将来、日本と米国による「人類最後の大戦争」が起こり、世界が統一されて人類共通の理想である「黄金世界」建設への一歩が踏み出されるという考えに至る。その条件は①米国が西洋の覇権を獲得する②日本が東洋文明の中心となる③戦争に必要な航空機が無着陸で世界一周できる――の三つ。

岡部平太の命を助けたとされる関東軍の石原莞爾

そのためには日本が満蒙（満洲と内モンゴル）を領有し、北方のロシアからの進入を阻止しつつ、物資や食糧を内地に供給する拠点とすべきと説いた。また、「世界最終戦争」に至る前に、米国との長期消耗戦を予想し、まずは満蒙に在住する各民族と共存共栄を図って経済発展を成し遂げる必要があると考えていた。

このため、石原は満洲事変を起こした中心人物の一人ではあるが、日中戦争の拡大には反対。この不拡大方針によって軍内部の権力闘争に敗れた。しかし、「最終戦争」の考え方は軍部に生き続ける。東洋をまとめ、地力を付けてから米国に対すべしと考えていた石原の予想よりはるかに早く事態は動き、太平洋戦争の敗戦へと向かっていく。

岡部が石原といつ接点を持ったのかはわからないが、一九三九（昭和十四）年、退役して内地にいた石原の元を岡部は訪ねている。

岡部を師と慕って晩年に行動を共にしていた厨《くりや》義弘（福岡教育大学名誉教授）は、岡部が釈放された理由をこう推察していた。

「岡部先生本人から、石原莞爾とは満洲で出会って親交があり、尊敬もしていたと聞いた。当時は軍幹部でないと釈放できる権限もない。私の見立てでは、石原莞爾の働きかけがあったと思う」

釈放はされたものの、岡部はこの責任を取って満鉄を退職。第三回レークプラシッド冬季五輪の団長にも推されたが断り、スポーツ界のすべての職から身を引いた。

その後、退職金を元手にエビの貿易を始めるが失敗。次に大連の中心地にあった連鎖商店街で「靴屋」という屋号の靴店を開店し、新聞記事になっている。

「満洲にその人ありといはれた岡部平太君。例の満洲事変以来気の毒にもトンダ噂をたてられて以来、満鉄も辞めてスッカリ腐つてしまつたと思つたらどうしていつの間に靴屋になつていたのである。……君、俺の師事するスタッグ（シカゴの名コーチ）の親父も靴屋だつたんだぜ、スタッグ曰《いわ》く親父は靴を作ることによつて人格を叩き上げたので、自分が人格者だと人からいはれるのは全く靴から生まれたのだ、といふのだ。だから俺も一生懸命靴を作つて人格を作るつもりだ」（「読売新聞」一九三二〈昭和七〉年十二月十六日）

開店当時は、若者たちにサッカーシューズなどが飛ぶように売れたという。しかし、若者たちの懐《ふところ》をおもんばかって代金を回収しなかったため、瞬く間に閉店に追い込まれてしまった。

絶望の淵に追い込まれた岡部だったが、時代は再び岡部を表舞台へ呼び戻す。

一九三三（昭和八）年、国際社会に「満洲国」の独立を承認されなかった日本は、国際連盟を脱退した。スポーツ界もこの問題に無縁ではなく、翌年にフィリピンのマニラで開催される第十回極東選手権大会に満洲国を参加させるかどうかで揺れていた。極東大会を主催する日本、中国、フィリピンのうち、中国は満洲国参加を拒否。大日本体育協会は、満洲国の参加不参加にかかわらず日本として参加すると表明していた。

この問題についてスポーツ関係者や新聞社から意見を求められた岡部は、満洲国参加賛成派の立場として一九三四（昭和九）年一月、「満洲体育改造論」を発表した。

「体育を国の政策に利用することは、近代国家の為政者が等しく採っている政策であり、適当な手段だと思う」

現代の視点からこれを「スポーツの国策利用」と批判するのはたやすい。しかし、当時の岡部にとって満洲はまぎれもない自分の「国」であり、スポーツ振興を国策の柱に据えることに迷いはなかっただろう。むしろ、国家権力に命を絶たれようとした岡部は、逆に国の力をスポーツ振興に利用しようと考えたのではないか。

岡部はすぐ行動を起こす。弱体化していた満洲スポーツ界を再建しようと、新たに「満洲陸上競技革新連盟」を設立。翌二月になると、満洲体育協会のメンバーとともに内地の大日本体育協会に乗り込んで支援を要望、満洲国が参加できなければ日本も極東大会から脱退するよう求める声明書を発表した。岡部らしい真っ向勝負だった。

大日本体育協会には大きな懸念があった。それは、岡部たちの主張を突き詰めていけば、日本はオリンピックからも脱退しなければならなくなるからだ。岡部はそれについても、三月十三日から十五日にかけて「満洲日報」に書いた論説で「オリンピックだろうがデビスカップだろうが、潔く脱退して厳然たる孤立日本の姿を正視するまでだ」と突き放した。

この問題を岡部は「スポーツの自由」という観点からもとらえている。スポーツの自由は互いに共通理解を持っているときにだけ表れるものであり、その自由が中国による満洲国参加拒否で蹂躙《じゅうりん》されている。だから「真っ先に立ってその不正と闘うことはスポーツマンの義務ではないか」と言うのである。

当時、植民地だったフィリピンやインドは、スポーツの国際大会では国家としての処遇を受けていた。それなのに満洲国の参加を拒否する正当な根拠はない、という岡部の主張はその後、多くの新聞が論説で支持することとなり、全国的な極東大会ボイコット運動へとつながっていった。愛国心を煽《あお》ることが岡部の本意ではなかったはずだが、陸軍の青年将校や愛国団体が日本選手の参加反対を叫び、選手の合宿所が襲撃されるという事件まで起きた。

極東大会は結局のところ、満洲国参加をめぐる議論の途中で中国が退出して空中分解。日本とフィリピンで、新たに満洲国を加えた「東洋選手権」を創設することになった。

それから岡部は満洲を離れ、北支（今の華北地域）に向かう。関東軍はこの頃、親日の政権樹立を目指し、満洲国に隣接する河北省を占領。ただ、北京や天津など現地の反日感情は強かった。そこで中国人脈に精通する岡部が、中国側の天津市政府に教育顧問という肩書で、嘱託として迎え入れられたということのようだ。当時の天津では軍部がすべてを統制しており、実際の身分は特務機関の軍属だった。それ以前にも岡部は、河北省に設置された冀東《きとう》防共自治政府の行政最高顧問を務めるなど約十年間を北支で過ごした。

その間、歴史はさらに暗転していく。一九三七（昭和十二）年九月、北京南西部の盧溝橋《ろこうきょう》で日中両軍が衝突し、全面戦争に突入。天津教育局顧問を務めていた岡部はこの年の十二月に「支那事変の教育的意義」と題した文章を発表する。

岡部が痛感したのは現地での徹底した「抗日・排日教育」だった。国民党の主導によって「教科書のあらゆる場面に抗日教材は編入」され、民衆は「抗日救国を口にさえしていれば、いかにもひとかどの愛国者なるかのような自己陶酔」に陥っている。岡部は冀東防共自治政府で教科書の改訂に携わった経験から「国民党の党略が如何に純真なる児童の頭に浸潤していくか」を目《ま》の当たりにして「教育というものの深刻な力」に驚嘆したという。

一方で「事変以来、北支には既に利を漁る人物が充満し、大小の利権を目指す政客、論客は天下に充満している」として、『日支経済提携』とか『北支経済開発』とかいった功利一点張りの政策はいち早く清算」するよう迫っている。末尾には「東亜永遠のため立って道を唱える志士の寥々《りょうりょう》たるを嘆く」とあり、融和を図る教育もなし得ないまま、実利を得ることばかりに走る体制を批判している。

この頃とみられるエピソードが『国家とスポーツ―岡部平太と満洲の夢』（高島航著）で紹介されている。日本軍が徐州、南京を陥落させると中国各地の日本人会が祝賀会を開いた。岡部が天津の祝賀会の準備会議に出席すると、プログラムの中に「中国学童の旗行列、市内行進」があった。

「成人は自己保存の立場からどんなことでもやるかもしれない。だが無心の子どもたちに自国の首都の陥落に敵国の旗を振って慶祝させるような非人道的なことがありえるか」

岡部は泣きながら項目の削除を訴えたが、認められなかったという。

岡部は「統制と自由」という文章（『スポーツ・勝負・人間―岡部平太遺稿集』）に「私は、実は極端と思われる程の自由人である」と書いている。大日本体育協会という権力と何度も真っ向から対立したことを考えても、統制や束縛とは対極にある人間である。

しかし、時代は岡部の言う「自由」を許さない。東アジアの平和秩序を守ることを大義名分とした満洲国独立、それに続く日中戦争……。岡部という一個人が抗うには強大すぎる、国家による「統制」が進んでいく。戦争によって支配した地域で、敗者たちに勝者の勝利を祝福させることも、国家としては当然の行為だっただろう。

岡部は敵味方である日中の融和を図るべく、行き過ぎた「抗日・排日教育」を是正しようと考えたが、無力だった。そして「無心の子どもたち」を非人道的な統制から守ることもできなかった。岡部の涙には、自分の無力さに対する悲嘆が込められていたように思う。

日中間の衝突は、スポーツ界にも激震を起こした。実はこの前年、アジアでは初めてとなるオリンピックが一九四〇（昭和十五）年に東京で開催されることが決まっていた。それは長い間、ＩＯＣ委員として誘致活動をしてきた嘉納《かのう》治《じ》五郎《ごろう》の功績だった。それが日中戦争の拡大によって、開催が危ぶまれる状況に陥ったのである。

英米を中心に世界で戦争当事国・日本での開催反対論が起き、国内でも物資不足から軍部が開催中止を求めるなど暗雲が垂れ込めていた。そんな中、嘉納は一九三八（昭和十三）年三月、エジプト・カイロで開かれたＩＯＣ総会での演説で委員たちを説き伏せ、ようやく正式に開催が決まった。だが、カイロからの帰途にあった五月四日、嘉納は船上で病没した。七十七歳だった。

新聞で師の訃報を知った岡部は六月、墓参のため満洲から内地に戻った。師のもとを去って、すでに十七年。ついに再会を果たせずじまいだった。岡部は千葉県松戸市の嘉納の墓を訪れ、手を合わせた。岡部は当時の様子を多くは書き残していないが、晩年の岡部と行動を共にした厨義弘は、その気持ちを代弁するかのようにこう語った。

「岡部先生にとって最初の師匠であり、福岡から東京へ、そしてアメリカへと行けたのも、嘉納治五郎のおかげです。墓前では若い頃の思い出がよぎったと思います」

墓参を終えた岡部は、宿代わりにしていた東京・大塚の食堂「宝亭」に立ち寄る。二階で寝ようとしていると、訪問者に叩き起こされた。読売新聞の運動部記者、川本信正だった。川本は学生時代に関東学生陸上競技連盟の書記長をしており、岡部が一九二八（昭和三）年に日仏陸上競技大会を開いた時から親しくしている間柄だった。後に力道山《りきどうざん》と木村政彦との「昭和の巌流島《がんりゅうじま》」対決に岡部を誘ったのも川本である。

岡部は「一九四〇年の東京オリンピックはかくして返上された」（『コーチ五〇年』）と題された文章で、そのいきさつに詳しく触れている。それによると、早稲田、慶応、明治の陸上部の先輩たちが東京オリンピックの対策を協議しており、川本はその使いとして迎えに来たという。岡部はピンときた。その頃、この三大学は選手強化策をめぐって陸連の主流派と対立しており、自分にその打開策を相談したいのだろう、と。パリ・オリンピックでの「十三校問題」で大日本体育協会と対決して以来、岡部は学生の信望が厚かった。

　川本に連れられ、隅田川に面した柳橋の料亭に到着すると、大広間で学生たちが待ち構えていた。挨拶も抜きに問答が始まった。

「岡部さんは東京オリンピックで陸上は何点取れると思いますか？」

「さあ、一点も取れないのではないか」

「我々もそうです。どうすれば良いですか？」

　それまで岡部は具体的に方策を考えたことはなかったが、学生たちの言いたいことはわかっていた。それに、不必要な遠慮や思わせぶりは性《しょう》に合わない。岡部は率直に言った。

「私は中国から帰ってくる。諸君は陸連に復帰する。それが一番良いのではないか」

「我々も皆そう考えています。帰って来てコーチをやってくれませんか」

　岡部は混乱を避けるため、学生たちが嫌っているヘッドコーチの野口源三郎を留任させ、自分は補佐に回ることを提案した。岡部は体協の野口とも幾度となく対立してきたが、今回は総力戦になる。岡部は「スポーツマンが必敗の戦を戦うとき、案外、人間のマゴコロに触れ合うことができるものでしょう」と友人への手紙に書いている。学生たちは野口や陸連幹部を説得し、岡部のコーチ就任が決まった。

　岡部はすぐに船で天津に向かった。四日間の船旅で思い悩んだのは、オリンピックで勝てなかった場合の国民感情の行方だった。日中戦争の最中でナショナリズムは高揚している。

「日本は何でも強いと思い込んでいる国民が、来る日も来る日も負けてばかりいる競技場の現実を見せつけられたら、群衆は我慢していられるだろうか」（『コーチ五〇年』）

そうした不安を考え抜いて、岡部は結論を出す。

「自分は群衆のモッブ（暴動）の前にも立てる。このコーチは誰がやっても必敗の闘いに終わるほかない。しかし、あと二年ある。その間に最善を尽くしてみる。そのコーチとしての確信こそが何物をも恐れない自分の勇気の源泉だと考えた」

並々ならぬ決意で満洲に戻った岡部は、家を引き払って身辺を整理し、家族も帰国させた。

「満洲から十七年ぶりの帰国であった。中国は去りがたいという、ちょっと感慨無量なものがあった。しかし一方にかなり大きい希望に胸を震わせながら、この踏切をやった。一世一代命懸けの大ゲームをやってみようとしたのである」

ところが、日本へ向かう途中、立ち寄った新京（現・長春）で再会した関東軍の石原莞爾から、こう伝えられる。

「このご時世だから、日本はオリンピックを返上する」

岡部はそれでも上京したが、一九三八（昭和十三）年七月十五日、日本政府が開催返上を閣議決定し、東京オリンピックは幻に終わる。することもなくなった岡部は毎日、文藝春秋社に出掛けて旧知の作家、菊池寛《かん》（一八八八～一九四八）と将棋を指していた。「二カ月以上、根気よく相手をしてくれた」という。

この時、岡部は菊池から「漢口戦線に行こうじゃないか」と誘われた。日中戦争は激しさを増し、日本軍は前年に陥落させた南京から奥地へ逃れようとする国民党軍を追い、武漢の漢口を攻めているところだった。その最前線に行こうというのである。岡部は菊池の真剣な話ぶりに重い腰を上げて、漢口で落ち合う約束をしたという。

菊池は『父帰る』『恩讐の彼方に』などで知られる文豪だが、岡部とは将棋仲間として二十年近く交流があった。

香川県高松市出身の菊池は、旧制第一高等学校（東京大学の前身）でマントを盗んだ友人の罪をかぶって退学になり、京都大学に進んだ。芥川龍之介とは一高の同期で親友だった。一九二三（大正十二）年に文藝春秋社を創設。新人作家の育成に尽力し、登竜門として「芥川賞」「直木賞」を創設した。着物の帯を垂らして歩いても気に留めず、新人作家から借金を頼まれたら丸めた札を袖《そで》からポイっと出したという逸話がある。

岡部は満洲時代、内地に行くと「東京に着けばどんな急ぐ用事の時でも文藝春秋社に行って将棋をやって、それから仕事にかかるのが習慣であった」（『コーチ五〇年』）と書いている。菊池との初対面は一九三〇（昭和五）年五月。文藝春秋社で作家の近藤経一《けいいち》や佐佐木茂索《もさく》（後に文藝春秋社長）と指しているところに菊池がぶらりとやって来て「俺とやろう」と言い出したという。

戦後になり、一九四八（昭和二十三）年三月四日には、雑司《ぞうし》ヶ《が》谷《や》の菊池邸で対局。その二日後に菊池は五十九歳で帰らぬ人となり、岡部は最後に将棋を指した人物となった。岡部は名人木村義雄に飛車角落ちで勝った実力の持ち主だが、それでも菊池の方が少し強かったようだ。

二人の交流の深さを物語る遺品が岡部の孫、大森みどりの自宅に保管されていた。終戦後に菊池から贈呈された木製の額で、「橘香盧」と彫られている。「橘」はミカン、「盧」には酒場という意味がある。そのまま読むと「ミカンが香る酒場」となるが、「盧橘」というのは、キンカンの別名でもある。それで思い浮かぶのが、岡部が福岡師範で教育方針に反抗し、キンカンの実を竹刀で叩き落

菊池寛が岡部平太に贈った「橘香廬」の額

とした逸話。反骨心や義侠心の強かった菊池がその話を気に入り、岡部に贈ったのではないだろうか。みどりによると、岡部は晩年、自宅の庭先で額の文字に色を塗っていたという。

いよいよ何もすることがなくなった岡部は、一九三八（昭和十三）年九月、再び中国に渡る。そこで、関東軍の参謀、今田新太郎に声を掛けられる。今田は石原の指示で満洲事変の発端となった柳条湖事件を実行した人物である。岡部とは石原を通じて旧知の仲だった。

岡部は今田から、南シナ海に浮かぶ海南島への顧問就任を打診されたようだ。日本軍が南方の拠点として攻略した海南島で何の仕事があったのかはわからない。ただ、岡部もこの時すでに四十七歳である。返答に窮したのだろう。すると、今田は北京にいる自分の幼馴染みに会うよう勧めた。

翌一九三九（昭和十四）年、岡部は北京に立ち寄った。その時のことをこう書いている。

「偉い人に会ってみたら盛んに北京にいることを勧められ、とうとうその日のうちに話がきまり、大いにやることを誓ってしまった」

岡部が会ったのは、中江丑吉《うしきち》（一八八九〜一九四二）という学者だった。日本にルソーを紹介した思想家、中江兆民《ちょうみん》の一人息子で、北京に滞在しながら二十数年、中国の古代史を研究。日中戦争を「世界戦争の序曲」と断言し、相手が誰であろうと戦争反対を唱えていた。

丑吉の交友関係は幅広く、日本軍の将校や武道家ら多くの知人がいた。今田や石原もその一人だった。そんな誰にも自分のことを「先生」と呼ばせなかった丑吉だったが、岡部の純粋さを気に入り、例外として認めたという。

岡部は丑吉から「殺し合う思想は動物だけに存在する。日本は戦争に負けて四つの島に戻る」と言われ、共感する。丑吉から北京滞在を勧められ、国立北京師範大学の体育専任教授に就任した岡部は、丑吉宅を毎週訪れるようになる。岡部はこう語っている。

「その一週間に一度だけは（筆者注・毎週土曜日に丑吉宅に弟子たちが呼ばれて雑談していた）、魂全部が洗い清められたすがすがしさで、一里近い夜の北京の街を歩いて、少年のように浮々とした気持で帰ることができた。中江先生が生きておられる限り、自分では北京を去らないと心に決めた」

岡部は丑吉を尊敬し、その最期まで精神的、経済的に尽くした。『中江丑吉という人』（編集・阪谷芳直）の年譜にはこう記されている。

「昭和十七年（一九四二）丑吉は肺結核を患い、福岡の九州大学病院に入院する。六月七日、岡部平太が物資難を助けた」

岡部自身もその著書で、自分が指導感化された偉大な人物として「大休老子、中江丑吉、スタッグ、石原莞爾」の名前を挙げている。

丑吉を慕って北京に留《とど》まった岡部は、抗日運動が強まる中、満洲国の首都、新京で開かれた日満華交歓競技会に中国人チームを率いて参加。この頃、「崗和平」という中国名を名乗ったという話もあり、中国側の「全中華体育共進会」の役員として北京の学生たちを連れ、東京にも遠征した。

一九四一（昭和十六）年一月、岡部は「共栄圏体育運動界の確立」という文章を発表した。この前年、近衛《このえ》内閣は「大東亜が日本の生存圏である」とする大東亜共栄圏構想を発表。岡部の文章はこれを受け、スポーツ界の実情を吐露《とろ》したものだ。

東アジアのスポーツ大会は一九三九（昭和十四）年に日満華交歓競技会、一九四〇（昭和十五）年には日満華にフィリピンを加えた東亜競技大会が開かれた。しかし、岡部は両大会とも「明らかな失敗であった」と断言している。どちらも中国は日本や満洲から促されて代表団を送ったものの「その実は緩慢な予選によって選抜された」選手たちであり、盛り上がりに欠けた。中国が「政治的に何ら体育的体制を整えていない」からである。

「体育といっても所詮は政治に付いて動いていく」という岡部は「逆に体育を中心にして」政治を論ずるなら発言したいことは山ほどあるが、現状では許されないだろうとも書いている。ただ、この頃に天津～北京間で初めて開催された駅伝で、日中両チームが最後まで接戦を繰り広げた例を引き、「大地の中にある草木の芽が春を待てば萌え出てくるそんな力が中華民国の青年にも潜んでいる」としつつ「共栄圏体育の確立」は「決して夢想でない」と期待を述べている。

だが、時局は悪化の一途《いっと》を辿っていった。一九四一（昭和十六）年十二月八日、日本はハワイの真珠湾を奇襲し、太平洋戦争に突入した。

ラジオで宣戦の詔勅《しょうちょく》を聴いた岡部の脳裏をよぎったのは、長男平一の姿だった。

第八章　喪失と絶望

平一《へいいち》は岡部の長男として、一九二三（大正十二）年二月二十六日、大連で生を受けた。満洲体育協会を設立してスポーツ改革に乗り出した岡部が「満洲の雄」として名をとどろかせていた頃である。

岡部については、著作が残っていることもあって全体像はある程度把握できたのだが、平一の人物像はなかなか浮かんでこなかった。最初にわかっていたのは、戦時中に特攻隊で亡くなったことぐらいである。しかし、長男の平一を失ったことが岡部の人生にどんな影響を与えたのかは、岡部という人物を掘り下げるために、どうしても知る必要があった。

手掛かりを知るために、糸島の岡部の生家近くに住んでいる甥の剛一《ごういち》に根掘り葉掘り話を聞いていると、ある人物の存在に行き当たった。鹿児島県の鹿屋《かのや》航空基地で、出撃する直前の平一に会った女性がいるというのである。

名前は瀬野（旧姓島田）キヨ子。剛一は、キヨ子が岡部に送った手紙のコピーを持っていた。六枚の便箋にびっしりと文字が詰まっており、読む前から内容の重みに察しがついた。剛一が持っていた原本は、鹿屋航空基地史料館に寄贈し、展示されているという。

「初めてお便り致します。見も知りもせぬ者より不意にお便りを差し上げて、さぞかし吃驚《びっくり》なさいましたことでせう。私は去る四月五日、思い掛けず貴家の御子息様と面会し親しくお話致し又、御

岡部家の記念写真（1942〈昭和17〉年、北京にて。前列左から妻ステ、次女瑠璃子、長男平一。後列・平太。大森みどり提供）

依頼を受けましたので、つたない文ながらこうしてペンをとったところでございます」

手紙には、平一とキヨ子が鹿屋で出会った日から特攻隊で飛び立つまでの様子が詳細に綴られていた。

この女性に会って話が聴きたい。しかし、年齢を考えると九十歳ぐらいになる。それまで岡部を直接知る人々を探し回ったが、ほとんどの人が鬼籍に入っていた。あまり期待しない方がいいだろうと思いながら、存命なのかどうかを剛一に訊ねてみた。

「二、三年前にお会いしたが、今はどうしているのか……」

ということは、まだ可能性がある。連絡先を尋ねると、剛一は不意に思い出したように言った。

「そういえば、キヨ子さんの娘さんが嫁いで糸島に住んでいますよ」

「えっ！　糸島にお住まいなんですか」

私は思わず声を上げた。あまりに不思議な縁に鳥肌が立った。すぐに剛一から教えてもらったキヨ子の娘、赤松（旧姓瀬野）菜穂子の連絡先に、取材協力の電話を掛けた。

「母は今、鹿児島市内に一人で生活しています。当時のことを覚えているかどうかはわかりませんが、元気です。母の意思を確認しますので、しばらくお待ちください」

その言葉を聞いて興奮のあまり、スマートフォンを持つ手が震えていたのを覚えている。岡部が愛してやまなかった一人息子、平一の最後の瞬間を知る人に会えるかもしれないのだ。

数日後、菜穂子から連絡が入り、「母は高齢ですので、近くに住む弟が同席してよければ取材は大丈夫です」との返事が返ってきた。

長いこと取材活動をしているが、こんな奇跡的な出会いはなかなかない。二〇一九（平成三十一）年三月、私は高鳴る胸の鼓動を抑えながら、鹿児島市に向かった。キヨ子の自宅は住宅街の一角にあり、長男の孝一から部屋に通された。

平一の最後を見た瀬野（旧姓島田）キヨ子

九十二歳になるというキヨ子は、椅子に腰かけて私を待っていた。迎え入れる笑顔には、あの便箋の文面から予想していた通りの優しさと気品がにじみ出ていた。受け答えする声もしっかりとしている。孝一が見守るなかで平一の話を進めていくうちに、曖昧《あいまい》だった記憶も蘇ってきた。

その話は二時間半に及んだが、あまりに衝撃的、感動的で今も思い出すたびに涙が出る。この文章を書いている今も、平一という人間をこの世から失ったことが残念でならない。当時の様子をできる限り忠実に伝えるため、キヨ子の証言や手紙、特攻隊に関する資料を基に、鹿屋での平一とキヨ子の出会いを物語として再現したい。

平一の部隊「七生隊《しちしょうたい》」は、一九四五（昭和二十）年四月四日、朝鮮半島の元山《げんざん》航空隊から鹿屋航空基地に向かった。鹿屋は沖縄に迫る米艦隊に特攻する戦闘機が翼を休める最後の地である。

平一は先に特攻した戦友の山藤寿から、鹿屋に住む婚約者への伝言を頼まれていた。それで鹿屋に到着した翌五日、使いを出して婚約者を呼び出した。この婚約者の妹が、当時十八歳のキヨ子だったのである。姉は留守だったため、代わりにキヨ子が待ち合わせ場所に向かった。

その日午後一時頃、キヨ子は基地から少し離れた場所にある、だらだら坂を上った畑に着いた。ちょうど満開を迎えた一本桜が美しかった。花を摘みながら待っていると、三人の戦闘服姿の男性が現れた。その中の一人が平一だった。

「別に用事はなかったのですが、山藤が行けというので、せめて面会だけでもしようと思いまして」

「あいにく姉が留守にしておりまして」

そんな挨拶を交わしていると、花吹雪が舞い始めた。四人はしばらくの間、まるで子どものように、舞う花びらを捕まえて遊んだ。

いつしか草むらに腰掛けた平一は「僕の家は、男は一人なんです」と言って、家族の話を始めた。黙って聞いていたキヨ子は気遣うように訊ねた。

「お家の方は御存知ないのでしょうね。お家の方もどんなに会いたがっているでしょうね」

すると、平一はつぶやくように言った。

「父とは最近会いました。父は諦めていると思いますが、母のことが……」

しばらくうつむいていた平一は顔を上げて言った。

「実はお願いがあるんです。急に死の知らせを受けると、母がびっくりするでしょうから、しばらくしてから便りを出してくれませんか。僕は元気です、とても元気で出撃したと父母に伝えてください」

同じ言葉を三回繰り返し、平一は「こんな所で、こんな人に会えるなんて思い残すことはない」とほほ笑むと、持っていた風呂敷包みを広げた。中には本や日記、はがき、切手、ベルトが入っていた。

「死ぬのに何もいりませんから、これを受け取ってください。持っていても何もならないのです。使い残りで失礼ですが、もらってください」

平一は本にサインをしてキヨ子に渡すと「ああ、これでさっぱりした」と愉快そうに言った。

〈明日にも死ぬ人が、こんな笑顔を見せるなんて……〉

岡部家の家族写真（1942〈昭和17〉年、北京。左から平一、瑠璃子、平太、ステ。大森みどり提供）

平一が死を受け入れていることを感じたキヨ子は、平静を装って言った。

「出撃の後、皆様のお名前もラジオで発表されるんでしょうね」

「いやあ、全員特攻隊ですからね、僕たちのことなんか発表になんかなりませんよ。でも、立派に撃沈させますから待っていてください」

そう言って腰を上げ、立ち去ろうとした間際《まぎわ》、平一はキヨ子に告げた。

「後のことは、頼みましたよ」

「はい。お便りはちゃんと、ご両親に書きます」

「ああ、そのことではありません。後の世の中のことですよ」

キヨ子は予想もしなかった平一の言葉に打ちのめされた。

〈こんなに立派な人が本当に死ななくてはならないのか。嫌だ。死んでほしくない。死なせたくない〉

いつの間にか、キヨ子の頬は濡れていた。


それから三日が過ぎた昼間、キヨ子が自宅にいると外から声が聞こえてきた。

「御免ください」

玄関を開けたキヨ子は、夢を見ているのかと思った。出撃したはずの平一が同僚と一緒にやってきたのである。

「昨日、飛び立ったんですが、飛行機の故障で引き返して。今日も雨が降って暇だったので、遊びに来ました」

濡れた戦闘服姿の平一は「こんな汚い格好ですから」と遠慮したが、キヨ子は平一と同僚を居間に上げた。

平一は、キヨ子の姉が急いで作った芋団子を「うまい」と頬張った。そして、勧められて酒も少しだけ口にしながら、窓から見える雨脚《あまあし》を気にしていた。

「明日は雨になればいいですね」

キヨ子がそう言うと、平一は明るい声で応えた。

「いや、晴れてくれないと困ります。明日も雨が降れば僕たちが行けないから、日本は不利になるんですよ」

その言葉に、キヨ子はまた胸を打たれ、思わず訊ねた。

「宿舎はどこですか」

平一が答えた場所は、野里《のざと》小学校だった。

「そこは私が赴任する小学校です」

キヨ子は教員として、その春から野里小に赴任することが決まっていた。平一は偶然に驚きながらも、すぐに応じた。

「いつでも面会にきてください」

そう言って平一は同僚とともにキヨ子の家を後にした。

その夜、キヨ子は「戦闘機に一人で乗るのは、さぞかし心細いだろう」と平一のために妹と二人で人形を作った。灯火管制のほの暗い明りの下、出来上がったのは赤い服を着た人形だった。

翌朝早く、キヨ子は友人と一緒に、野里小学校に向かった。

「岡部少尉はいらっしゃいますか？」

キヨ子の声を聞いた隊員が、大声で叫んだ。

「おーい岡部、お嬢さんが面会だぞ」

キヨ子は庭を回り、教室に向かった。オルガンの音がしている。静まり返った教室で、平一が無心に弾いていたのは「あめふり」だった。

邪魔をしてはいけないとキヨ子が待っていると、隊員の声が聞こえた。

「岡部、出撃だぞ！」

「おうっ！」

平一は「バタン」と音を立ててオルガンを閉じ、キヨ子に近づいて来た。

「これを持っていってください」

「ありがとう。昨日はいろいろありがとうございました。出撃です。さようなら」

キヨ子に渡された人形を手にした平一は、一礼してその場を立ち去った。

帰り道を歩くキヨ子は虚空《こくう》を見上げた。ゼロ戦の編隊が見えた。

〈岡部少尉の飛行機はどれだろうか……〉

爆音とともにゼロ戦はキヨ子の頭上を過ぎ、瞬く間にその姿は雲の中に消えていった。

一九四五（昭和二十）年四月十二日。岡部平一少尉、神風特攻第二「七生隊」、飛行科予備学生第十四期出身、享年二十二歳。


それから三年後の一九四八（昭和二十三）年三月、岡部がキヨ子の自宅を訪ねている。その時の様子をキヨ子はこう話した。

「岡部さんは私が送った手紙を読んで『平一を最後に見送ってくれたキヨ子さんに直接、お礼を言いに来ました』と言って、わざわざ福岡から一人で来られたんです。そして私に『平一と最後に会った場所を案内してほしい』と頭を下げたんです」

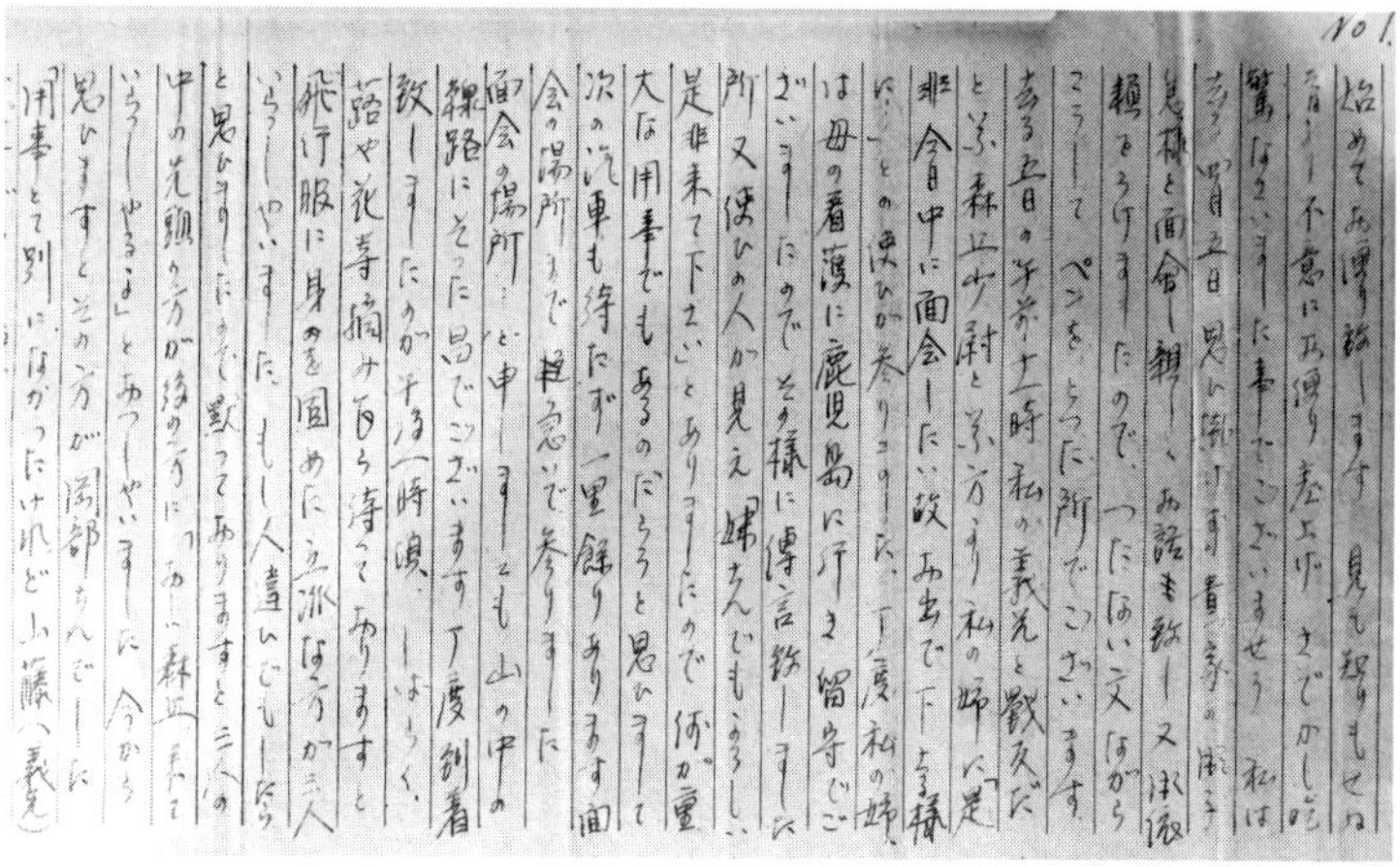
No 1.
始めてお便り致します 見も知りもせぬ
者より不意にお便り差上げさぞかし吃
驚なさいました事でございませう 私は
去る四月五日 思ひ掛けず貴家の御子
息様と面会し親しくお話も致し又御依
頼もうけましたので つたない文ながら
こうして ペンをとった所でございます
去る五日の午前十一時 私の義兄と戦友だ
と云ふ森正少尉と云ふ方より私の姉に「是
非今日中に面会したい故お出で下さる様
に」との使ひが参りましたが 丁度私の姉
は母の看護に鹿児島に行き留守でご
ざいましたので その様に伝言致しました
所 又使ひの人が見え「姉さんでもよろしい
是非来て下さい」とありましたので 何か重
大な用事でもあるのだらうと思ひまして
次の汽車も待たず一里餘りあります面
会の場所まで大急いで参りました
面会の場所は と申しましても山の中の
線路にそった畠でございます 丁度到着
致しましたのが午后一時頃 しばらく
蕗や花等摘み自ら待ってありますと
飛行服に身を固めた立派な方が二人
いらっしゃいました もし人違ひでもしたら
と思ひましたので黙ってありますと二人の
中の先頭の方が後の方に「あれが森正[illegible]
いらっしゃるよ」とおっしゃいましたに 今から
思ひますとその方が岡部さんでしたに
「用事とて別にないけれど 山藤（義兄）

キヨ子が岡部に送った手紙（部分）

う。詳細は後述するが、これは難航していた福岡国体の会場確保に、岡部がようやくめどをつけた直後である。そのことを平一に伝えたい一心で、農作業をしていた普段着のまま汽車に飛び乗ったのではないだろうか。

岡部はキヨ子に連れられ、線路沿いのなだらかな山道を登って行った。しばらくすると畑にたどり着いた。

「ここです。平一さんはこの草むらに座っていました。お母様の話になると、うつむいて、しばらくして遠くを眺めていらっしゃいました」

「そうですか……」

岡部の視線の先には、あの一本桜があった。

それに気づいたかのようにキヨ子は言った。

「あの時も、今日のように桜が咲いていました。平一さんも、きれいだなあとおっしゃって……」

キヨ子の震える声を聞いて、岡部は草むらに突っ伏した。平一の温もりを探すかのように、岡部は草むらを手で優しくさすりながら泣き叫んだ。

「平一よ、平一よ……」

キヨ子は岡部のこの姿が、今でも脳裏から離れないという。

「息子さんを戦争で亡くした親の気持ちは、どんなにつらかったことか……。桜が舞う時期になると、岡部さんが草むらをさすり、息子さんの名前を呼んでいるシーンが浮かびます」

キヨ子は、岡部から平一が最後に弾いた「あめふり」は母ステや妹の瑠璃子《るりこ》と一緒によく歌っていた曲だったと知らされ、涙が止まらなかったという。


岡部は晩年、平一の命日をいつにするのか困った時期があったと振り返っている。キヨ子が平一を最後に見たのは四月九日。しかし、軍公報では平一の死亡は十二日になっていた。軍の知り合いに確認をすると「出撃の日を間違えることはない」とのことだった。しばらくして、岡部の旧友の妻から写真が送られてきた。そこには旧友の息子と並んでおにぎりを手にしてほほ笑む平一の姿が映っていた。撮影日は四月十二日。鹿屋航空基地史料館に残る資料にも「菊水第二号作戦発動」と銘打って出撃した日と戦死は四月十二日とある。

それからすると、キヨ子が最後に見た日の出撃は再び中止されたのだろう。あるいは訓練だったのかもしれない。岡部は「昭和二〇年四月一二日の桜の散る日を、愛児出撃の命日と定めている」と書いている。

また、平一と共に出撃した、この旧友の息子の日記には「きょうも友がオルガンで『あめふり』を弾いている」という一文があり、平一のことだと推測される。

岡部が晩年に平一について書いた文章を抜粋して紹介しよう。

「この子は、私たち家族が外地生活が長かったため、中学一年の時から高等学校、大学まで家族と離れて、ただ夏冬の休みに帰って来るだけで両親の愛情に餓《う》えて居《い》たのだから、生還を期しない特攻隊を志願しても、二二才の若さで、若《も》しや恐怖心に襲われはせぬかと云《い》う心配は、親として已《や》むを得ぬ人情であった。

特攻出撃の直前に、鹿屋航空基地でおにぎりを手にほほ笑む岡部平一（左）（故・大之木英雄さん提供）

　だがどの隊員にきいて見ても、彼は剛胆極まる一人だったと云うことであり、日記類を詳しく調べて見ても、死の恐怖は可《か》なり早くから清算し切っていたようであった。かるはずみや、つまらぬ名誉心にかられた行動でなく、落ちついた国民としての義務に沈潜して行動したということがわかった。

　私も限りない愛情を示したものの、彼に対して一切の干渉はしなかった。道をとかず、宗教を語らず、まして禅の修行など一度も話したことはなかった。だが何処《どこ》からこの深い諦観《ていかん》を学び得たものか。不思議にさえ思うことがある。ただ祖国を思う一徹な青年のロヤリティーは親も及ばぬ崇高ともいえる精神の強さであったと思っている。特攻隊策戦に就《つ》いては、種々のことが考えられ云《い》われている。だが、それは策戦そのことであって、苟《いやしく》も一国の危急存亡に直面したとき、若い青年が身を捨ててもその危難に赴き、国を守り抜こうとする純粋にして強烈な精神力は、何《い》時《つ》如《い》何《か》なる時代に於《おい》ても、人間の最も尊い倫理であることに間違いない」（『スポーツと禅の話』）

岡部は晩年、平一の話になると人目もはばからず涙した。母ステは息子の死を知り、一晩で白髪になったという。

『スポーツ・勝負・人間―岡部平《へい》太《た》遺稿集』には、岡部の平一への思いを示すエピソードが書かれている。これは、西日本新聞運動部記者で岡部と付き合いの長かった村上令が寄せた一文である。

福岡で、あるとき、先生から電話がかかってきた。

「ひとりで飲んでるが、さびしいから相手にならんか」の呼び出しだ。指定されたおでん屋に行くと先生はスタンドに腰かけてチビリチビリやっておられた。例のように、あらゆるスポーツの話をしながら杯《さかずき》を交わしていると、なんのはずみだったかしらないが

「ところで、村上君、君の右腕は、どこで失ったんだ」

ということになった。わたしが片腕のラグビー選手だったことは、もちろん承知のうえで、どんな戦闘だったかが知りたかったのだろう。

「海軍にいて、飛行機に乗っていったんですよ」

と、さりげなく答えて、当時のもよう（第二次ブーゲンビル島沖航空戦、昭和十八年）をかいつまんで話すと、いつの間にか、目にいっぱい涙をためておられた先生は、突然、オイ、オイと声をあげて号泣しはじめた。

わたしにとっては不思議な光景である。右手を失ってすでに十余年経過している。わたし自身

は、もはや、悲しくもなければ、まして痛くも、かゆくもない。同情を誘うような話しぶりをした覚えもさらさらない。しばらく泣いておられた先生は、ハナをかみながらやっと口を開かれた。

「実は村上君、ボクにも君と同じ年ごろの息子がいた。それが学徒動員で海軍に行って戦死したんだ。ボクはめめしいかもしれないが、たとえ、君のように片腕になっても息子に帰ってきてもらいたかった」と飾らない、ありのままの心境を述べられるのだった。

若いころから荒武者で通った岡部先生が、ふだん、あんなに強いと思われた人が……と、いまさらのように、人間らしい岡部先生の感情をのぞき見した思いだった。後日、わたしたちの旧福中（筆者注・旧制福岡中学のこと）ラグビー部の一級上の連中に聞いてみたら福中十九回卒、岡部平一氏が岡部先生のひとり息子であったことがわかった。

先生は、なにをやっても人一倍強い人だったが、心は人一倍やさしい人だったと思っている。

ボストン・マラソン日本人初優勝者の田中茂樹は、岡部から養子話を持ち掛けられたという。

「私が二十歳の頃、平一さんと私を重ね合わせたのか、先生から養子にならないかと言われたんです。驚きましたが、母子家庭だったので『母に反対されます』と言うと、岡部先生は『それはいかん。お母さんを大事にしなさい』とほほ笑んで言われたことを覚えています。でも、いつも平一さんの話をされるときは、悲しい顔をして号泣されていました」

岡部は平一の歌をいくつも書いている。

その一つをキヨ子は鹿屋に訪れた岡部から手渡されている。

〈急降下、突き入る時し　母の名を　呼びつづけけむ、あわれ平一〉

「岡部さんは平一さんのことを思い、尽力して創った『平和台』に、平一さんの『平』の字を使ったんでしょうね」

キヨ子は、うるんだ瞳でそう語った。

キヨ子の取材を終えても、平一の具体的な経歴や人物像にはまだ空白が多かった。そんな時、岡部の孫、大森みどりから連絡を受けた。二〇一九（平成三十一）年春のことである。

「平一さんが残した日記が見つかりました」

数日後、届けられた封筒の中には、一冊の本があった。タイトルは『雲と波の果てに　岡部平一・原田信一遺稿文集』。それは、平一が進学した台北帝国大学予科の有志が戦後、岡部の承諾を得て、平一の日記やノートなどの遺稿をまとめたものだった。原田信一は同級生で、陸軍砲兵として船で台湾に向かう途中、米国潜水艦に攻撃されて撃沈、戦死した。

平一の日記は学徒出陣して海軍航空隊に入隊し、鹿屋航空基地から沖縄に出撃する直前の一九四五（昭和二十）年四月六日までの二年間に及ぶ。人生や世の中への思いが凝縮されているその内容は、とても二十歳を過ぎたばかりの青年とは思えない才能に溢れている。

日記には、生まれた大連・星が浦での思い出が繰り返し描かれている。

「アカシヤの白い花が甘い香を放散している海岸への道をナンセイ（筆者注・犬の名）を連れてよく散歩に行ったものだ。アカシヤの香りの中に自分の幼き日の思い出はある」（昭和十九年六月十日）

出撃が迫った一九四五（昭和二十）年三月十一日にはこう書いた。

「アカシヤの花白く香る星が浦懐かし。赭《あかぐろ》き石垣。黄なる土。緑滴《したた》る芝生、ポプラの樹陰にさざめき、まろびつつたわむれし日よ。紺青《こんじょう》の海、浮かぶ島々、懐かしき星が浦。たそがれは磯の真砂《まさご》に崩るるさざ波を追いつつ、逃れつつたわむれし日よ」

驚くことに、平一は小説も残している。タイトル「大陸の旅」では自らを「岡田」にして満洲について触れている。

「満洲で育った岡田は無条件に満洲が好きだった。彼は、大連で幼い日を送った。その後、中学時代を内地で送った。満洲に対する見方こそ昔と違ったが、如何なる面をとっても彼は満洲が好きだった」

平一にとって満洲は、家庭の温もりを唯一感じ取ることができた時期だった。岡部や平一の残した文章、戸籍などを調べてわかったのは、平一が小学校六年から大連の家族と離れ、岡部の郷里である糸島・芥屋《けや》村の小学校に編入したことだった。その後は福岡市内の福岡中学に通い、五年間の下宿生活を送った。

平一はなぜ、親元を離れたのだろうか。みどりはこう述懐する。

「祖父（岡部平太）は、子どもの教育には厳しかったと聞いています。平一さんも祖父の意向で、内地の学校に行ったのではないかと思います」

岡部は晩年になって「自分の手元に置いておけばよかった」と自らの判断を悔いていたという。

平一は福岡中学を卒業後、一年の浪人生活を経て一九四一（昭和十六）年六月、台北帝国大学予科文科ろ類（政学進学コース）に入学する。台北帝国大学は、日本統治時代の一九二八（昭和三）年、七番目の帝国大学として設立。予科は今でいう教養課程だった。

青春を謳歌《おうか》していたのだろう。日記には予科時代のことが数多く記述されている。

「運動に明け暮れた三年間、何と人間味にあふれた人々だったろう」

友情に恵まれ「ヒューマニストの結合であった」とまで書いている。

父譲りでスポーツは万能。野球、サッカー、テニス、剣道、水泳……。誰よりもうまかった。負けず嫌いで、サッカーの練習試合に負けると、ただ一人地面に伏して、悔し涙を流したという。

台北帝大の予科はこの年に開校したばかりで、平一たちは文科系の一回生。内地出身と台湾出身の総勢九十人が、三年間を共にすることになっていた。平一もそうだが、故郷を遠く離れて内地から来た者のほうが、意気盛んなバンカラ気質だった。

軍事教練の夜行軍でのこと。生徒たちの疲れた様子を見て、配属将校が「ここらで帰るか」と言うと、平一は博多弁で反発した。

「何ごとこきよっとか、何時間でも歩くばい」

他校との喧嘩も多く、平一は真っ先に飛びかかっていった。同級生で同じ九州出身の梅林良介はこう証言している。

「『俺は予科の岡部たい』というのが喧嘩の際のお気に入りのセリフだった」

外地に新設された学校の一回生という気負いもあったに違いないが、体内のエネルギーが暴発するのを抑えられなかったのだろう。この頃は内地でも高校生の間では「ストーム」と称して、何かと言えば集まって騒いでいたという。平一たちも同じだった。

そんな日々を送る中、事件は起きた。

一九四三（昭和十八）年、三年生になった平一たちに意外な話が伝わってきた。次年度から予科の受験会場を内地には設けないというのである。平一たち内地出身者は、これに猛反発した。

「人によっては内地に受験地を置こうが台湾に受験地を置こうが、大した問題とは思わないであろう。しかし我らにとって問題は決してそんな生易しいものではなかった。我らが常に語る言葉には冗談と誇張が含まれているとはいえ、その入学の動機は、烈々たる南進の情熱にかられたものであった。南に渡る鵬翼《ほうよく》をたまたまこの台北に休ませて三年、飛躍の基《もと》を作らんというのが我々の意気ごみであった。もちろん台湾に育った人達とて日本人であることに於《お》いては異ならぬ。しかし内地から来た者との間には争えぬ情熱の差すなわち南方に憧れる心情の強さに差があった」

つまり、内地の生徒がいなくなれば、南方へ進出する情熱が途絶えてしまうと危惧したのである。反対の急先鋒だった平一は、直《じか》談判するため、夜半に仲間七人を連れて総長宅に乗り込んだ。しかし、その主張は認められず、生徒に非があると判断され、平一ら三人が始末書を書かされて騒動は収まった。

この時の思いを平一はこう振り返っている。

「もちろん三名とも退校を覚悟しての行動であり、正しいことを行って正義に殉ずるつもりであった。その手段に多少穏健を欠くところありしにせよ、動機の点にいささかのやましいところもなかった。正義が貫徹されるためには、『温和』な行動では駄目である。寮はその問題の討議場であった。そして予科生全体の意向はあくまで内地より後輩を迎えんというにあった。事は空しく挫折、後には処分問題のみが残った。予科長宅で芝居じみた我らの謝罪が行われた。やはり独りになると次々と妄想が脳裡に去来して寝つかれなかった。故郷や父母のことを考えると、やはり肉親の情にひかされて、ややもすると正しいと思っていたことすらも、『どうしてこんなことをしでかしたのか』という気が起こらぬでもない。親の悲しみは明白であった。主義に生きるか。肉親の情に生きるか。独りではやるせないような弱い気になって……」

内地で試験を実施しないことになったのには、戦局の悪化が関係していたとみられる。

この年に入り、日本は南太平洋でガダルカナル島を失い、連合艦隊司令長官の山本五十六《いそろく》が戦死、アリューシャン列島のアッツ島では玉砕《ぎょくさい》するなど、厳しい局面を迎えていた。それに伴う軍需部門を中心とした労働力不足、そして兵力不足が深刻化しており、内地で受験者を募るのは難しくなっていた。大学側がそんな事情を生徒に話すわけにはいかなかったのだろう。

予科の同級生は平一について口をそろえるかのように「スポーツ、勉強、何でもできた。武骨で純粋で正義感が強く、強烈なリーダーシップがあった」と評している。まさしく岡部の若い頃を彷《ほう》彿《ふつ》とさせる表現である。離れて暮らしていても、やはり血筋は争えないのだろう。

それに加え、平一の人間性を左右したのは、中江丑吉《うしきち》という存在だった。北京に居を移した岡部が丑吉に心酔していた話は前述したが、平一が予科に入学したのは、その出会いから一年半後になる。岡部は、平一が北京を訪れる度《たび》に、丑吉の元へ連れて行った。丑吉からヒューマニティー（人間性）の大切さや大衆が生きる意味を説かれたことを平一は書き残している。

「中江先生は学問の道を歩んで居《お》られた。昨年の春、北京を訪れた折、父に伴われて、病床に在る先生をお見舞するために、そのお宅に参上したのが先生にお目にかかった最後であった。先生の存在は、世間の全く知るところではなかった。また先生の眼中にも世間は全く無きが如くであった。しかし、天稟《てんぴん》の才はいよいよ冴え、二十五年にわたる研鑽の跡は驚くべきものがあった。実に現代日本が有する唯一の歴史的哲人であった。『二度とかかる人物は日本には現れないだろう』と先生の死後、父は自分に語った。この日、陰ながら尊敬していた先生の真摯な学問的態度は、この時の自分の目には最も真実な正しい模範に映った」

丑吉が一九四二（昭和十七）年に病死した時には、こう綴っている。

「その先生の突然の訃報に接した宵《よい》はついに眠ること能《あた》わず、深更《しんこう》無限の冷たい光を放っている星を仰ぎつつ涙にくれたものだった。

　おんみたま　今はいづこに在《ま》しますや
　星のまたたき淋しき夜なり

浮世に容《い》れられるや否やは問う所ではないが、日本のために、真理のために泣かざるを得なかった。先生は無宗教であった。本当に真理を究めるためには無宗教は必然的前提ではあるまいか。人間の弱さ、死に対する本能的恐怖が宗教の根源である。『悟る』ということは宗教の不必要を意味する。仏教とは釈迦の悟法であり、釈迦独りが仏教信者である。先生の孤独の心境を思い悲壮の感にうたれる」

一九四三（昭和十八）年九月、平一は予科を修了した。戦時の措置として高等教育機関の修業年限が短縮されたからである。文科系は徴兵を猶予されており、本来ならそのまま台北帝大に進学するはずだった。

しかし、十月になり、国はこの猶予措置を撤廃した。いわゆる「学徒出陣」の始まりである。徴兵検査に合格すれば軍隊に入営しなくてはならない。覚悟を決めた平一は、岡部に短い手紙を書いた。

「父上様　私は海軍航空隊を志願しました」

海軍航空隊に入隊した平一（後列）と瑠璃子（前列左）、ステ（大森みどり提供）

十二月、平一は長崎県の佐世保海兵団に入営した。面会の日には北京から岡部、ステ、三つ年下の瑠璃子が訪れた。ある日、瑠璃子から千人針を渡される。千人針は、千人の女性に一針ずつ縫ってもらった布で、兵士が腹巻きにすると弾に当たらないとされていた。ステと瑠璃子が街角で道行く人に頭を下げ、何日もかけて出来上がったものだった。

実は佐世保海兵団には岡部の親友、四角《しかく》誠一の長男健も平一と同じ日に入営し、その後、同じ道のりを歩み戦死することになる。

「親子二代に亘る深い交友、不思議な因縁と思われてならない」

四角はそう振り返っている。

平一はそれから翌年の一九四四（昭和十九）年には、茨城県の土浦航空隊、鹿児島県の出水《いずみ》航空隊と転属。九月には朝鮮半島の元山航空隊に配属された。岡部はステ、瑠璃子と共に元山に家を借り、面会が許される日曜日には会いに行った。

平一はその頃の岡部について、こう表現している。

「社会からも政治活動からも身を引いた父の姿、或《ある》いは雌伏《しふく》十年一剣を磨く父の姿、いずれにしてもよろしい。父は依然岡部平太なり」

その一カ月後、海軍の航空機による体当たり攻撃が、フィリピン沖で一大戦果を挙げる。「神風特攻隊」の始まりだった。軍部はこれを大々的に宣伝し、新聞は「軍神」と書き立てた。
敗戦が近いことを察した岡部は翌年一月、上京して首相の小磯国昭や軍幹部と面談する。岡部は詳細を書き残していないが、厨《くりや》義弘によると戦争終結を直《じか》談判したものの、反応はなかったという。小磯はこの頃、蔣介石《しょうかいせき》との単独和平交渉を模索していたが、結果的に失敗に終わり、この三カ月後の一九四五（昭和二十）年四月、首相の座から降りることになる。
岡部の歌から、その空しさが伝わる。

〈わが願ひことごとく聴かれ国を去る　きかれざるより淋しさの湧く〉

岡部は再び元山に向かい、平一と面会する。平一は一九四五（昭和二十）年二月十一日の日記にこう書き残している。

「今まで一度も自分の意見が通ったことがなかったのに、今日の父は、自分の説くところに大賛成してくれた。うれしかった、と同時に淋しい気もした。笑いながらも時に暗然となる父。情熱はなお炎々と燃え上がっている。青年以上の覇気はむしろ我々を圧倒している。
我々は幸福である。然《しか》り、幸福である。自分独りの場合はこんな楽しい生活は恐らくは望めないであろう。自分に関する限りの幸福である。父の情に触れるのは、今日が最後かもしれない。

父を歌ふ
幾度か苦難の道を踏み越ゑて
悲しき人の運命を歩む

二十年の旅も一人生である。五十年の旅もまた一人生である。宇宙永劫の時の流れより見れば何《いず》

生前の平一と岡部平太（大森みどり提供）

れも一刹那《せつな》に過ぎない。しかし人間はその二十年を彼の自覚裡《り》に過す。生の価値を見出す。美しい人生を庶幾《こいねが》う。畢生《ひっせい》の情熱を文学に芸術に傾ける。刹那の裡《うち》に永劫《えいごう》を見出さんとする人類の努力はかくてまた永遠に続けられて行く。民族の中に永遠なるものを見出した者、自由に永遠のプロフィールを見た者、祖国愛に短い人生の永遠性を認めたる者。人間の悲しさをしみじみと感ずる」

平一の「父の情に触れるのは、今日が最後かもしれない」という思いは、現実となる。

二月二十二日、平一は特攻隊員に指名される。

「遂に神風特攻隊員となる。来るべき三十日間が余の真の人生なるか。時機到る哉《かな》。死ぬための訓練が待っている。

美しく死ぬための猛訓練が——。

悲壮なる祖国の姿を眺めつつ余は行く。全青春を三十日間にこめて人生駈足《かけあし》に入る。

残る只熊（同僚の只熊重信）と盃を酌み交わす。このような場合自分はいうべき言葉を持たない。ただ黙って呑むばかりだ。最後『俺にはヤケ酒は飲めんよ』その言葉に只熊の人間味を見たような気がした。

人間はかかる場合ヤケになるのが当り前かも知れぬ。酒にごまかすのが普通かも知れぬ。然し自分は最後まで美しく生きよう。正しく、強く、人間らしく此《こ》の世を去ろう」

　しかし、決意と苦悩に揺れる姿も垣間見える。

「われらは喜んで国家の苦難の真っただ中に飛び込むであろう。常に偉大な祖国、美しい故郷、強い女性、美しい友情のみの存在する日本を理想の中に確持して敵艦に粉砕する」

「青春は華々しいものか、楽しいものか、また、悲しいものなのか、あるいは寂しいものなのか。自分にはわからない。やはり寂しいといえば寂しい人生であった」

　そして、丑吉の影響を示す哲学的な記述も増えてくる。

「自分は一個の人間である。善人でも悪人でもない。偉人でもなければ愚人でもない。あくまで一個の人間である。最後まで人生をあこがれの旅に送った漂泊者として、人間らしく、ヒューマン・ドキュメントと諦めのうちに終わりたいと思う」

　ただ一方で、国家に対する率直な批判も展開している。

「雑音の多すぎる浮世であった。たった一人の偉大なる指揮者がいなかったために、ついに喧騒《けんそう》極まりない社会を現出したのであった。もっと理性的な落ち着いた人間社会が建設されなければならぬ」

　こうして平一が出撃の日をひたすら待っていた三月五日、ステが面会に訪れた。

「母上が遠路はるばると元山まで来られた。楽しい面会であった。父は父として、母は母として。瑠璃子とは逢う機会を得なかったが、若々しく生きて行ってくれることを望む。何一つ妹のためには役に立たなかった兄であったのが残念であった」

　この時の様子を予科の同級生だった梅林良介は遺稿集にこう書いている。

平一（前列中央）の出征前、芥屋村の親族が集まった時の写真。平一の左隣が剛一。後列左から5人目がステ（岡部剛一提供）

「戦後、岡部邸を訪ねた時、お袋さんから『元山（航空隊）だったかでわざと、ボタンをはずしとって、私に縫いつけさせたんですよ』という話を伺った」

平一の母への最後の甘えと悪戯《いたずら》だったのだろう。それが肉親との永遠の別れとなった。

平一が両親にあてて書いた一文が残っている。

「平常と何も変わることなく、平常のままで落ち着いて突っ込む覚悟です。長い間本当にいろいろお世話になりました。すべては父様、母様のおかげです。海山よりも高い御恩は、突っ込むことにより必ずお報いできると信じます。では、さようなら」

平一が残した日記や小説を読み解いているうちに、平一には人知れず愛した人がいたことがわかった。それは旧制福岡中学時代の下宿先の娘だった。予科の同級生たちが作った遺稿集にも「ひそかに想いを寄せた人と目される」と注釈が付けられている。当時は福岡県浮羽《うきは》郡在住で、アメリカからの帰国子女。英語が堪能でピアノも上手だったという。

平一の日記の最終章は、この女性に向けた言葉だった。

「一人の人間に愛されることは尊いことであった。死ぬまで『愛する』とは一語も言わず、愛してくれた女性が一人あった。

最後まで『貴女を愛する』とは言わないで魂から愛した女性が自分にはたった一人あった。私は女性を生涯知らなかった。そして恋人を一人持って――一人の処女を愛して――いただけであったのだ」

「一人の人間に真に愛されていることを意識し、信ずれば男はこんなにも強くなるものか。人生の最後の五日間は本当に幸福であった。『愛する』という言葉、言葉はやはり真実を伝えうるものではなかったか」


　これを読むと、特攻の直前にこの女性からの手紙が届いたのではないかと思えなくもない。予科の同級生、岩村光介はこう追悼している。

「私が心を打たれたのは、彼（平一）が飛行機乗りにふさわしい剛毅な精神の底に恋情とも言い難い一人の女性への淡い慕情を育み、その水陽炎《みずかげろう》（筆者注・水が太陽の光を反射して陽炎のように揺れ動いて見えるもの）のような『恋』を最後の心の支えとして死んで行ったことであった」


　平一が沖縄の海で散って七十四年が過ぎた二〇一九（令和一）年八月四日、岡部の出身地の糸島市で、母親と子どもたちが平一をモデルにした平和劇「散りゆく桜」を上演した。ラストシーンで桜の花びらが舞う中、キヨ子役の女性の声が響き渡った。

「後の世のことは頼みましたよ。後の世の中、平和な世界を！」

　それは平一が特攻直前、我々に託した願いだった。

column　岡部平太の短歌

ここまでも記した通り、岡部には三人の子がいた。

長女鞠子《まりこ》＝一九二一（大正十）年一月三日生まれ。大連の神明中学校時代の一九三五（昭和十）年十月二十日、満洲で病に伏して他界。まだ十四歳だった。

長男平一《へいいち》＝一九二三（大正十二）年二月二十六日生まれ。一九四五（昭和二十）年四月十二日、沖縄の南西諸島海域にて特攻し戦死。

次女瑠璃子《るりこ》＝一九二七（昭和二）年十月十七日生まれ。北京日本第二女学校の二期生。二〇一六（平成二十八）年九月九日、八十八歳で他界した。

岡部は家族を思う歌を多く残している。いくつか紹介したい。

外遊先のヘルシンキから＝一九二四（大正十三）年

このねこはまり子のねこよこのまりは　まり子のまりよ可愛いまり子

ヘルシンキにて（五月五日）＝一九二四（大正十三）年

星ヶ浦朝風わたるこの五日　捨子《すてこ》よ一人幟揚《はたあげ》ぐらし

※平一が一歳になったばかりの端午の節句だが、岡部は外遊中だった。大連に残した妻ステ（捨子）が一人で幟《のぼり》を立てている様子を思いやったのだろう。

三月のある日、家族三人、北京郊外の白雲観の廟に詣ず＝一九三八（昭和十三）年

騾馬《ラバ》乗りは母にまさると喜べる　ルリ子が馬は先き先きに行く

北京に住んで二年＝一九三九（昭和十四）年

梨の実を朝な朝なに拾ひ集め　瑠璃子は姉の仏にまつる

ルリ子女学校のリレー選手に選ばる＝一九四〇（昭和十五）年

その差十米抜き放したりと母語る　旁《かたわ》らにしてルリ子眠れる

十二月八日　大東亜戦争起る＝一九四一（昭和十六）年

戦争は始まれりとて妻が呼ぶ　書斎に朝の仮寝破る

妻はまづ台湾に学ぶ子のために　長き文かき今日を過すも

平一を歌へる＝一九四三（昭和十八）年

よごれたる姿のままに平一は　気魄《きはく》逞ましくホームに下り立つ

家族四人夕餉《ゆうげ》に集ふよろこびに　どじょう掬《すく》いを踊りたはむる

子ははたち流石《さすが》別れはつらからむ　発車のベルに涙押へぬ

※久しぶりに帰省した平一を迎えた家族の心境が伝わってくる。

学徒出《い》で征《ゆ》く、平一海軍航空隊を志願す＝同年十月

吾子《あこ》なれも海軍航空を願出づ　吾子を思へば涙ながるる

空に征く決意を母に告げかねて　文を寄せざる三月なりしか

涙かくし送り行きたる母子草　心残さず語りもせしか

平一特攻隊として出撃、沖縄に散る＝一九四五（昭和二十）年

酒呑めば平一が来る旁らに　うるめる瞳もの言はむとす

第九章　平和への再生

神風特攻隊で長男平一《へいいち》を亡くした岡部は、終戦直前の一九四五（昭和二十）年六月、妻ステと次女瑠璃子《るりこ》を連れて北京を離れた。厳しさを増す戦況から「北京にいては危険だ」と判断したためである。

「日本刀二本だけを持って、家内を連れて一行百名余りの宰領（筆者注・監督者）という格好で北京から引き揚げた。北京ではこれが最後の船だと言われた」

船で山口県の仙崎港に着くと、列車を乗り継ぎ、故郷の糸島に向かった。スポーツで日中関係を改善しようとした夢は破れ、五十四歳での傷心の帰国だった。

到着から三日後の六月十九日夜。海岸から、博多方面が燃え上がるのを見たという。米軍のＢ29爆撃機による焼夷《しょうい》弾攻撃だった。この「福岡大空襲」で商業地の博多は壊滅し、死者・行方不明は千人以上、罹災《りさい》家屋は一万二千戸に上った。

翌日、岡部は旧知の西部軍司令官から「民間切り込み隊」の隊長就任を要請される。米軍の上陸に備えるのだという。しかし、即座に断った。

「日本のこれからの悲惨な運命を考え、神風特攻隊をやってのけた倅《せがれ》の冥福を祈る気持ちで、二十数年間の大陸生活を切り上げて淋しく帰ってきたばかりで、そんな気持ちにはどうしてもなれなか

大空襲で焼け野原になった福岡市街（西日本新聞社提供）

った」（『コーチ五〇年』）

父峰吉《みねきち》と母キタはすでに他界。岡部家は妹のヤチヨが守っていた。小学校の教員を婿《むこ》養子に取り、五人の子に恵まれたヤチヨは、櫨蠟《はぜろう》業と養蚕《ようさん》業を廃業し、峰吉が遺した畑でブドウ、ミカン、米などを作って生計を立てていた。

その実家に戻った岡部だったが、憔悴《しょうすい》して何もする気になれず、幼い頃のように引津《ひきつ》湾の海で泳いだり、岩で寝転んだりして過ごしていた。

二カ月が過ぎた八月十五日正午、岡部家の全員がラジオの前に集まっていた。

「朕《ちん》深く世界の大勢と帝国の現状とに鑑み、非常の措置をもって時局を収拾せんと欲し……」

敗戦を告げる昭和天皇の玉音放送だった。

「突然終戦になったのですぐに百姓を始めた。これがまた大変なことだった」

畑に肥料を撒くには、肥溜《こえだ》めで発酵させた人糞を肥担桶《たご》に入れ、天秤棒で担がなくてはならない。ある日、岡部が欲張って桶を満杯にして畑を歩くと、桶からはじけた人糞がステや瑠璃子にかかった。「あなたはもう畑仕事は駄目」とステに叱られた岡部は「塩炊き（塩作り）」を始める。

玄界灘に面している糸島では古くから、海水を釜で炊く製塩が行われていた。岡部の甥、剛二の話では、岡部家には大きな五右衛門風呂があり、そこで塩を作っていたようだ。しかし、燃料の薪が思うように手に入らず、これも諦めてしまった。岡部は「塩たきの歌」と題して歌を詠んでいる。

朝かけに五キロの山路越え来れば　大玄海よ前にひろごる
大海の暗の荒磯に潮くめば　ものすごきまで波打ちかぶる
朝暁《や》けや妻が提げ来しにごり酒　先づ口つけて呑みほすわれなり

そんなある日、手紙が届いた。満洲時代の友、馮庸《ひょうよう》からだった。満洲事変で関東軍から拘禁され、岡部が亡命させようとしたにもかかわらず途中で失踪した、あの人物である。裏切られた岡部は処刑寸前に追い込まれ、スポーツの職を失った。

友情を踏みにじった馮庸からの手紙は、一体どんな内容だったのだろうか。岡部と師弟関係にあった厨《くりや》義弘は実物を見たことがあると話していたが、所在はわからなくなっていた。しかし、調べているうちに、二〇一八年に出版された『馮庸与馮庸大学――教育救国与十四年抗戦的先駆』（郭春修編）という本に手紙の全文が掲載されていることがわかった。

「九一八事変（著者注・満洲事変）の後、私は日本の憲兵隊に拘禁され、十三日間の拘留生活を送りました。生涯で最大の侮辱でした。その後、閣下（岡部のこと）の昼夜にわたる尽力と、各所で起きた救済運動のおかげで、ようやく釈放されました。大連に送られてからも、閣下が私の自由回復のために動いて下さり、大連と瀋陽《しんよう》を十数回も往復しました。ついに閣下の努力によって東京へ行くという願いが叶いました。私が周水子《しゅうすいし》飛行場で飛行機に乗った後、閣下が帽子を振って熱烈に私を送ってくれた情景が思い起こされます。その感激は私だけのものでしょうか」

　岡部に対する最大限の感謝を記した後も、手紙は続く。

「しかし、私は東京から南京、北平に行き、日本軍と戦う場に立つことになりました。閣下は私一人を救ったがために、人生の痛苦と悲哀を受けることになりました。あなたに助けていただいたおかげで、私はひそかに祖国に戻り、聖戦の栄えある任務を担うことができましたが、あなたは日本軍に対して不忠の人となってしまいました。閣下は日本でいかがお過ごしでしょうか。私は心中恥じるところがあります。ご一家が瀋陽に来られることを望んでおります。閣下が私に与えてくださった崇高な友情を私は天国まで持っていきます。あなたの奥様の忠貞で義侠に富んだ精神には大変敬服しております。くれぐれもよろしくお伝えください」

　失踪後、中国国民党に合流した馮庸は、軍の要職に就《つ》いていた。

　岡部は悩み続けた末、馮庸に会いに行く決心を固める。馮庸の正確な居場所はわからないが、行けば何とかなるという岡部らしい突撃精神だった。当時の様子を「糸島新聞」が「あゝ岡部平太《へいた》先生」（一九六七〈昭和四十二〉年一月二十八日）というタイトルで書いている。それによると、有志が岡部の「渡満壮行会」を開催して三千円の餞別《せんべつ》を渡し、岡部は感涙したという。終戦直後でパスポートは取れず、それでも岡部は医師に化けて密航を試みたが、失敗に終わった。

　岡部は晩年、厨にこう漏らしたという。

「僕はね、人間としての情を確かめたくて、会いに行こうとしたんだ」

　それからの岡部は、再び当てもなく海で泳いだり将棋を指したりする日々を過ごしていた。

ところが、二年が過ぎた一九四七（昭和二十二）年八月十六日、運命を変える出来事が起きる。村の青年たちが年に一度開いていた運動会で、岡部は審判長を頼まれていた。すると突然、会場にトラックが乗り付けられた。それが福岡市のスポーツの聖地「平和台」創設に向けた苦難の始まりだった。

「平和台」という名称は、プロ野球のオールドファンには西鉄ライオンズの本拠地球場として、また陸上ファンには福岡国際マラソンの発着点として知られている。その名の由来は地名だと思う人がほとんどだろう。取材を始めるまでは、私もその名に秘められた岡部の深い思いなど、知る由《よし》もなかった。ちなみに「地名」としての平和台は、全国に東京都練馬区、神奈川県横須賀市などに四カ所ある。何か関係があるのではと調べてみたが、いずれも一九六〇年代以降に名付けられたもので、福岡とは無関係だった。

岡部は、トラックが乗り付けられた時の様子をこう振り返っている。

「野良着のまま（審判を）やっていると、そこにトラックからドヤドヤと人が降りて来て『福岡市長が呼んでいる』と否応なしに、その場から拉致《らち》されて福岡に行った」

市役所で出迎えた市長の三好弥六《やろく》は開口一番、こう懇願した。

「来年、国民体育大会を誘致したい。その準備委員長になっていただきたい」

国民体育大会（国体）は戦後の荒廃と混乱の中で、スポーツを通して国民に勇気と希望を与えようと、大日本体育協会の主なメンバーだった平沼亮三、清瀬三郎らが発案。一九四六（昭和二十一）年に京都を中心として第一回目が開催されていた。

岡部は依頼を快諾した。というのも、誘致を成功させる「ひそかな確信」があったからである。その鍵を握る人物が、昭和天皇の弟、秩父宮雍仁《やすひと》親王だった。秩父宮はスポーツ振興に尽くして「スポーツの宮様」と呼ばれており、岡部は満洲時代に開催した日仏対抗陸上競技大会が「昭和天皇成婚記念事業」だったことで知己《ちき》を得て、敬愛していた。

　岡部は当時の事情を『コーチ五〇年』で詳述している。

　この時、秩父宮は肺結核を患っており、静岡県の御殿場《ごてんば》で療養していた。

「御療養中のお邸に行って、東《あずま》龍太郎（後の日本オリンピック委員長で東京都知事）などの面々を召集してもらって、御前会議みたいな格好で話し合いをつければ、一も二もなく話は決まるものと考えていた」

　御殿場に向かった岡部は、秩父宮が東京に戻ったと知らされ、後を追った。赤坂の秩父宮邸で会えたが、返事は期待外れだった。

「福岡には主会場がない。再来年にしなさい」

　岡部はこの時の心境を書き残している。

「宮様を動かし得なければ、福岡誘致は駄目だときっぱり諦めてお邸を辞去した。泣き出しそうな顔を妃殿下に見られたのではないかと、その点ちょっと恥ずかしく思った」

　落胆して宿舎に戻ると、誘致のために上京した県と市の役人たちが待ち構えていた。「苦しい時代に国体をやるなどという県はよもやあるまい」と考えていた岡部だったが、福岡県副知事の奥田良《りょう》三《ぞう》が言うには、新潟、北海道、東京が立候補しているという。第二回開催地の石川県金沢市で各都道県代表が開く選定会議に同行を求められ、岡部は従った。

「宮様に約束したから、黙って人の話を聞いておこう」

そう決めていた岡部だったが、いざ会議が始まると「三代表の誘致主旨が甚だ薄弱なようだったから、立ち上がっていきなり論争を始めた。そうなると俄然《がぜん》闘志が湧いて思い切りしゃべりまくった」と振り返っている。

では一体何を話したのか——。厨《くりや》は岡部からこう聞かされている。

「他県は自分たちの利益しか考えていなかったようだ。それに反発した先生は、戦後の復興としてスポーツは欠かせない、国民全体に勇気を与えてみせるという趣旨の話をされた。それにみんなは同意したと聞いています」

そのことを物語るように、一九四七（昭和二十二）年十一月七日の「西日本新聞」は、金沢での会議に出席した福岡市助役の「福岡誘致は可能だ」との談話を報じている。

しかし、話は暗転する。しばらくして開かれた大日本体育協会の理事会で、日本水泳連盟理事長の田畑政治《まさじ》が福岡反対論を打ち上げた。一九六四（昭和三十九）年の東京オリンピック誘致に尽力し、ＮＨＫ大河ドラマ「いだてん」（二〇一九年放送）のモデルにもなった男である。反対の理由は、福岡の競技会場が整備されていないことだった。田畑は東京開催を主張した。開催地決定に大きな影響力を持つ体協が反福岡に回れば、太刀打ちできない。

岡部は田畑とは旧知の仲で、実は金沢の帰りに東京で酒を酌み交わしていた。その時に、福岡誘致の話もしたはずだった。

思わぬ伏兵が現れ、岡部は再度上京して田畑を問い詰めた。

「なぜ福岡に反対するのか？　東京の代表も金沢の会議で福岡誘致に賛成したんだ。そう言ったじゃないかっ！」

「何だお前、何もそんな話はせんではないか」

その言葉に、岡部はハッとした。実は田畑と飲んだ夜、福岡誘致の話をするのを忘れ、酔いつぶれて眠ってしまっていたのである。

岡部は、次なる一手を考えた。国体の監督官庁である文部省を動かそうというのである。体協の役員はほとんどが東京在住で、福岡と東京の誘致を公平には審議できない。「役員構成を変えるか、別の組織を作って審議するか」を文部省に申し立てる作戦だった。

岡部の相談を受けた市長の三好は、福岡選出で社会党の参議院議員、松本治《じ》一郎《いちろう》を引っ張り出した。当時は、社会党の片山連立内閣で、松本は参議院副議長。文部大臣も社会党の森戸辰男だった。上京した岡部は、松本に伴われて森戸に面会した。

岡部がひと通り趣旨を説明した時だった。松本が「森戸君、福岡はね、受け入れ態勢はすでに十分だからねえ」と言った。すると、森戸は「それなら福岡がやるのは当然だ」とはっきり断言したのである。これで福岡開催の流れができた。

この時のことを岡部はこう振り返っている。

「(松本さんの発言に) 私はびっくりして、思わず吹き出したくなったのをやっと辛抱した。福岡は受け入れ体勢は十分どころか、まだ何ひとつ手がついていない時の話である。政治家というものはうまい気合いを見るものだとつくづく感心した。実は松本さんに対して私はまだそんなに深い知己を得ているわけでない。しかし私に対して全幅の信頼がなければこんな発言ができる筈のものではない。さすが松本治一郎さん、実に偉い！」

松本は部落解放運動を草創期から指揮し、「部落解放の父」と呼ばれた人物である。戦前に衆議院議員を三期務め、戦後は公職追放されたが解除され、一九四七（昭和二十二）年、参議院議員に初当選したばかりだった。堂々たる顎鬚《あごひげ》で「オヤジ」と呼ばれて慕われたが、勲一等の授与を拒否するなど権力や権威に対しては徹底して闘い、若い頃は投獄されるなど気性の激しい一面もあった。

この大臣との折衝後とみられる記事が、「西日本新聞」にあった。岡部はこう語っている。

「金沢での会では圧倒的に福岡誘致が有利であった。その後、東京誘致説が有利となってきているが、これは東京の独断で、地方は大部分が福岡を支持しており、福岡決定で間違いないと自信を持っている」（一九四七〈昭和二十二〉年十一月二十日）

この記事が出た六日後、体協は理事会を開き、福岡と東京が激戦の末、第三回国体は福岡開催に決定。翌年の第四回大会は東京に決まった。ただ、この時の「西日本新聞」に掲載された体協理事長、清瀬三郎のコメントには含みがあった。

「諸事情並びに準備の関係を考慮し、昭和二十三年度は福岡、二十四年度は東京に決定したが、昭和二十三年三月末の情勢によっては、同年度を東京において、二十四年度を福岡で開催することになるかも知れない」

田畑が主張したように、体協側には福岡の主会場が決まっていないという懸念が残っていたのではないだろうか。地元では喜び勇んで準備がスタートするが、戦禍が残る福岡の街に適当な土地がなかったのは確かだった。福岡開催が正式に決まるのは、それからさらに半年後の一九四八（昭和二十三）年五月三十一日である。

誰もが困り果てていた時、岡部は市内中心部の福岡（舞鶴）城址《じょうし》に目を付けた。戦時中は陸軍歩兵第二十四連隊があった丘陵地で森もあり、スポーツにはもってこいの環境だった。しかし、戦後は連合国軍最高司令官総司令部（ＧＨＱ）に接収されていた。状況を探ると、すでに進駐軍の家族用住宅の建設計画が進んでおり、普通に考えれば土地を取り返すなどあり得ない話だった。

　しかし、岡部は諦めなかった。ＧＨＱとの交渉過程は、岡部の自著『コーチ五〇年』にこう書かれている。

「当時の占領地域の物件はすべて福岡駐在戦闘部隊本部長のブランチャイズ代将の権限に属するものであった。ブランチャイズ代将は技術家出身でスポーツのことなどは全然わからず、私はまた土木は全くの素人で金は持たないし、相手には風来坊の利権屋とでも見えたらしく、初めから彼は私に対して悪意さえもっていたようだった。七、八回交渉したが、だんだん雲行きが悪くなり、とうとう面会謝絶を申し渡された。そうして平和台の現場には米軍の建築資材がどしどし運び込まれてきた。そんなことをされたらたまらない。よしそれなら横浜に駐屯する戦闘部隊本部アイケルバーカー中将に会って、第八軍の参謀会議を開いてもらって、阻止してやろうと汽車の切符まで買って最後の交渉に出掛けた」

　すると「どうした風の吹き回しか」ＧＨＱの態度が急変したという。ブランチャイズ代将から呼び出しを受けた岡部はこう言われた。

「君は本当にやれるのか」

「もちろん」

　岡部が即答すると、ブランチャイズは壁に掛けてあったカレンダーを机に持ってきた。

「いつからやれるのか。ブルドーザーは貸してやる。一台で足りなければ、二台、二台で足りなければ三台だって貸してやる。運転手も油もただでくれてやる。ただだぞ！」

ブランチャイズは日付をカレンダーに書き込み、それから約百八十日間の日程を考えてくれたという。

　岡部が記している交渉経過は、ここまでである。その交渉の具体的な内容や、いつ土地の解放が実現したかなど、詳細は書かれていない。確かに、岡部が平和台をＧＨＱから奪還したという話は、『福岡県体育協会史』などに記載がある。しかし、福岡県や福岡市に問い合わせても公文書は残っていなかった。ただ、占領中のこととは言え、何か文書が残っているはずである。その証拠がないと、どうにもすっきりしない。

　考えた挙句、最後の手を思いついた。日本になければ、米国にあるかもしれないではないか。私はワシントンの知人を介して、調査専門のエージェントに米国国立公文書館の資料調査を依頼した。「平和台」「岡部平太」「ブランチャイズ」などのキーワードで、福岡市の陸軍歩兵第二十四連隊跡地に関する文書が残っていないか――。しかし、残念ながら私の疑問を解決してくれるものは見つからなかった。ただひとつ、ヒントはあったが、それは後述する。

　それからしばらくしてのこと。岡部の教え子だった楢崎正雄が「第三回国体の秘話」と題して語った内容の記事を見つけた。岡部の地元、糸島市に隣接する福岡市西区の今宿《いまじゅく》商工会が発行していた「今宿タイムズ」というタブロイド紙の六十六号で、一九八八（昭和六十三）年二月二十五日付だった。楢崎は東京高師の後輩で元陸上選手。マニラ極東大会のボイコット事件で、監督の岡部とともに体協から除名されたが、生涯を通じて岡部を師と仰いでいた人物である。福岡国体では式典委員長を務め、後に福岡大学の体育学教授となった。

楢崎の記事には「終戦連絡事務局の結城局長を通してＧＨＱとの交渉……」とあった。終戦連絡事務局は、ＧＨＱとの折衝を担当する機関として設置された政府機関で、後に外務省管轄となった。もしかすると、その資料に重要な手掛かりがあるかもしれない。そこで、外務省に問い合わせると外交史料館を紹介された。電話すると、担当者はこう言った。

「終戦後、ＧＨＱが土地を解放した資料は膨大に保管されています。お探しのものがあるかもしれません」

万が一の期待を込め、私は二〇一九（令和元）年十二月に上京した。

港区麻布台にある外交史料館は、希望する資料を申請すれば閲覧室で見ることができる。担当者から教えてもらった「連合軍による土地建物その他の接収及び解除関係雑件」という資料を申請すると、分厚い三冊のファイルが出てきた。終戦直後、今から七十年以上前に書かれた手書きの文書が閉じられている。丁寧に一ページずつ読み解いていく。すると、昭和二十三年二月の「執務月報第三号　終戦連絡九州事務局」というファイルの目次に「福岡城内グラウンド解放の件」とあるのが目に入った。

早速、ページをめくる。すると、その冒頭に探し続けた文字があった。

「岡部体育協会理事長県体育課長と共に二十日『マ』司令官及びジョンズ商工課長に対し今秋当地に於《お》て挙行せらるる全国体育大会運動場として福岡城内グラウンド（旧日本陸軍施設）の早急解放の斡旋《あっせん》方を要望、極力援助を惜しまない旨の確約を得《え》解放申請書を提出せしむることとした」

はっきりと「岡部」と書いてある。姓だけだが、「体育協会理事長」との肩書から、これが岡部平太であることは間違いない。岡部は一九四七（昭和二十二）年十一月に設立された福岡県体育協会の初代理事長に就いていた。「マ」司令官というのは、この前後の文章などからGHQ福岡軍政部司令官（中佐）のマンスキーであることがわかった。つまり、福岡軍政部のトップが「極力援助を惜しまない」と約束し、グラウンド解放に事実上同意した文書だと読み取れる。岡部が土地の奪還に成功したことを示す公文書が、初めて見つかったのである。記念すべきその日付は、一九四八（昭和二十三）年二月二十日だった。

私は小躍《こおど》りしたい気分を抑え、資料をめくり続けた。すると、ブルドーザー使用の件を記述した資料も出てきた。

「今秋当地に於て挙行される国民体育大会のために城内グラウンドの解除方に付《つき》進駐軍の快諾を得、目下正式に書面を以《も》って解除の申請中であるが城内の整地のためには、ブルドーザーの提供を受けないと非常な人手と時間を要するので二十六日第一工作隊ホーキンス大佐に対しブルドーザーの貸与方を要請したが所要の台数を貸与すべき旨の快諾を得、準備進捗上、非常な便宜を得ることとなった」（自昭和二十三年三月十六日　至昭和二十三年三月三十一日　執務報告第五号　九州連絡調整事務局）

しかし、ここに至るまでには交渉が難航を極めていたことも、当時の「西日本新聞」の記事を時系列でたどるとわかってきた。主な個所を抜粋してみよう。

「陸上、水泳の主会場は東公園説が有力」（一九四七〈昭和二十二〉年十一月二十八日）

「主競技場予定地であった福岡旧城内練兵場跡予定地が使用できなくなり大きな壁にぶつかった……」（同年十二月二十五日）

「福岡中心部の会場は当初の陸上競技およびプールを旧練兵場跡に新設する計画が実現不可能になった場合、その代案とし香椎《かしい》チューリップ園に陸上競技場を新設することに変更」（同年十二月二十

七日）

さらに、二〇一三（平成二十五）年に発刊された『新修福岡市史』（特別編「福岡城」）にはこんな記述もあった。

「東公園や香椎チューリップ園などを代案として検討したが、面積が足りず、皿山や浄水池などを候補として検討した末、鳥飼の早良《さわら》炭鉱のボタ山を候補地に内定し、並行して城内を使用できるよう占領軍とも折衝を続けた」

記事には東公園、香椎チューリップ園、皿山、浄水池、鳥飼の早良炭鉱ボタ山など多くの候補地が登場する。ただ、岡部自身は城内（福岡城址）の練兵場跡（第二十四連隊跡）に本命を絞っていたようだ。厨はその思いを岡部から聞いていた。

「城内が使えない場合の代案が数々出ていたが、先生は城内に固執していました。陸軍やＧＨＱが使用していた土地だからこそ、そこを今度はスポーツによる平和の象徴として世界に発信する舞台にしたいと考えていたのです。それゆえＧＨＱに対して『兵《つわもの》どもの夢の跡をスポーツによる平和の台《うてな》にする』と何度も言ったそうです。ＧＨＱが相手なので、英語で『Ｐｅａｃｅ《ピース》 Ｈｉｌｌ《ヒル》』と言ったのですが」

岡部自身は「今もってブランチャイズのひょう変《へん》ぶりの真相がわからずにいる」と書いている。しかし、厨はこの点についても岡部の言葉やこれまでの研究からこのように推察している。

「先生の教え子で後に外務大臣になった岡崎勝男が動いたと思います。満洲時代の日仏対抗陸上競技大会の時もそうでしたし、今回の件も先生の力になったと考えられます。それにマッカーサーはスポーツ通でもあった。米国の国際オリンピック委員会委員を経て、アムステルダム五輪では米国の選手団長を経験していた。スポーツマンの精神で平和を希求したい先生の思いが通じたのではないでしょうか」

岡崎はこの時、外務次官として終戦連絡事務局を統括しており、岡部との関係上、厨の推測は間違ってはいないように思える。米国国立公文書館の資料にヒントがあったと先述したが、それは岡崎に関して占領軍が作成した履歴書だった。

それによると、岡崎は戦前、米国ワシントンの大使館に勤務しており、マラソン選手としても米国のアスレチック協会メンバーで、幅広く米国での人脈があった。また、大日本体育協会（一九四八〈昭和二十三〉年に「日本体育協会」に改称）の東龍太郎、平沼亮三らと交流があった。さらに注目されるのは、ＧＨＱメンバーとの関わりも深かったことである。特に日本の占領期における政治顧問を務め、かつ対日理事会の議長を務めたウィリアム・ジョゼフ・シーボルドとは仲が良く、総司令官ダグラス・マッカーサーの側近で占領軍の経済科学局長だったウィリアム・フレデリック・マーカットとも親交を深めていたと書かれていた。

外務官僚のトップでＧＨＱとの太いパイプを持つ岡崎が動いたと考えれば、合点《がてん》がいく。さらにマッカーサーはスポーツに理解があったというだけでなく、占領統治のために日本国民からの評判を気にしており、この頃、大阪などで自分の名を冠したスポーツ大会「マッカーサー元帥杯」を開いている。そうした状況も後押ししたのではないだろうか。

岡部を長年研究してきた元早稲田大教授の友添秀則は、岡部の語学力と知識も背景にあったと推察する。

「あの時代に、ネイティブとディベート（討論）できる語学力を持った体育・スポーツ人は、岡部し

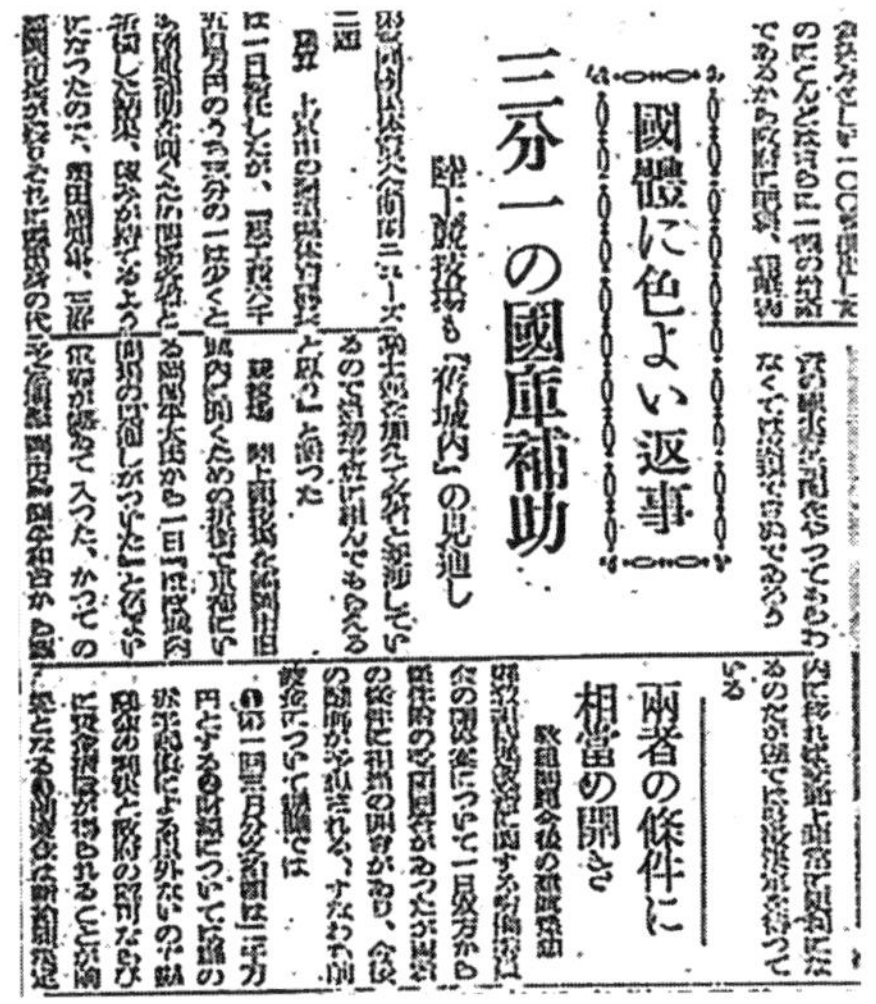
國體に色よい返事
三分一の國庫補助
陸上競技場も「ほぼ城内」の見通し
兩者の條件に相當の開き

GHQが候補地の解放に前向きなことを報じた「西日本新聞」の記事（1948〈昭和23〉年3月2日付）

かいませんでした。実際にディベートしながら感性までお互いに同期できたからこそ、熱意が伝わったのだと思います」

GHQとの交渉経過が次に報道されたのは、一九四八（昭和二十三）年三月二日だった。「西日本新聞」にはこう掲載されている。

「陸上競技場を旧城内に開くため折衝で京都にいる岡部平太氏から一日『ほぼ城内開場の見通しがついた』と色よい電報が県に入った」

その約一カ月後の四月八日、城内で主会場の起工式が行われた。市長の三好の鍬《くわ》入れ、副知事の奥田らの祝辞があり、式終了近くになって福岡軍政部司令官マンスキーが姿を現し、こう語っている。

「スポーツマンシップということは世の中を明るくし、正義を強くするために非常に大切なことだ。福岡に国民体育大会が開かれることは、この意味で大変意義があり、私としてもこの遂行に協力することを誇りに感ずる」

ところが、ここでまた問題が起きた。七月に入って、大蔵省が城内のサッカー場予定地で福岡財務局の新庁舎の起工式を行ったのである。詳細はわからないが、もともとそこは大蔵省の土地で、福岡市が行政的な手続きを踏んでいなかったのが原因らしい。それを知った岡部は激怒した。

「私はカンカンになって市長に詰め寄り、東京に急行した」（『コーチ五〇年』）

上京すると、体協理事長の清瀬を誘い出した。清瀬とは考え方が合わず喧嘩ばかりしていたが、体協の力がなければ国体は成功しない。体協としても国体を成功させたいという思いに変わりはない。二人は「大蔵省が頑張る（引き下がらない）なら国体は取りやめにする」という覚悟を持って「初めから喧嘩腰」で、交渉に臨んだ。

二人はその日、午前九時に大蔵省に着いたが、十時半を過ぎても担当者は現れない。イライラしていると、秘書がやって来てこう言った。

「只今、ショウギをしています」

岡部は頭に血が上った。

「人を二時間も待たせて、朝っぱから将棋とは何事か、将棋なら僕は二段だ。大臣でも局長でもここに連れて来い。稽古はいつでもつけてやる」

そう言い終えると、清瀬がニヤニヤしていた。

「何だ」

睨《にら》む岡部に清瀬はこう言った。

「ショウギが違う。将棋ではなく省議だ」

省内の会議（省議）という言葉を知らなかった岡部の勇み足だったが、岡部は清瀬とともに談判。財務局は別の場所に建設されることになった。

余談だが、このサッカー場は翌年に改修され、平和台野球場が誕生する。ここが後に西鉄ライオンズのホームグラウンドとなって福岡にプロ野球が根付き、今の福岡ソフトバンクホークスにつな

第3回 國體
福岡に正式決定
9月16日水泳を皮切りに

電力
炭鑛にも緊急停電
ついに戰後最低記録

第3回国体の福岡開催決定を報じた「西日本新聞」の記事（1948〈昭和23〉年6月1日）

がるわけだが、岡部は『コーチ五〇年』にこう書いている。

「私の夢は、東洋一の国際サッカー場にすることだった」

野球もサッカーも熟知した上で世界的視野を持っていた岡部は、国内的に人気のある野球よりも世界で競技人口が多いサッカーに力を入れるべきだと考えていたのだろう。晩年になっても野球場になったことを悔やんでいたという。

さまざまな難題が解決し、会場整備は急ピッチで行われた。岡部は自ら描いた設計図を手に、陣頭指揮を執った。GHQからブルドーザー二台を借り、連日二千五百人を動員して競技場の建設に当たった。サッカー場や周辺のラグビー場は、大蔵省との問題もあって工事が遅れていたが、福岡市のラガーマン二百人がユニフォーム姿で整地に加勢した。

岡部は疲れ切った人たちをこう言って鼓舞した。

「奈良・平安の仏教徒は、その信仰の力で偉大な仏像と大伽藍《がらん》を建立《こんりゅう》した。我々スポーツ人は、スポーツの

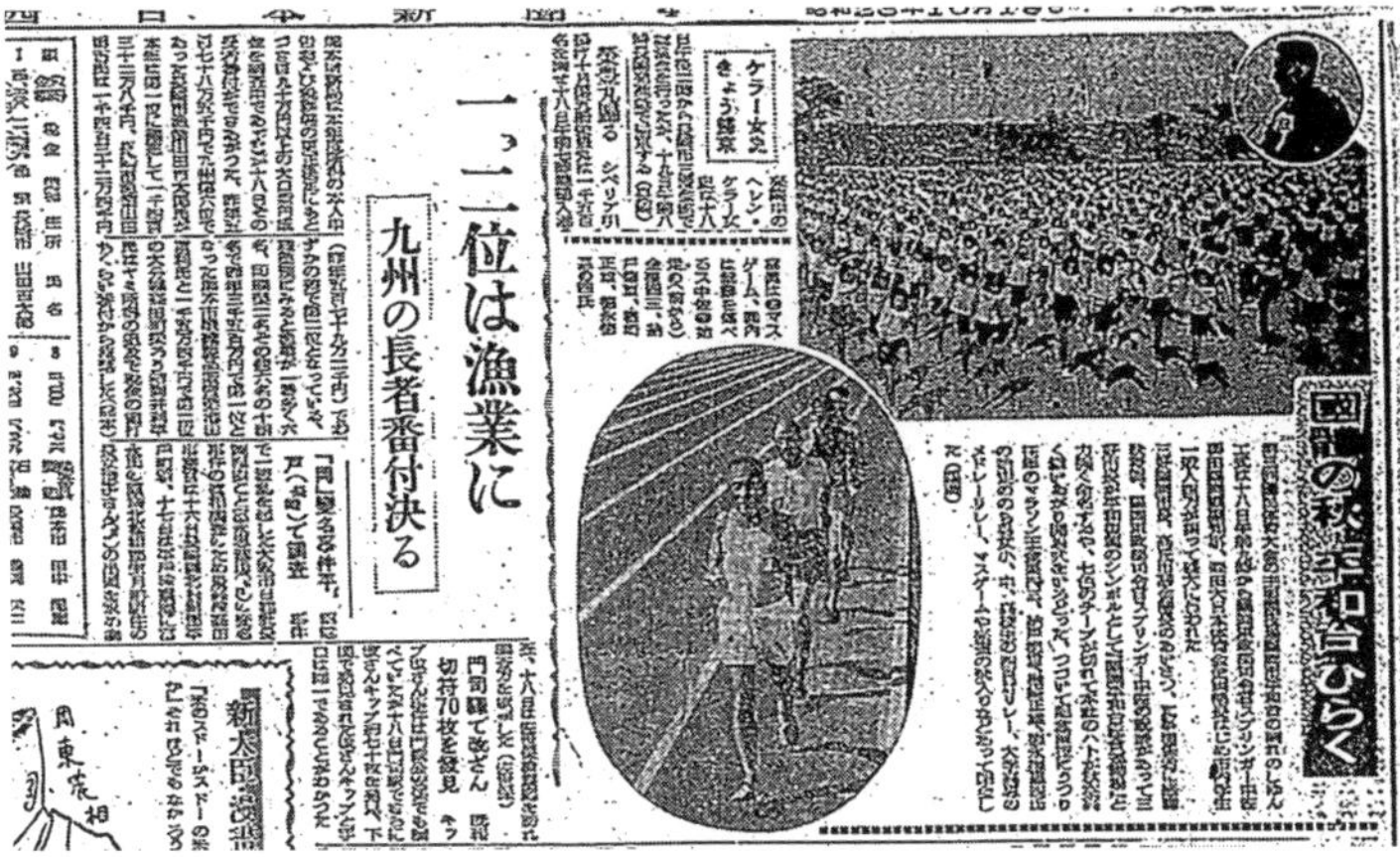

平和台陸上競技場の完成を報じた「西日本新聞」の記事（1948〈昭和23〉年10月19日付）

力でスポーツの殿堂を造るんだ！」

会場周辺では道路整備も進んだ。福岡城址から東へ延びる濠を埋め立てて「国体道路」が造られ、その後の福岡市の幹線の一つになった。国体という一大行事が、空襲で焼け野原になった街の復興を進める契機になっていたのである。

そして陸上競技やサッカー場、ラグビー場などの競技場が完成し、十月二十八日には竣工式が行われた。

こうして準備は整ったわけだが、私にはまだどうしても知りたいことがあった。それは会場の「平和台」という名称が、いつどのようにして付けられたのかということだ。岡部自身の手記や研究者の論文、『福岡市史』など、どの文献にも「岡部平太が命名した」とある。しかし、疑問にぶつかった。当時の新聞を調べていると、名称は一般公募し、「一等はなく二等入選の『平和台総合運動場』を採用した」（一九四八〈昭和二十三〉年七月一日、「西日本新聞」）という短い記事が見つかったのである。

だが、さらに調べていくと、すでにその年の一月二十日に主会場の候補地として「鳥飼平和台」、一月三十日には「福岡平和台」、二月二十日には「福岡市平和台」という名前が記事に出てくる。鳥飼というのは、先述した『福岡市史』にあったように、炭鉱のボタ山があった地域で、城内が使えない場合の有力な代替地だったが、そこにもともと「平和台」という地名はなかった。

これは一体どういうことか。候補地選定の中心人物が岡部だったことを考えると、こうした記事の発信源は岡部だろう。つまり岡部は、鳥飼だろうが城内だろうが、最初から「平和台」という名前を考えていたのではないか。GHQとの交渉で「Ｐｅａｃｅ Ｈｉｌｌ」という言葉を使っていたことからも、それは十分考えられる。

厨は岡部から「平和台」という名称の意味について何度も聞かされていた。

「神風特攻隊で亡くした長男平一の鎮魂と、スポーツを通じた相互理解によって戦争を抑止したいという思いを込めて名付けた」

そうした思いを受け止めたかのように、市長の三好はこう発言している。

「軍国主義の地であった練兵場跡に、文化施設ができるのも愉快の一つだ」

これらを踏まえると、一般公募にしたのは形式だけだったのかもしれない。

岡部は戦後復興を象徴するスポーツの祭典にするために、大会の中身にもこだわった。施設面では、主会場の平和台陸上競技場を水はけの良いアンツーカーグラウンド（レンガなどの赤土を粉砕して敷きつめたグラウンド）にするなど近代化を図った。大阪中舌鳥《なかもず》運動場、金沢競技場に次いで国内三カ所目だったが、欠点を補正改良。完工式の当日、試走した日本人初のオリンピック・マラソン選手、金栗《かなくり》四三《しそう》はその出来栄えを「世界でも有数のグラウンド」と絶賛した。

また、前回開催地の石川県金沢市から福岡市までの大会旗リレーの実施を決めたほか、都道府県対抗の形を確立し、天皇・皇后杯を創設した。競技では、GHQが学校体育では禁止していた柔道をオープン競技として導入。開会式での選手宣誓文も起案した。「われわれ選手一同はスポーツマン精神にのっとり正々堂々と戦うことを誓います」。今も繰り返し使われるこのフレーズは、この時に生まれたと『福岡県体育協会史』は記している。

さらに大会のマークも自作し、「敗戦で打ちひしがれている国民に希望を与えたい」と、自ら大会歌「聖火は燃ゆる」（作曲森脇憲三）を作詞した。歌詞全文を紹介しよう。

一、玄界灘の白波の砕けて寄する筑紫路や
若き選手が眉上げて仰ぐ希望の空遠く
聖火は燃ゆる火と燃ゆる　聖火は燃ゆる火と燃ゆる
燃ゆる歓喜よ日本晴

二、混濁の世にさきがけて時代を築く若人が
高鳴る生命清純の力にかざす旗を見よ
聖火は燃ゆる火と燃ゆる　聖火は燃ゆる火と燃ゆる
燃ゆる歓喜よ日本晴

それでも物足りなかったらしい。岡部は式典準備委員長の楢崎正雄に「アイデアはないか」と相

福岡国体のポスター。岡部平太が企画・制作した（大森みどり提供）

談する。楢崎は温めていた案を出した。

「国体はオリンピック憲章に準じて行われています。オリンピックでは各国の国旗を掲揚しますから、国体ではぜひ日章旗を……」

岡部はすぐさま同意した。ＧＨＱは戦後、公の場での国旗掲揚や国歌斉唱を認めていなかった。しかし、マッカーサーがスポーツに理解があることを考えると、可能性はあった。二人は終戦連絡地方事務局にＧＨＱとの折衝を依頼する。

すると、大会の十日前。担当者が電報を握りしめてやってきた。目に涙を浮かべている。

『キミガヨノ　エンソウリ（裡）ニ　コッキケイヨウ　サシツカエナシ』

「君が代」を演奏する際に、国旗を掲揚してもよいというＧＨＱからの通知だった。ところが日章旗用に準備していた大きな布は使えないものと諦め、すでに切り刻んで大会役員の腕章にしてしまっていた。慌てた岡部は、郷里の糸島で体育協会長を務める峰貫一に連絡を入れた。峰は東京から工場疎開してきていた製作所の専務だった。峰は東京本社に指示して船に使う帆布《はんぷ》を買い集めさせ、三枚を縫い合わせた上で、饅頭などに使う食紅《しょくべに》を塗り重ねて円を描いた。手作業なので円は歪《ゆが》んでいたが、寸前で間に合ったのである。

この日章旗は今、糸島市の伊都《いと》文化会館に展示されている。説明にはこう書かれている。

「この国旗は第二次世界大戦後、日本において公式の場で掲揚を許可された第一号の国旗である。昭和二十三年十月二十九日、第三回国民体育大会が福岡県で開催されるにあたり、県国体事務局長・岡部平太氏（志摩町出身）、同役員・楢崎正雄氏（二丈町出身）らは国旗掲揚許可を日本占領連合軍最高司令官D・マッカーサーに直訴された。

マッカーサーは、かつて第九回のアムステルダム・オリンピックのアメリカ選手団長であり、スポーツマン精神が通じたのか、大会直前に君が代の演奏と国旗掲揚が許可され、福岡平和台陸上競技場にこの日の丸がひるがえった。

福岡県糸島市の伊都文化会館に保存・展示されている福岡国体の日章旗

この大日章旗は当時の糸島郡体育協会会長・峰貫一氏が世話を引き受けられ、東京の業者に事情を話して急造させ大会に寄贈され、大会終了後は糸島郡体育協会を通じて譲り受け、同氏の母校である加布里小学校に寄贈、同校で保存してきたが、このたび修復を機会にこの場に置き、永く後世に伝えるものである」

紆余曲折《うよきょくせつ》の末、福岡国体は一九四八（昭和二十三）年十月二十九日から六日間にわたって、平和台競技場を中心に福岡、北九州、筑豊、筑後の四地区三十三会場で行われた。同年十月三十日の「西日本新聞」は開会式の模様を次のように伝えている。

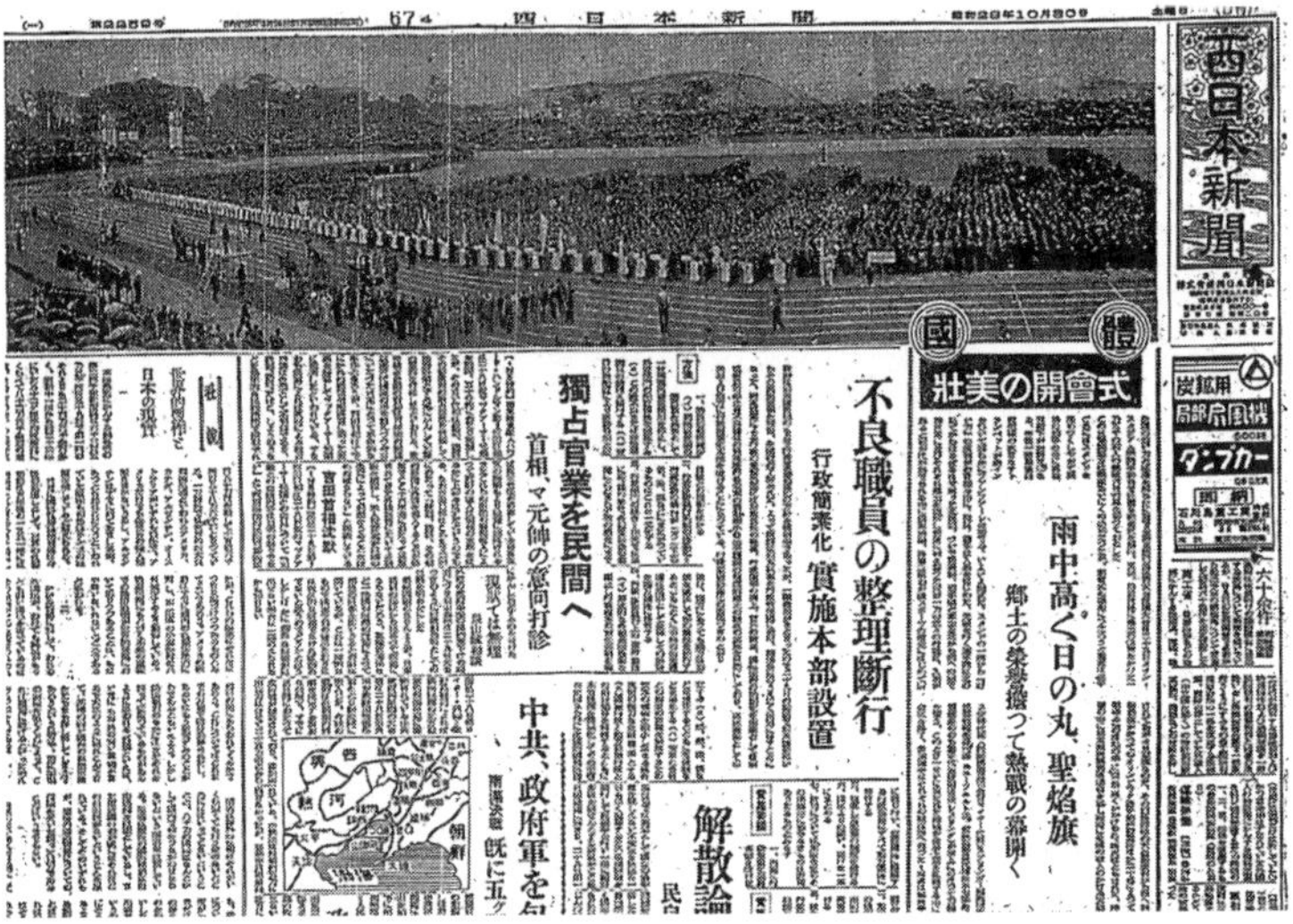

「西日本新聞」が報じた福岡国体の開会式（1948〈昭和23〉年10月30日）

◎国体　壮美の開会式　雨中高く日の丸　聖焔旗

「（前略）この日、福岡地方は朝来あいにくの小雨だったが、開会式の感激にひたろうと観衆は正午ごろにはスタンドを埋めつくし、やがて満場の拍手の中に高松宮殿下がお着きになる。午後一時、嘉穂《かほ》高校生徒の吹きならすトランペットが高らかにファンファーレを奏でる。いよいよ開会式だ。スタンドから『若い力』の演奏がわき起こる中に役員、選手は入場を始めた。入場を終わると君が代が奏でられる中に国旗掲揚。終戦以来、わが国のスポーツの殿堂に初めて許されて上がる日章旗なのだ。その後、聖焔旗がかつてのオリンピック選手・納戸《のと》徳重《とくしげ》氏ほか二十人によって場内を一周し、『聖火は燃ゆる』の斉唱の中に会場高く掲げられ、聖火はともされた。（後略）」

岡部は日の丸が掲げられた時、人目もはばからず号泣したという。

大会は選手一万五千五百三十七人、役員四千百六十一人（『日本体育協会五十年史』による）が参加し、大成功に終わった。

国体開催に尽力し成功させた岡部は、その後、県知事から副知事への就任要請を受ける。しかしそれを固辞し、一つ要望した。岡部の下で、福岡国体事務局で働いた吉田清は『スポーツ・勝負・人間―岡部平太遺稿集』にこう綴っている。

「知事は岡部さんに県副知事を懇望した。しかし自らを知った岡部さんは言下にことわって、一つの希望を申し出た。これは『郷里の近くにある県有林を払い下げてくれ』というのである。その懇請は言下に許可された。岡部さんは郷里の青年達が食糧難と就職難に喘《あえ》いでいるのを見かねて、その山林を開墾し牧畜を始めるというのである。許可を受けると、矢も楯もなく、北海道に渡って牧畜の交渉を始めた。結局のところ、うまく進展しなかったようであるが、岡部さんらしい面目が躍如としている」

平和台陸上競技場を主会場として行われた第3回福岡国体。メインポールには戦後初めて日の丸が翻った（西日本新聞社提供）

岡部はこの後も地元のために尽力した。甥の岡部剛一によると、芥屋《けや》村小学校の校歌も作詞したという。

現在の平和台陸上競技場。正面入り口横には岡部の胸像がある。福岡国体の開催から四十四年がたった一九九二（平成四）年春、教え子たちが寄付を募って建立したものだ。岡部は今も、グラウンドで汗を流す人々を見守っている。

第十章　遺された教え

岡部平太《へいた》は生涯を通じて、スポーツに関する研究を続けた。その成果は、新聞、雑誌、書籍などで発表している。今ではほとんど手に入らないが、当時のスポーツ界では最先端の考え方であり、現代でも示唆《しさ》に富む。主なものをまとめて紹介したい。

岡部の著書に『スポーツと禅の話―あがる心理の究明と克服』というものがある。スポーツ万能で「天狗」とまで呼ばれた岡部だが、試合で「あがる」、今風に言うとテンパるという心理状態に陥った経験もあった。指導者になってからは、選手のそういう状態を克服させ、いかにして平常心を保たせるかに心を砕いたようだ。

岡部が最初に「あがってしまった」のは、福岡師範一年の秋だった。熊本の第五高校が主催したテニス（軟式）大会。岡部は校内大会で抜群の成績だったため、福岡師範から出場する三組のうちの一組に選ばれた。

「何しろ熊本というところは福岡から大変な遠いところのように思われ、一年生である私たちは、技術はともかく、師範の教育は当時はなはだしい軍隊教育で、階級制度の激しかった頃だけに、一年生などまるで初年兵のようなもので、校外の試合に出るなどということは恐らく学校始まって以来のことだった。私たち二人はただビクビクもので、上級生のお供をするという形で熊本に行った」

試合場に着くと、相手の熊本商業はほとんど全生徒が出てきてコートを取り巻き、主将組を先鋒の岡部組に当ててきた。

「ゲームが始まる前から、私はもう『あがって』しまった。試合前の練習でボールが応援団の中に入ったのを拾っていると、誰かがゴツーンと頭を木刀で殴る。泣き出したくなった」

岡部は前衛。試合では、高い球に反応して得意のスマッシュを打つが決まらない。後衛の平凡なラリーに手を出しても届かない。

「しばらくすると応援団が大声で笑い始めたので、ハッと気がつくと、私は伸び上がって打ち込んだまま尻もちをついて、そのままの姿勢だったのである」

完全な負け試合で、学校に帰ってもしばらくは「上級生にも下級生にも顔を見られるのがたまらなくつらかった」という。

しかし、そこからが岡部らしい。

「おかげでこの一勝負で、私はすっかり『あがる』ことから免疫になったらしく、その後テニスや野球で大勢の相手応援団に野次られ、ピンチにも立ったがいつも平気でいることができた。そのため、後に年若い選手が『あがって』いるのを見ると、当時の自分の姿を思い出して同情を禁じ得ないことが多い」

もうひとつは、柔道の試合だった。福岡師範一年の冬、岡部は福岡武徳殿の武道大会に出場させられた。岡部の強さは知られており、プログラムでは二年より上位にランクされていた。

「私の名前が活字になったのは、このプログラムが最初だった。それで前の晩はほとんど眠れなかった」

試合の相手は、修猷《しゅうゆう》館四年の今村という選手で、自分より相当大きい。福岡師範の四年でも勝てない剛の者だという。

「その話を聞かされて、私はもう『あがって』しまったらしかった。組み合ってみると、何だか柔らかい感じであまり強いとも思わないが、こちらはあがっているので、ただふわふわと雲の上を歩き回っているようで、時間はそのまま経過して引き分けに終わった。負けないですんでやれやれと思ったが、もし相手に強襲されたらひとたまりもなくやられるところだった」

寄宿舎に戻った岡部は、親しい先輩からアドバイスをもらう。それは「試合場に出たら必ず畳の目を数えろ」ということだった。以来、それを実行し「効果はてきめんだった」という。また岡部は、禅に関するこんな話も紹介している。

ある老婆が「夜になると幽霊が出て怖いがどうしたらよいか」と、臨済宗の白隠《はくいん》禅師に相談した。禅師は「それは何でもない。枕元に大豆を置き、幽霊が出そうになったら一掴《ひとつか》みして、一粒ずつ心の中で数えなさい。幽霊は大豆を大変怖がるから」と言った。老婆がその通りにすると、二度と幽霊は現れなかったという。

「これは畳の目と同じ理屈で、気を静めると幽霊は来なくなる。恐怖心の方が逃げ去るからである」

この「恐怖心」の原因について、岡部はさらに深く考察している。著書『スポーツと禅の話』では、ウォルター・B・キャノンが提唱した「ホメオスタシス」や、ハンス・セリエの「ストレス学説」など生理学を基《もと》に、なぜスポーツで選手が恐怖心を抱くに至るのか、つまり「あがる」のかを次のように説明している。

人間には、環境が変化しても体の状態を一定に保とうとする生体的働きがあり、これを恒常性維持機能（ホメオスタシス）という。その機能があるために、人間の体は加えられた刺激（寒さや飢えや疲れ、精神的苦痛など）に反応する。その時に起こる体のひずみ、すなわちストレスが病気の原因である。

セリエはホメオスタシスに三段階があると突き止めた。第一期は警戒反応期。異常な刺激を受けると血圧が下がり、血液は濃くなり、毛細血管から血が染み出し、血液中のカルシウムが減る。いわゆる「ショック」の状態だが、やがて副腎皮質ホルモンが分泌されることによって、歪められた状態が元に戻る。第二期は抵抗が特異性を持つようになり、加えられた刺激に対してだけ強い抵抗を示す。第三期は、刺激に対して反応できなくなる。

この三段階が選手の状態をそのまま表せるというのが、岡部の説明だ。少し長くなるが原文を引用する。

「スポーツマンにとって、スポーツの場は全く特殊の環境である。選手の情緒は一様に激流のようになって荒れ狂う。勝敗があるからである。全力を挙げ尽くしても相手と争うという意志が動く。

強烈な刺激は間断なく襲って来て、選手の心の平静を破り平衡を乱そうとする。競技に臨む選手は、まず何よりもそのスポーツの場を意識する。場を意識すれば緊張が起こる。緊張には刺激があり反応が伴う。すなわち、平静を保ち立ち直ろうとする。生理的には恒常性維持、ホメオスタシス反応が起こりかかるのである。

次に、知らない土地に来ていることが改めて意識にのぼる。変わった風土、気候、食物、対人関係等は鳴らされた習慣を乱し、睡眠の不足、食欲の減退など刺激の強度は強くなり、キャノンやセリエが言う警戒・危急・反応の時期に入る。ストレス第一期と言える。

次いで、試合前の相手の風評、新聞紙の予想、マスコミの無責任な論評、これも選手の感情を苛《いら》立《だ》たせずにはおかない。さらに相手選手も乗り込んで来て、同一競技場に姿を現す、練習を開始する。その姿を目の前に見ると、練習の方法が違う。自分よりもよい方法をやっている。恐怖心が起こる。一方これに対する抵抗も強くなって、それとこれとが自己自身の内部に心理的葛藤を起こしてくる。その時セリエが言うごとく、一番強く来る刺激に対し、集中的な抵抗をしようとする。この辺をセリエはストレスの第二期の抵抗期の段階としている。

やがて、スポーツの開始になる。ここでスポーツマンは二つの型に分かれる。一つは以上のストレスを踏み台にし、これを踏み破って『なにくそっ！』と真の勇気を振り絞ることのできる者、これは勝負度胸のある者。他はその強い刺激におびえて萎縮する者、刺激に圧倒され『ひずみ』『ゆがみ』に陥り抵抗力を失い、ストレス反応の全能力を失い、そのまま疲憊《ひはい》（疲労困憊）期に入り、いわゆる『あがった』状態に陥る。多くの選手はその中間でどちらかの方に近い。これがスポーツの場における内面的観察の一般的な分析である」

幼い頃から相撲も得意だった岡部は、東京高師の頃、よく両国国技館で大相撲を見た。「無類の強さ」を誇った第二十二代横綱の太刀山峯《たちやまみね》右《え》エ門《もん》が好きで、ある時、最前列で「どんな小さい仕草も見逃さず」観察したことがある。

花道を悠々と闊歩《かっぽ》してきた太刀山は、控え力士として座ると相手側の全力士を緊張した眼差しで一人一人観察し「顔面神経は緊張のあまり、時には少し痙攣《けいれん》」していた。出番が近づくにつれてひどくなり、途中で支度部屋に戻ったので、岡部は自分の経験から「尿意を催したのだと察した」という。

「口は堅く結んだまま緊張はさらに続く。私も経験から、彼が内心決して平静でないということを知ることができた。太刀山も自分と同じだな、あるいは自分以上に彼は興奮し、緊張しているなということも推察できた。セリエやキャノンの言う第一期の警戒反応期である」

太刀山はやがて土俵に上がり、仕切りにかかる。

「この時である、彼の態度はがぜん一変して今までと見違えるような太刀山になる」

太刀山の巨体は土俵いっぱいにも見えるほどで、微塵《みじん》の隙も見せず、まるで「北極の白熊が獲物を狙う」といったような姿勢だった。

闘う前に敵を圧倒した太刀山は、立ち上がりの鉄砲（突っ張り）一発で相手を飛ばした。太刀山のストレスはセリエの第二期の半ば辺りまでで、あとは「闘志」に変わったのだと岡部は見た。どんな力士と対した時も、第三期の疲憊期はなかったという。

「彼の神経ははなはだしい緊張におののき震えながらも、勝負の見事さは古今無双ともいえたものだった。それが真のスポーツの勝負である。実に颯爽《さっそう》たるものであった」

自らの闘志でストレスを克服した太刀山を岡部は称賛している。


岡部は晩年、ある大学で講義した後、学生から質問されたときのエピソードを同じ『スポーツと禅の話』で紹介している。それは、近代オリンピックの基礎を築いたピエール・ド・クーベルタン（一八六三～一九三七）の言葉をどう解釈すべきかという疑問だった。

「オリンピックにおいて大切な考えは勝つことでなく参加することであり、人生において最も重要なことは相手を征服することではなくて、正しく奮闘することである」

今でもよく「参加することに意義がある」と解されるこの言葉だが、岡部のとらえ方は異なる。クーベルタンがこの言葉を唱えたのは、いまだ世界平和が実現されず、幾多の困難に遭遇した時代にあって、互いに勝たんとする人間意志の発露である勝負の場を「一段と高く昇華するため」に理想の大旗を掲げなければならなかったからだという。

柔道着姿の岡部平太（1951年、ニューヨーク・ソコール体育館。ボストン・マラソンの帰路立ち寄ったと見られる。大森みどり提供）

そして、こうも言う。

「近代オリンピック運動の究極の動機は、クーベルタンの提言いかんにかかわらず、生物として共通の、勝たんとする人間の強烈な意志によって流れているという事実を否定することはできない。もし本気にこれを否定するならば、あらゆる競技はレクレーションに移行して、もちろんオリンピックは今日のような形では存在を許されなくなる」

その上で、岡部は次のように宣言する。

「私は、私自身あらゆるスポーツにおいて勝たんとする人間の意志を肯定しながら進んできた。従って、多くのスポーツマンにも勝つことを教える。勝たんとする意志は、人生において大切なモラルだと考えるからである。青年時代に特に鍛錬されるべき最も大きい徳性の一つとさえも考えている。

　もちろん勝つという意志の周辺には、常にモラルとしての邪悪が伏在している。それは勝たんとする意志そのものが、人間のモラル以前の生物本来の意志に基づくものであるからである。しかし、それを克服しながら正しく前進していくところに、青年の積極的道徳修行の場が存在することは、見逃せない現実の正しい見方ではないかと思っている。

　私はスポーツの場においては、常に積極的に勝たんとすることを念願する。それがスポーツの正しい姿だからである」


　スポーツとレクレーションの違いについて、岡部はユニークな研究をしている。それは米国留学から帰国した翌一九二一（大正十）年の正月だった。岡部はつてをたどり、京都にある蹴鞠《しゅうきく》（けまり）の名家、飛鳥井《あすかい》家を訪問した。蹴鞠の文献を読み、練習を見て蹴鞠の会にも参加した。古代中国で始まった蹴鞠は、仏教などとともに日本に伝わり、平安時代になって貴族に広まったとされている。その時の話を岡部は『スポーツと禅の話』に詳述している。

　岡部は、技巧繊細を極めたその美術的な鞠に驚き、七メートル四方の広場で八人が「ありやー」「おー」という掛け声で鞠を蹴り渡す妙技を「無類に面白い」と評している（余談だが、ちょうど京都にいた一月三日に長女が生まれ、岡部は「鞠子」と名付けている。何も書き残してはいないが、蹴鞠の優美さから考えたのではないかと思う）。

　クーベルタンの「参加することに意義がある」を言葉通りにとらえるとすれば、蹴鞠はまさに勝敗のない理想的なスポーツだと岡部は言う。しかし、それほど楽しいスポーツが、なぜ一般に普及しなかったのか。その答えを岡部は導き出している。

「蹴鞠のその理想型スポーツが、今日のスポーツとして行われ、再興できるか。その答えは『ノー』と言いたい。なぜか。『勝ち負け』がないからだ」

「今のスポーツマンは、恐怖を乗り越えて得られる大きい勝利の喜びを求め、それを伝統の雅《みやび》よりもっと高いものとしてこれに浸ろうとしているのである。勝敗にまつわる恐怖、あるいはそれを中心にする赤裸《せきら》の闘争、それを乗り越え昇華して、楽しみ歓喜とする以外に道はないということができるのではないか」

あらゆるスポーツで勝利を目指す岡部の執念はその後、博士論文という形でひとつの結果を残すことになる。一九五四（昭和二十九）年、六十三歳になった岡部は、東京教育大学（東京高師の後身）に国内留学した。スポーツ医学と運動生理学の権威だった杉本良一の下で一年間、水泳に関する研究に励むためである。

岡部が水泳の特異性に着目したのは、満洲時代の一九二三（大正十二）年。高等女学校の生徒二人を指導して極東選手権で好成績に導いたのがきっかけだった。その時から、水泳には若年層に身体的な優位性があるのではないかと考えていたが、誰も聞く耳を持ってくれなかった。

一九三二（昭和七）年のロサンゼルス・オリンピックで日本の男子水泳が全勝に近い成績を上げた時にも、世間では「畳など日本の生活様式が足腰を鍛えた」と言われ、新聞も「水泳は日本のお家芸」「日本人に最適なスポーツ」と書き立てていたほどだ。

　しかし、岡部の考えは変わらなかった。戦後になり、ボストン・マラソンの監督として一九五一（昭和二十六）年に訪米した岡部は、その帰途、アイオワ大学で水泳の研究をしようと考える。途中で立ち寄ったニューヨークの全米体育協会で、関係者に「なぜ米国が日本より水泳が弱いかわかるか」と訊いてみた。相手が「わからない」というので、岡部は自分の研究ノートを見せながら、若年層の優位性を示した。

　すると「きみの観察は正しい。今、有望な十七歳の少年がいるからきみの考え通り練習させよう」と応じたという。フォード・コンノというこの選手は、翌一九五二（昭和二十七）年のヘルシンキ・オリンピックの千五百メートル自由形で優勝する。その後、米国に続いてオーストラリアも十代の育成に力を入れ、水泳大国への道を歩むことになる。

　岡部は一九五四（昭和二十九）年、国内留学した東京教育大学で、自らの考えを証明するために実験を行った。どの年齢層が最も水泳に向いているかを知るため、中学生から高校生、大学生、そして自衛隊員などの社会人まで四十五人の選手を募集。全力で泳いでいる時の酸素消費量、スピード、エネルギー代謝率を年齢別に調べた。

　選手は呼気採集のために顔を覆ったマスクを装着し、五十メートルプールを平泳ぎで泳ぐ。マスクは酸素ボンベにつなげていて、ボンベを持った助手がプールサイドを歩いて付いていった。マスクや装置はこの実験のために岡部が考案し、作ったものだった。

　結果は岡部の推測を裏付けるものだった。スピードは十六歳から急上昇し、十八歳から二十歳で頂点に達した後、下降する。それに対して、酸素消費量は十八歳まで増大するが、十九歳でいったん減少し、二十歳以降は急激に増える。運動の強度を示すエネルギー代謝率は、十二歳〜十七歳まで規則正しく増加した後、十八～十九歳でいったん低下し、二十歳以降は急激に上昇していた。さらに、こうした値から運動効率を算出すると、十八歳と十九歳が突出して良いことがわかった。

この結果から岡部は「水泳技術は十八～十九歳を頂点として完成され、この年齢において最高速度で泳ぎながら酸素需要量が低くなり、エネルギー代謝率も低下して最高の運動効率を発現することがわかった」と結論を出した。

さらに、その理由についても、岡部は「十九歳を超えると骨格筋の発達や胸囲の増大によって比重が増加し、水に対する抵抗が増える。筋力は増えても速度の伸び悩み、酸素需要量の増大などが出現してくる」と考察を加えている。

岡部は東京慈恵会医科大学（慈恵医大）に論文を提出したが、「こうした研究は前例がない」として認められなかった。論文が認められ、福岡県の久留米大学から医学博士号を授与されたのは、七年後の一九六一（昭和三十六）年のことで、岡部は七十歳だった。

岡部平太が実施した水泳時の呼気を採取する実験（大森みどり提供）

久留米大学に論文を提出したのは、ブリヂストンの創業者、石橋正二郎《しょうじろう》との縁だった。一九五一（昭和二十六）年にボストン・マラソンで優勝監督になって以降、岡部は福岡市の福岡県立修猷館高校の体育講師、福岡学芸大学（後の福岡教育大学）教授、拓殖大学教授などを歴任した。福岡藩の藩校以来の長い歴史を誇る修猷館では、ＧＨＱに禁じられていた柔道部が復活し、陸上部やラグビー部が全国レベルで活躍。男子ハンマー投げ、女子走り幅跳びではオリンピック候補になる選手もいた。岡部はどの学校でも理論だけでなく、コーチとして指導を続けていた。

そんな岡部に、福岡学芸大を定年退官した一九五六（昭和三十一）年、石橋から突然、面会したいという連絡が舞い込んだ。石橋はプールや体育館、美術館などを兼ねた総合文化施設「石橋文化センター」を久留米市に造る計画で、そのスポーツ部長に就任してほしいという依頼だった。

初対面の石橋は、こんな話をした。

「私はスポーツ、文化施設は地域に欠かせないものだと思っている。ロックフェラーが来日した時、同伴したことがあったが……」

そこまで話を聞いた岡部は、就任を快諾した。留学したシカゴ大学を創設し、スタッグを呼び寄せたのが石油王で慈善家のロックフェラー家だったからである。それから六年間、岡部はステとともに施設内の寮で生活しながら水泳大会などを運営、その傍らで久留米大に論文を提出したのである。

岡部は自分にとってのルーツである柔道についても、先見的な提言をしている。柔道は一九六四（昭和三十九）年の東京オリンピックで初めて公式競技として採用されるなど、国際化が進む中で「体重制の導入」が課題となった。嘉納《かのう》治《じ》五郎《ごろう》の「柔よく剛を制す」という教えに反するとして国内には否定的な意見が根強かったが、ボクシングやレスリングのように導入を求める米国の意見に押され、国際柔道連盟が一九六一（昭和三十六）年にオリンピックでの導入を決めた。

しかし、岡部はこれより九年も前の一九五二（昭和二十七）年八月、「力はすなわち体重である」として体重制は合理的であるという意見を「柔道新聞」に発表している。

「精密に体重を測って、一人ずつ綱引きをやらせてみると、三キロ体重に差がある場合、百人やらせて九十五人までは体重の重い方が勝つ」

岡部は「柔よく剛を制す」という言葉は、柔道に取り組む姿勢や人生哲学を示したもので、スポーツ競技としての柔道を定義したものではない、と言う。「精力善用　自他共栄」「柔道は心身の力を有効に使用する」という嘉納の教えも人生観であり、柔道の国際化にはルールの整備などスポーツとしての定義が必要だと訴えている。

一九五六（昭和三十一）年、日本で開かれた第一回世界選手権の決勝戦を観戦した岡部は「はなはだ不満を持って割り切れない気持ちが残った」（『コーチ五〇年』）と書いている。体重百キロを超す夏井昇吉と吉松義彦が対戦したが、決め手を欠いて判定となった。岡部が数えたところ「場外」が三十回あり、要するに試合になっていなかったのである。今なら技を掛ける意思がないとしてどちらかが「指導」を取られ、勝敗がはっきりするのだが、この頃はルールが整備されていなかった。

「この不備な審判ルールの改正は、柔道を将来に生かさんとするもの全部の希望だろう」

岡部のこうした指摘は波紋を広げ、取り入れられて今につながっている。

こうした考え方について、岡部と嘉納を長年研究してきた友添秀則（元早稲田大学教授）は「嘉納は柔道を人格形成のひとつの方法と考え、勝ち負けは二の次。ところが、岡部は勝負を求めていく。勝敗を追求していくことに柔道の価値があると考えた。それが嘉納の柔道とは決定的に合わなかった」と言う。岡部にスポーツとしての柔道があるべき道筋をはっきり描かせたのは、米国留学での経験だった。

「米国は徹底した分業制からスポーツが生まれた。みんなで力を合わせてやるより、自分の責任において、トータルで大きな社会を作り上げていかなくてはいけないという発想。その根底にあるのはフロンティア（開拓者）精神です。野球を例にしても、大谷翔平は例外として、三割打者でエースなんていない。投手は投げるだけでいい。ＤＨ（指名打者）は打つだけでいい。典型的なのがアメリカンフットボールです。走るだけでいい。ぶつかるだけでいい。岡部が東京高師で突き詰めた勝利追求型の柔道が、目の前で繰り広げられる米国型のスポーツと合致したのだと思う」

それだけではなく、岡部には英国のスポーツ思想の影響もあるという。

「岡部は英国のスポーツも学んでいる。英国のスポーツは、社交を目的とした上流階級の融和のためにつくられた。勝ち負けではなく、引き分けの構図です。勝ち負けの構図は、階級が分かれてしまうので駄目なんです。ラグビーで『ワン・フォア・オール、オール・フォア・ワン』という言葉があります。この意味は、一人の上流階級は大勢の上流階級のために、大勢の上流階級は一人の上流階級のためにやれということ。その精神は勝ち負けを競うのではなくベストを尽くすこと、つまりアマチュアリズムです。スポーツそのものを追求することで、フェアプレーの精神で人間形成をしなさいというのが、英国型のスポーツの源流です。その精神も岡部は学んでいる」

岡部にとって米国の師であるスタッグは、勝つことの大事さとともに、英国型のフェアプレー精神も重んじた。「嘉納で満たされなかったことが、スタッグによって満たされたのだ」と、岡部のスポーツ論の成り立ちを友添は次のように分析する。

「岡部のスポーツは勝利を追求することが第一義です。勝利を追求する中でこそ、人間が作られ、スポーツマンシップやフェアプレー精神を学んでいく。それと同時にスポーツは自発的に楽しさを求める活動だと言っています。これは米国の本質的なスポーツと英国でいうアマチュアリズムが融合しているからこそ言える論理だと思います。それに岡部は官僚や権威主義が嫌いでした。現場の人です。現場の中で学んでいったことと、エビデンスを照合しながら、彼の思想は作られていっている。現場を知らない人や現場にいない人に対しては、敬意を持てなかったのです」

では、岡部のスポーツ論はどう受け継がれていったのか。文献は集められるだけ集めたものの、やはり弟子たちの肉声が聞きたい。日本人として初めてボストン・マラソンを制覇した田中茂樹には何とか会えたが、その他に存命の人物はいないかと調査を進めた。

晩年の岡部平太（1953〈昭和28〉年撮影。大森みどり提供）

手あたり次第にスポーツ関係者から話を聞いていると、長崎県の実業団陸上チーム「メモリード」の総監督、重松森雄（一九四〇〜）の名前が挙がった。日本人で三人目となる一九六五（昭和四十）年のボストン・マラソン優勝者で、その年に英国で開かれた第四十五回ポリテクニック・ハリアーズ・マラソン（ウィンザー・マラソン）では、前年の東京オリンピックでアベベ・ビキラが作った世界最高記録を更新する二時間十二分で頂点に立った人物である。マラソンで世界記録を打ち立てた男子選手は重松以来、一人も出ていない。

重松森雄（左）が福岡大学に入学した際に岡部平太（中央）らと記念撮影した一枚（1962〈昭和37〉年4月、福岡大学にて。重松森雄提供）

二〇一八（平成三十）年十月、福岡市内の重松の自宅に向かった。居間に通されると、ゴールテープを切る瞬間を収めた写真が、何枚も壁に飾られている。そうした栄冠の記録を見つめながら、重松はしみじみと言った。

「これも岡部先生のおかげですよ」

重松が岡部を知ったのは、福岡大学に入学した一九六二（昭和三十七）年春。当時の陸上部監督は、岡部の後輩で、第三回福岡国体の式典委員長を務めた楢崎正雄だった。大学の帽子を買うために、楢崎は平和台陸上競技場の近くにあった帽子店に連れて行ってくれた。その時に、こう言われた。

「きみには、あいさつをしないといけない人がいる。柔道八段、剣道五段、将棋も二段と何でもすごい人だ」

それが岡部だった。真新しい帽子と制服姿のまま、重松は岡部の自宅に連れて行かれた。

「がっしりした体で、最初は怖い人だなと思いました。それに言葉では表現できない、オーラのようなものがありました」

重松が陸上部に入ることを告げると、岡部は優しく語り掛けた。

「重松君、スポーツをするならば、フェアに勝たなくてはいけない。勝つためにどうするかを常に考えなさい。それに日本のような小さなところで考えてはいけない。世界は広い。世界を見据えて勝つためには、どうするかを考えなさい。そして、スポーツをするならば、底辺を広げて競技人口を増やすことを考えなさい」

贈られた三つの教えを胸に、重松は競技者として世界に羽ばたき、指導者としてもバルセロナ・オリンピック女子マラソン代表の小鴨《こがも》由水《ゆみ》を育てるなど、多くのランナーを輩出していった。

「世界を知り尽くし、あれほど数多くの競技を実践し、指導してきた人は岡部先生しかいない。あの時代からスポーツと科学という言葉を使っていた。日本のスポーツ界を何とかしようと尽力してきた人です。岡部先生の教えをどうやって次世代に引き継いでいくかが、我々の責務です」

平和台陸上競技場に立ち寄ると、重松は必ず岡部の胸像の前で頭を下げるという。

重松と会ってしばらくして、ある雑誌を何げなく読んでいると、見覚えのある人物が掲載されていた。国士舘大学理事長で、日本サッカー界を牽引《けんいん》してきた大澤英雄（一九三六〜）である。大澤とはかつて仕事を通じて面識があった。文章を読むと「岡部から教えられた」と書いてあるではないか。早速、国士舘大の広報に取材の企画書を送った。数日後、広報から「大澤は今回の企画書に大変、感銘を受けています。是非話がしたいと申しています」との連絡を受けた。

上京したのは、二〇一八（平成三十）年の十一月だった。サッカー部が活動している町田キャンパスに向かった。大澤は私を見るなり、開口一番にこう言った。

「今まで岡部さんの話をしても、誰も知らなくて理解してくれなかった。こうやって岡部さんについて勉強してわかり合えるなんて、生きていてよかった」

大澤は自分のノートに、岡部に関することを克明に記録していた。その出会いも、岡部が大澤に語った話も衝撃的だったという。

一九五六（昭和三十一）年春、大澤は創部されたばかりのサッカー部キャプテンとして、グラウンドで汗を流していた。国士舘大の前身、国士舘短期大学の一年の頃だと記憶している。グラウンドの隅から声がした。

「おい、キャプテンはいるか」

見たことのない老人が腕組みして立っている。

「私がキャプテンです」

大澤がそう答えると、老人は一喝した。

「きみたちは弱いっ！」

若い大澤は頭に血が上った。「何だ、このくそじじい」と言いたくなるのを我慢して立ち去ろうとすると、老人は続けて言った。

「きみたちは何の練習をしているんだ」

「見ればわかるでしょう。シュート練習ですよ」

「何もわかってないな。きみたちは相手がいない状態でシュートを打っている。何のためにそうしているんだ？　試合では相手があらゆる方向からボールを奪いに来るんだぞ。練習は実戦と同じ状態でやるべきだ」

「では、どうすればいいんですか？」

「それは、きみたち自身が考えるんだ。そうしないと進歩はない」

それだけ言うと、老人は去って行った。しかし、その後も度々現れては大澤を呼びつけるようになった。

「スポーツは勝たないといけない。ただし、争うんじゃない。競うものだ」

「練習のやり過ぎだ。人間の体は疲労が蓄積すると、けがにつながる。それに、人間が集中できる時間は決まっているんだ。オーバーワークしていては、いつまでも勝てない」

心の持ちようを説いたり、論理を展開したりする見知らぬ老人。その言葉に、いつしか大澤は引き込まれていった。

「悔しかったけど、このくそじじいはすごいと思いましたね」

平和台陸上競技場に立つ岡部の胸像の前で。田中茂樹（左）と重松森雄

大澤はそう振り返る。その老人が自分の学校の教授だと知ったのは、しばらくしてからのことだった。岡部はその年から体育原理や運動生理学を教えていた。サッカー部の練習ぶりを見ていて、居《い》てもたってもいられずにアドバイスしたのだろう。

岡部に対する大澤の敬意が決定的になったエピソードがある。

その夏のメルボルン・オリンピックで、金メダル確実と言われた三段跳びの小掛照《こがけてる》二《じ》が八位に終わった。小掛は国内予選で十六メートル四十八センチの世界記録を出していただけに、スポーツ関係者からは「根性がなかったから負けた」という声が上がっていた。

「優勝すると思っていたのに、小掛にはがっかりしました。憧れていたんですが、精神的に弱いとは……」

大澤がそう言うと、岡部はきっぱりと否定した。

「それは、きみや世間の考えが間違っている。根性がなかったから負けたのではない。持てる力を出した結果が、八位だったんだ」

「しかし、あれだけの記録を出した選手がなぜ、メダルすら取れなかったのですか？　やはり根性がなかったんですよ」

「きみは、小掛のデータを調べたことがあるのか？」

岡部はそう切り出すと、小掛の記録を解説した。

「彼は、百回跳んだ平均が十五メートル五十センチなんだ。世界記録は追い風という気象条件もあったし、十六メートルを超えたのは、その時の一回限りなんだよ。だけど、オリンピックという重圧のある大会で、十五メートル六十四センチを跳んだんだ。それはすごいことで、ただ彼の力が世界の八位だったというだけのことだ」

大澤は驚いた。ひたすら体を鍛えて耐え忍ぶことがスポーツの基本だと思っていたが、岡部は違った。

「精神を鍛えることを否定はしないが、そこには科学的な根拠がいる。日本には勝てと教える教育はないが、世界は違う。勝つために何をすべきかをしっかり考えてやっているんだ」

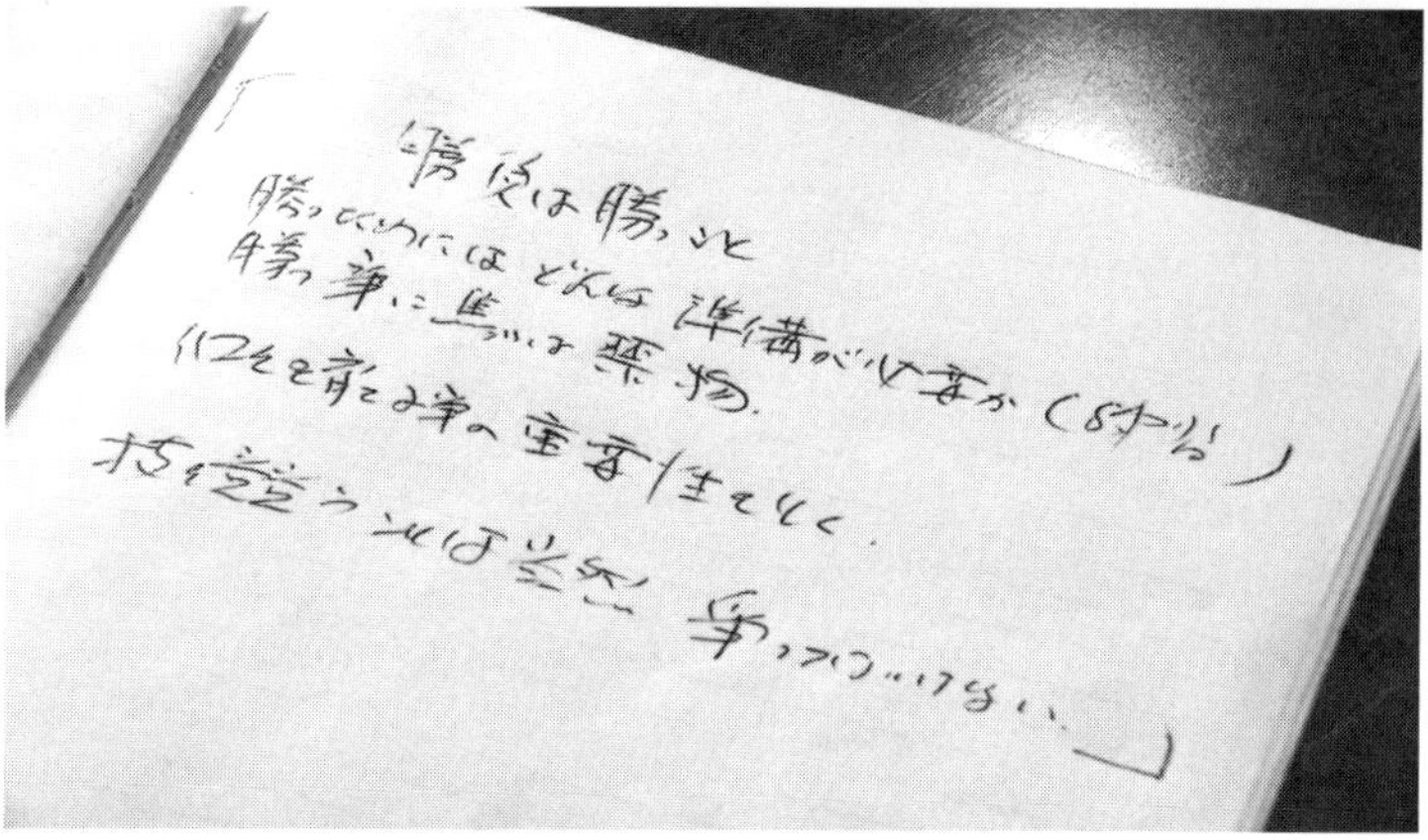

岡部平太の言葉をメモした大澤英雄のノート

岡部はこうも付け加えた。

「日本人は一つの競技しかしないが、それではいけない。あらゆる競技をして、それぞれの持ち味を体感することで見えてくるものがある。指導者も日本は教えすぎだ。それでは選手の創造性がなくなってしまう。そしてもう一つ言っておく。フェアプレーで勝て！」

いつしか大澤は、グラウンドで岡部から受ける薫陶《くんとう》を手の甲にペンで書き写し、家に帰るとノートにまとめるようになっていた。

岡部の教えを守ったサッカー部は、一部昇格を果たす。大澤は監督として何度も全国制覇し、二〇一九（令和元）年、長年にわたる私学振興の功績が称えられ、旭日中綬章を受章した。自分の人生を振り返って、大澤はこう語った。

「私にとって岡部さんは本当の恩人です。根性論ではなく、スポーツを俯瞰《ふかん》し、勝つ根拠をしっかりと持った岡部理論に勝る理論はどこにもない。今のスポーツ界は、岡部さんの生き方やスポーツに対する考え方を勉強すべきだ」

一九五九（昭和三十四）年五月に東京でのオリンピック開

「オリンピックマラソンに優勝する会」が
輩出した国際大会優勝者

①1951（昭和26）年	田中茂樹	（ボストン）
②1953（昭和28）年	山田敬蔵	（　〃　）
③1955（昭和30）年	浜村秀雄	（　〃　）
④1957（昭和32）年	広島庫夫	（朝日国際）
⑤1958（昭和33）年	貞永信義	（　〃　）
⑥1959（昭和34）年	広島庫夫	（　〃　）

催が決まると、岡部は翌年、著書『コーチ五〇年』を出版する。序文のタイトルは「東京オリンピックを前にして」。岡部は「私もアマチュアコーチの一人なりに奮い立って、この千載一遇の機会に対処してみようと自ら決心しているわけである」と記した上で「マラソン一本で対処してみたい」と決意を述べている。

　岡部には「日本人の体格はマラソンに最適である」という確信があった。それは金栗《かなくり》四三《しそう》と始めた「オリンピックマラソンに優勝する会」で育てた選手たちの分析や十年間で六回の国際大会優勝を果たした実績、世界の専門家の論文などから導き出したものである。長距離を一定の速度を保って走るには、肺と心臓が強くなくてはならない。そして、心肺能力が同等であれば、体重の軽い方が有利であり、それは体格の小さな日本人が優位なのである。

　意を決した岡部は一九六一（昭和三十六）年三月、当時の文部大臣、荒木万寿夫《ますお》に「東京オリンピック対策に関する意見書」を提出する。これがかなり刺激的で、まず冒頭から「日本は勝てない」という見出しに続いて「今のままの強化法では惨敗する」という文章が目に飛び込んでくる。そして、次のように持論を展開する。

「勝負は科学的で、偶然のチャンスや小手先の策謀などの介入は許されない」
「スポーツ関係者があまりにも勝負を知らなさすぎることに愛想をつかした」
「日本のスポーツ人は組織を作りたがるが、勝負の場では何の役にも立たない」

その上で、岡部は「もう一度闘って日本のスポーツ界に尽くしたい」と訴えた。

意見書が奏功したかどうかはわからないが、それから程なくして、岡部は七十歳でオリンピックチームの陸上強化コーチに就任。翌一九六二（昭和三十七）年には新聞紙上で「高地トレーニングの導入」を提案する（「毎日新聞」、二月十五日）。東京の前のローマ大会で優勝したエチオピアのアベベ・ビキラが標高二千メートルの高原で練習していることに着目。「阿蘇山や富士の山麓ではまだ低い。剣岳あるいは富士の八合目以上ではどうか」と日本での実施に期待を掛けている。

そして四月、岡部は単身でエチオピアに飛ぶ。横浜に暮らす孫の大森みどりが、現地から届いた手紙を保管していた。

「おばあちゃん（妻ステ）の言いつけをよく守り、うろたえず落ち着いているので、今度の旅行ではまだ何も失敗はありません。高原ですから空気中の酸素が少なく、人によっては大変に困るように本で読んでいましたが、まだ一つもそんなことはありません。心臓がとても強いからだろうと大使館の人々もびっくりしています。昨日からエチオピア人の選手の練習を見ています」

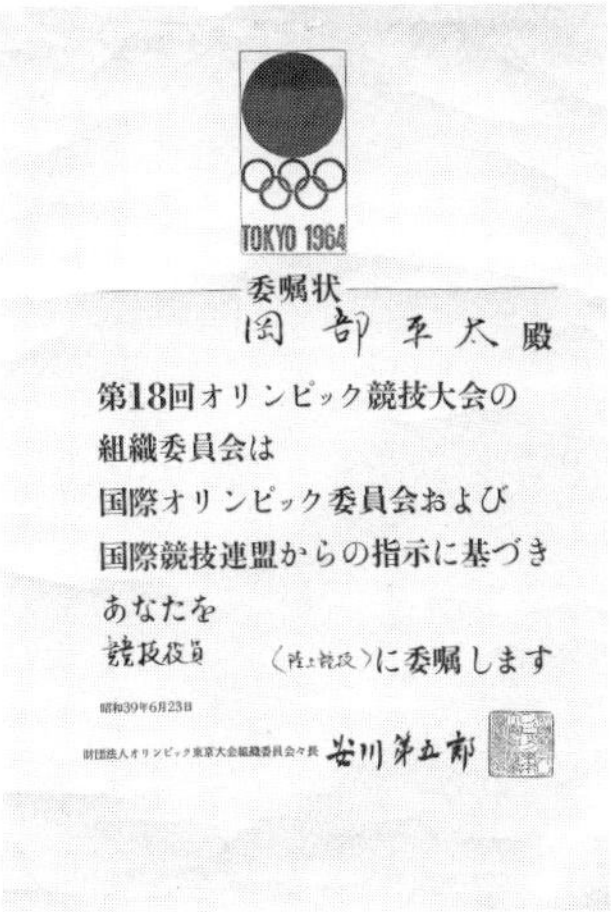
TOKYO 1964

委嘱状

岡部平太殿

第18回オリンピック競技大会の
組織委員会は
国際オリンピック委員会および
国際競技連盟からの指示に基づき
あなたを
競技役員　〈陸上競技〉に委嘱します

昭和39年6月23日

財団法人オリンピック東京大会組織委員会々長　安川第五郎

1964（昭和39）年の東京オリンピック・陸上競技委員への委嘱状（大森みどり提供）

練習を視察し、アベベやコーチから話を聞いた岡部は帰国後、航空自衛隊の低気圧室を使ったトレーニングや、乗鞍《のりくら》岳での合宿を提案。翌一九六三（昭和三十八）年一月には、朝日新聞社の「朝日賞」を受賞し、東京での授賞式に出席

エチオピアから岡部平太が家族に送った手紙（大森みどり提供）

した。熊本から駆け付け、長々と祝辞を述べた盟友の金栗四三に、岡部は「熊本県の草深い田舎からわざわざ東京に出てきて、私のために功績を述べていただいたことに対して、まあ先輩で当たり前ではありますけれども、篤く感謝いたします」と述べて会場の笑いを誘った（岡部、金栗のスピーチは全文を巻末に掲載）。

四月になると、九州産業大学の教授に就任。朝日賞の受賞スピーチでは「これから一生懸命で日本のスポーツ界のために、純粋なスポーツのために働くつもりでございます」と語った岡部だったが、六月、教壇に立つとその場で崩れ落ちた。脳出血だった。

意識は回復したが、それから三年間の闘病を強いられ、あれだけ決意を込めた東京オリンピックの舞台には立てなかった。岡部は、ステや家族に看取られながら、最後にこう漏らしたという。

「ああ、グラウンドに立ちたい」

一九六六（昭和四十一）年十一月六日午前、コーチとして直向《ひたむ》きに勝利を追求した男は、七十五年という長いマラソンコースを駆け抜け、ゴールテープを切った。

おわりに

岡部平太《へいた》の人生を追い始めて、かれこれ八年余りになる。その魅力は何と言っても「直向《ひたむ》きさ」にあると思う。岡部はただ一途《いちず》に、人間にとってスポーツとは何かを究《きわ》めようと邁進《まいしん》し、死の間際までグラウンドに立って選手たちの姿を見ていたいと願った。

そして岡部は、いつどんな時も「現場」の側に立つ人間だった。それは九十六歳までグラウンドに立ち続けたシカゴの師匠スタッグから受け継いだ「コーチ」としての生き方である。幾度となく大日本体育協会と対立したのも、選手をないがしろにする「組織」や「権威」への強烈な反抗心からだった。

前回一九六四（昭和三十九）年の東京オリンピック直前、岡部が文部大臣宛てに出した意見書には「スポーツは常に頽廃《たいはい》する傾向を持つ」と題した文面がある。

「オリンピックスポーツはたしかに一面非常に高い理念があります。第一の点はヒューマニティーで、オリンピックに関与する役員、選手は教えられなくとも自然にそれを覚えます。またそれだけ魅力があります。従って個人の倫理観としても平和、友情、正義、遵法《じゅんぽう》などフェアプレーは濃度の差こそあれ、あたかも宗教の教理のごとくうえつけられます」

オリンピックの理念を高く評価した上で、岡部はその暗部を指摘する。

「しかし、スポーツは元来肉体による闘争性の発露であるので、半面激しい闘争性を持ち、必ずその闘争性を合理化しようとする一種の変体的な倫理観を植えつけ、名誉欲につながる虚栄、傲慢《ごうまん》、不《ふ》遜《そん》な職業軍人気質も養われます。この表裏両面は一体となって人格の中につながっています。したがって、この社会ややもすれば頑迷、固陋《ころう》、陰惨な派閥闘争が繰り返されるところです」

　この後、日本スポーツの問題として「その発達の当初、経済的な問題から独立できず、大新聞社のバックアップを求めその商業政策と妥協してきました」「したがって全スポーツはマスコミ、ジャーナリズムの下に同棲するプロスポーツ、あるいはプロ芸能などとの間の正確な区別ができなくなってしまいました」と懸念を表明している。

　読んでおわかりだと思うが、とても五十年前に書かれた内容とは思えない。スポーツ組織の権威主義、形式主義、そしてスポーツのビジネス化は、悲しいかな現在にも通用する指摘なのである。

　国際オリンピック委員会（ＩＯＣ）が掲げる「オリンピック憲章」には次のような言葉が盛り込まれている。

「オリンピズムは、肉体と意志と知性の資質を高揚させ、均衡のとれた全人のなかにこれを結合させることを目ざす人生哲学である。オリンピズムが求めるのは、文化や教育とスポーツを一体にし、努力のうちに見出されるよろこび、よい手本となる教育的価値、普遍的・基本的・倫理的諸原則の尊重などをもとにした生き方の創造である」

「オリンピズムの目標は、あらゆる場でスポーツを人間の調和のとれた発育に役立てることにある。またその目的は、人間の尊厳を保つことに重きを置く平和な社会の確立を奨励することにある。この趣意において、オリンピック・ムーブメントは単独または他組織の協力により、その行使し得る手段の範囲内で平和を推進する活動に従事する」

これはまさに、岡部の主張と同義なのではないだろうか。教え子の厨《くりや》義弘（福岡教育大名誉教授）によると、一九四八（昭和二十三）年の第三回国体の誘致に名乗りを上げた都市の代表が集まった会議で、岡部はオリンピズムに触れ「国体をオリンピックにする。日本の戦後復興のシンボルにする」と説いた。その熱意と構想の大きさに打たれ、他都市は福岡開催に同意したという。

福岡国体では選手宣誓、国旗掲揚、大会旗リレーが始まり、天皇杯・皇后杯も創設された。岡部はオリンピックに倣《なら》って選手宣誓を起草し、国旗を掲げ、聖火リレーの代わりに大会旗リレーを考案したのである。

岡部は一九二四（大正十三）年、パリで初めてオリンピックを視察して以来、前回の東京まで四十年にわたって選手育成に関わった。だがその間、大会は肥大化、商業化し、スポーツ組織も「頽廃」していった。今回の日本の組織委員会をめぐるさまざまな混乱も、その結果と言えるのではないだろうか。

組織に牙をむいた岡部は、歴史から消された。それは、岡部イズム、つまりはオリンピズムを葬ったということでもある。だが、パンデミックという危機に直面する今だからこそ、オリンピックはその原点に立ち戻るべきではないだろうか。

その答えは、岡部が遺したこの短い言葉に込められていると思う。

「純粋なスポーツのために」

岡部平太略年譜

1891（明治24）	0歳	9月10日、福岡県糸島郡芥屋村新町に峰吉とキタの長男として出生	嘉納治五郎、熊本五高に赴任
1904（明治37）	13		日露戦争（2月～翌年9月）
1908（明治41）	17	福岡師範学校入学	第4回ロンドン夏季五輪
1910（明治43）	19	キンカン事件を起こし、南極探検隊の白瀬矗に会う	
1911（明治44）	20	福岡師範で退学処分を受けるが、京都武徳会の柔道大会で準優勝して取り消される。隻流館道場で千本取りを達成	辛亥革命で清朝倒れる
1912（明治45）	21	福岡師範を卒業、福岡県久留米市男子高等小学校に赴任（翌年退職）	中華民国成立▽第5回ストックホルム夏季五輪（日本初参加、金栗四三が出場）
1913（大正2）	22	東京高等師範学校体操専修科入学▽講道館紅白試合で5人抜き、2段に▽東西学生相撲大会で全勝する	
1914（大正3）	23	講道館紅白試合で7人抜き、学生では唯一の4段昇進を果たす▽故障と心労で退学を考えるも禅の修業で立ち直る▽慶應義塾との大将戦で勝利	第1次世界大戦が勃発▽日本がドイツに宣戦布告▽内田信也が内田汽船を設立
1915（大正4）	24	講道館鏡開式で小田常胤から徹底した引き分け戦法を仕掛けられ、柔道に疑問を持つ	
1916（大正5）	25	東京高師研究科へ進学▽8月、東作太郎氏の次女ステと結婚	大戦の影響で第6回ベルリン夏季五輪が中止
1917（大正6）	26	単身渡米、シカゴ大でスタッグ教授に師事。アメリカンフットボール、バスケットボール、水泳、陸上競技、体育理論などを学ぶ	ロシア革命起きる
1918（大正7）	27	ペンシルベニア大、ハーバード大、イリノイ大など約1年半にわたって全米各地の大学を訪れ、スポーツ生理学や女子体育理論、体育史を研究	
1919（大正8）		12月、帰国の途につく	第1次世界大戦終結
1920（大正9）	29	帰国し、東京高師体操科講師に就任▽第一高等学校と東京帝大の農学部・経済学部陸上競技のコーチに就任し、日本に初めてアメリカンフットボールを紹介▽大日本体育協会の規約起草委員と蹴球部委員長に就任	第7回アントワープ夏季五輪▽嘉納が東京高師校長を辞職

1921（大正10）	30	長女鞠子が誕生▽米プロレスラーとの対戦について嘉納治五郎と対立し決裂▽旧制水戸高校講師となり、日本初の400mトラックを造る▽満洲に渡り南満洲鉄道（満鉄）に入社、体育主任となる	嘉納が大日本体育協会の会長を辞任、岸清一が会長となる▽第5回極東選手権（上海）
1922（大正11）	31	満洲体育協会を創設	
1923（大正12）	32	第1回満洲対朝鮮剣道大会に出場し、4段授与▽アメリカ、カナダ、デンマーク、フィンランド、ドイツなどへ体育事情の視察に出発▽長男平一誕生	第6回極東選手権（大阪）
1924（大正13）	33	パリ五輪を視察。教え子の岡崎勝男（後の外務大臣）が5000mで決勝進出	第8回パリ夏季五輪▽十三高問題
1925（大正14）	34	陸上総監督を務めた第7回極東選手権で大会をボイコット▽著書『世界の運動界』を出版	第7回極東選手権（マニラ）▽全日本陸上競技連盟創立
1926（大正15）	35	著書『陸上競技史』を出版	日本女子スポーツ連盟創立
1927（昭和2）	36	『欧米体育史』（翻訳）を出版▽満鉄の経営幹部に就任▽大連運動場の建設責任者を務める▽次女瑠璃子が誕生	第8回極東選手権（上海）
1928（昭和3）	37	奉天の馮庸大学名誉教授に就任▽日仏対抗陸上競技大会を大連と東京で開催（日本初の陸上競技国際大会）▽張学良に初めて会う▽満洲ラグビー蹴球協会を創設	張作霖が関東軍の謀略で爆殺▽第9回アムステルダム夏季五輪（人見絹枝が800メートルで銀）▽石原莞爾が作戦参謀として関東軍に赴任
1929（昭和4）	38	第2回全日本氷上選手権の審判長▽日独支対抗陸上競技会を開催	石原莞爾が満蒙の領有を説く
1930（昭和5）	39	第9回極東選手権の陸上総監督▽将棋の木村義雄名人に飛車角落ちで勝つ▽水泳における若年性トレーニングの必要性を主張	第9回極東選手権（東京）
1931（昭和6）	40	第1回スピードスケート世界選手権に監督として出場▽馮庸を逃亡させた疑いで関東軍に逮捕され、満鉄を退職▽著書『スポーツ行脚』を出版	柳条湖で満鉄線路が爆破され、満洲事変勃発（9月18日）
1932（昭和7）	41	第3回レークプラシッド冬季五輪の団長を辞退	満洲国、建国宣言（3月1日）▽犬養首相暗殺（5・15事件）▽第10回ロサンゼルス夏季五輪
1933（昭和8）	42		日本、国際連盟を脱退
1934（昭和9）	43	満洲陸上競技革新連盟を設立▽第10回極東選手権に満洲国の出場を要求し、大日本体育協会と対立▽平一が糸島の芥屋小学校に転校	第10回極東選手権（マニラ）が満洲国参加問題で混乱し中止

１９３５（昭和10）	44	平一が福岡中学入学▽長女鞠子が死去▽関東軍司令部嘱託として山海関特務機関に配属	
１９３６（昭和11）	45	台湾「北平輔仁大学」の蹴球・籠球部を連れて日本遠征▽冀東防共自治政府の行政最高顧問に就任	皇道派青年将校が反乱（2・26事件）▽第11回ベルリン夏季五輪▽第12回夏季五輪の開催地が東京に決定（後に返上）
１９３７（昭和12）	46	梅原龍三郎が審査委員長を務める画家展で特選入賞（岡部は絵が得意だった）▽国立北京師範大学の体育科専任教授、天津特別市教育局顧問に就任	盧溝橋事件（7月7日、日中戦争の発端）
１９３８（昭和13）	47	全中華民国体育推進会の技術最高顧問に就任▽勲五等旭日賞授与▽東京五輪の陸上コーチに就任（開催返上）	嘉納治五郎死去（5月4日、79歳）▽日本が第12回東京夏季五輪の開催返上を決定
１９３９（昭和14）	48	中江丑吉と初めて対面▽北京国立師範学院体育史教授に就任▽日満華交歓競技大会で中国代表の総監督を務める	
１９４１（昭和16）	50	平一が台北帝国大学予科に入学	日本がハワイ真珠湾を攻撃し、日米開戦（12月8日）
１９４３（昭和18）	52	平一が徴兵され海軍航空隊を志願	
１９４４（昭和19）	53		第13回ロンドン夏季五輪が第2次世界大戦のため中止
１９４５（昭和20）	54	小磯国昭首相に戦争中止を直言▽平一が特攻隊で戦死（4月12日）▽郷里の芥屋村に引き揚げ、農業に従事（6月）	第2次世界大戦が終戦（8月15日）
１９４７（昭和22）	56	第3回国民体育大会の福岡誘致のため準備委員長に就任	
１９４８（昭和23）	57	国体事務局長に就任し、完成した競技場に「平和台」と命名▽福岡県体育協会理事長就任▽著書『世界のスポーツ界』（『世界の運動界』を改題）を出版	第14回ロンドン夏季五輪
１９５０（昭和25）	59	「オリンピックマラソンに優勝する会」を金栗四三らと結成、各地で合宿	
１９５１（昭和26）	60	第55回ボストン・マラソンの日本代表監督を務める。日本人として田中茂樹が初優勝▽福岡県立修猷館高校の体育講師となる	マッカーサーが連合国軍最高司令官を退任▽サンフランシスコ講和条約（9月8日）

1952（昭和27）	61	福岡学芸大学（現・福岡教育大学）専任講師就任▽九州体育学会の初代理事長に就任	第15回ヘルシンキ夏季五輪
1954（昭和29）	63	東京教育大学に国内留学▽柔道「体重別制」の必要性を提言	
1955（昭和30）	64	福岡学芸大学教授に就任	
1956（昭和31）	65	ブリヂストン社長の石橋正二郎に招かれ、久留米石橋文化センターのスポーツ部長に就任▽国士舘短期大学教授に就任	第1回世界柔道選手権（男子のみ）▽第16回メルボルン夏季五輪
1957（昭和32）	66	著書『スポーツと禅の話』を出版	
1960（昭和35）	69	著書『コーチ五〇年』を出版▽アベベ研究とマラソン高地トレーニングの必要性を提言	第17回ローマ夏季五輪
1961（昭和36）	70	論文「年齢別にみた水泳のエネルギー代謝」で医学博士▽東京五輪の陸上強化コーチに就任	
1962（昭和37）	71	高地トレーニング研究のためエチオピアを訪問。低気圧室でのトレーニング、山岳合宿を提案する▽石橋文化センターを退職	
1963（昭和38）	72	九州産業大学教授就任▽スポーツ界への功績が認められ、昭和37年度「朝日賞」受賞▽脳溢血で倒れ療養に専念（8月）	
1964（昭和39）	73	東京オリンピックの陸上競技委員（陸上）を委嘱される	第18回東京夏季五輪（柔道が初めて正式種目に）
1965（昭和40）	74	勲四等瑞宝章	第4回柔道世界選手権（リオデジャネイロ）で体重別制を初導入
1966（昭和41）	75	11月6日、病没	

主要参考文献

岡部平太『コーチ五〇年』大修館書店／１９６０年

岡部平太『スポーツと禅の話—あがる心理の究明と克服』不昧堂書店／１９５７年

岡部平太『世界の運動界』目黒書店／１９２５年

岡部平太『スポーツ行脚』日本評論社／１９３１年

岡部平太「私の歩んだ道」（日本学校体育研究連合会編『学校体育』所収）１９５２年

『スポーツ・勝負・人間—岡部平太遺稿集』岡部平太遺稿集刊行会／１９６８年

『雲と波の果てに　岡部平一・原田信一　遺稿追悼文集』台北帝国大学予科士林会編／１９８３年

田中舘哲彦『日本スポーツを救え—野人 岡部平太のたたかい』平凡社／１９８８年

岸井守一『体育人・岡部平太研究』大阪学院大学通信／１９８５年

高嶋航『国家とスポーツ—岡部平太と満洲の夢』角川書店／２０２０年

『岡部平太小伝—日本で最初のアメリカンフットボール紹介者』関西アメリカンフットボール協会フットボール史研究会／２００４年

山口昌男『「挫折」の昭和史』岩波書店／１９９５年

丸島隆雄『講道館柔道対プロレス初対決』島津書房／２００６年

『福岡県レクリエーション協会の歩み　設立40周年記念誌』福岡県レクリエーション協会／２０１８年

嘉納治五郎『嘉納治五郎　私の生涯と柔道』日本図書センター／１９９７年

嘉納治五郎生誕１５０周年記念出版委員会編『気概と行動の教育者　嘉納治五郎』筑波大学出版会／２０１１年

人見絹枝『スパイクの跡』平凡社／１９２９年

内田信也『風雪五十年』実業之日本社／１９５１年

菊池寛『半自叙伝・無名作家の日記』岩波文庫／２００８年

文藝春秋編『天才・菊池寛　逸話でつづる作家の素顔』文春学藝ライブラリー／２０１３年

阪谷芳直編『中江丑吉という人—その生活と思想と学問』大和書房／１９７９年

川田稔『石原莞爾の世界戦略構想』祥伝社新書／２０１６年

郭春修主編『馮庸与馮庸大学　教育救国与十四年抗戦的先駆』遼寧人民出版社／２０１８年

杉山祐之『張作霖　爆殺への軌跡　一八七五—一九二八』白水社／２０１７年

加藤聖文『満鉄全史「国策会社の全貌」』講談社選書メチエ／２００６年

太田尚樹『満州裏史　甘粕正彦と岸信介が背負ったもの』講談社文庫／２０１１年

佐藤篁之『「満鉄」という鉄道会社　証言と社内報から検証する40年の現場史』交通新聞社新書／２０１１年

草柳大蔵『実録 満鉄調査部（上下）』朝日新聞社／１９７９年

島田俊彦『関東軍—在満陸軍の独走』講談社学術文庫／２００５年

海軍飛行予備学生第十四期会編『あゝ同期の桜—かえらざる青春の手記』毎日新聞社／１９６６年

資料1　金栗四三による岡部平太の朝日賞授賞式での祝辞

岡部平太が一九六二（昭和三十七）年度の朝日賞を受賞した際の金栗四三による祝辞の全文。金栗自身も「多年マラソン界に尽くした功績」で一九五七（昭和三十二）年度に受賞している。〈約二十七分〉

私はご承知のとおり、三島さん（短距離の三島弥彦《やひこ》）と二人でスウェーデン（一九一二年のストックホルム五輪）に行って、その時はマラソンで負けました。ちょうど私は、二十一歳でございます。それから五十年、なんとかしてひとつマラソンでご奉公したい、勝ちたいと。ところが、なかなか世界一になるということは難しゅうございます。私もその後、二回、全部で三回行ってとうとう成功しない。その念願は今も捨てておりません。

ちょうど戦争が終わりまして、みなさんご同様、日本が混乱状態に陥り、先は真っ暗闇。その時、私も東京を引き揚げて郷里熊本に帰っておりました。百姓をしとった。その間もひとつ、自分の受け持ったマラソンを早く立ち上がらせて世界で優勝したいと。ところが当時は食料もない、切符も手に入らない。ただ思っているだけでありましたが、ちょうど昭和の二十五年、昔の紀元節、二月十一日に朝日新聞社が戦争前、九州のほうで西部朝日マラソンというのをやっておりました。それは戦争でしばらく中断しておりました。

ところが二十五年になりまして、佐賀でまた西部朝日マラソンを復活した。私も熊本から出かけ、それからちょうどその時、満洲から引き揚げがありました。岡部という人は、元は東京高等師範で柔道専攻です。大正の二、三年ごろから東京の講道館におりまして、柔道は大正の初期における日本の柔道、学生では東京の各大学では、おそらく岡部君の右に出る人はなかった。

ところがご当人は、今もそうでありますが、反骨精神があってなかなか人と合わん。とうとう講道館のいろいろなことに、ま、意見を述べて、講道館、いわゆる柔道を中止した。現在まで続けてやっておれば、講道館、日本の柔道の中堅となり、今、講道館で七十七、八歳の三船（久蔵《きゅうぞう》）十段と並んで講道館の中核でありましょう。

しかし、人間というものは何が何かわかりませんが、それからアメリカに行っていわゆる一般スポーツをやった。何をやったかわかりませんけれども、一般スポーツをやった。日本に帰ってから日本は狭しと、満洲に行って、満鉄の体育を主宰した。満鉄においては日本人を中心とし、満洲人を相当に指導したようであります。

ひとたび君はやり出せば、なかなか人の言うことは聞かん。自分の考えでどんどん進む。いろいろやったそうですが、例えばスキー。君はまあいえば、福岡で雪なんか経験したことはない。満洲は、冬は寒く雪もあるそうで、向こうに渡ってスキーを研究した。

そうして育てた選手を引っ張って、北欧、スキーの本場に乗り込んでいった。そしてまあ、無鉄砲と申しますか、相当に向こうで無茶苦茶に選手を滑らせて勝ったり負けたりしたというようなことが言われております。

それからが戦争で中止になりましたが、さっき申した二十五年の、昔の紀元節、二月十一日、二人、佐賀で会ったんです。生きておったか、そうかと。そのマラソンに私も行きましたが、おそらく青年は、若い人は意気阻喪《そそう》して、走るものはないと思っておった。ところが行ってみると大阪からも中国からも四国からも九州からも青年が集まっておる。百数十人。そして二十キロの競走をみますと、今まで腹も満たしたことがない、ろくに走ったこともないその連中が精いっぱい走る。しかも記録がいい。

その時、競走が終わりました後、まあこれは岡部君の発案でありますが、私も考えておったのは、ひとつ一番早くマラソンを復興して世界で勝ちたい、それから日本の復興を目指そうと思っておりました時に、私は黙っておったが、岡部君が「金栗さん、ひとつマラソンで勝つよりほかに陸上では勝つ種目はない」、と。「いち早く練習会を開いて世界に挑戦しよう」というような話を受けました。

私もそのつもりだ、それじゃやろうと。ちょうどこの練習会は朝日の主催でありまして、当時、西部運動部長をしておった伊藤寛君も主催者として来ておった。三人で相談して、ひとつやろうと。朝日のほうで少し金を出せ、応援しろというわけで「オリンピックマラソンに優勝する会」という名前を付けて、それが二月の大会後でありますが、さっそく実行に移った。

二十五年四月、六月、八月、九州の各地を回って、これも金がありませんから、自分で金を持ってくる、飯を持ってくる、毛布を持ってくる、そして各地で練習会をやりました。そうして、私たちなんとかしてひとつ選手を早く海外に送り出して勝たせようと。ちょうど世界で一番古いマラソンとして、ボストン・マラソン――これはオリンピックの始まった翌年、当時ボストンの体育会長をしておった人が「マラソンというのはアメリカ人のような気短い人間にはもってこいだ」と。もっとアメリカ人は耐久力を養成するという必要を感じて作ったそうであります。

その息子さんが今、ボストンの体育会長をしておる。そのボストン・マラソン。アメリカは戦争で日本をいじめておるけれども、スポーツには国境はない、政治と違うと。それでひとつ選手を送ってボストンで勝たせてアメリカの目を覚まそうと。

まあ、そういう考えで練習会を始めた。さっき申す通り飯を持ってくる、コメを持ってくる、毛布を持ってくる。そうして合宿をやって、選手諸君に、君たちが一年二年では世界の選手になれんけれども、記録が良かったならば選手を送る、しっかりやろうじゃないかというわけで選手を激励した。

朝日新聞は戦後の日本意識の復活と青年養成のために、戦争の後二十一年から朝日マラソンを始められました。これはなかなかの卓見であります。しかしこれは年に一回であります。一回の練習では世界的な選手は出ない。それでいわゆるひんぱんにやるために私たち数人が集まって「オリンピックに優勝する会」を作ったわけであります。今のように、選手に希望を持たせる、君たちがひとつ優勝をボストンでやれば日本も早く立ち上がる。それぐらいいこうじゃないかというようなことで、まぁ、多少発破《はっぱ》が効きすぎたかもしれませんけれども、練習する選手の顔色が違った。苦しいともいわん。それを三回やって、十二月の朝日マラソンの大会を見ますと、選手も集まる、そして記録がいい。

そしてその当時、田中茂樹という、これは広島の比婆西高校のまだ二年生でありましたが、それが二時間二十八分で優勝した。昭和の二十五年ごろ（のことです）。世界も戦争した、日本も戦争したんです。まだ誰も思い切って練習もできないときに、しかも十八の若い高校の二年生が二時間二十八分というのは、当時としては世界的の水準であります。

決めた、やろうというわけで寄付を集めてその翌年、二十六年のボストンマラソンは四月の十九日、それに選手を送りだしたんです。そのときに、ま、世話をしてくれました岡部君がよかろうというわけで監督となってボストンに渡り、そしてボストンの大会で、世界の選手は集まっていませんけれども、ヨーロッパのフィンランドあたりの強いのがきております。それと試合があって、田中茂樹が日本で記録を作ったのより一分縮めて二時間二十七分で堂々と優勝したんです。それで日本から行った選手は十番のうちに三人入ったんです。これで関係の私たちは大きな希望、明かりを見つけたわけであります。その後、ボストンには五回行きまして三回優勝したことは、ここにおられる皆さんもあるいはご記憶かもしれません。

これは、まあ、ひとつでありますが、その次にいよいよ戦争後、オリンピックも始めようというわけで二十七年に終戦後、世界がいがみ合っておりましたその気持ちを和らぐるひとつの便法となりましょうが、ヘルシンキで終戦後の第一回のオリンピックが開催されることになりました。

それではボストンで勝ったならついでにオリンピックでも勝っていこうじゃないかという勢いに乗って、今度はこのオリンピックに勝たせる会で二十六年にまた練習会をやった。オリンピックはご承知のように夏であります。いくら春が強くとも暑い夏、体力が続くかは自信がないというわけで、その練習の延長として二十六年の七、八月ごろ、耐熱の練習。

それから今度は、今までただ走っておればいい、ま、マラソンというやつは勝つのは簡単でありまして、理屈から言えば。速く走って長く続けばいいです。人が一分間に二百歩運ぶときに自分は二百二十歩行けば二十歩早いから必ず勝つ。そして人が一時間練習するのに二時間練習すれば勝つ。そういう練習をやっておりましたが、岡部君という人はなかなか目先が効く、勘がいい。とにかく勝負は勝たないかん、勝つためにはいかにすべきか誰でも考えます。考えるけれどもその見当が正しい人と違う人がある。そのときに、ボストンでは勝ったがマラソンで勝つのは容易じゃない。誰でも考えます。

そのときに岡部君が申し出したのは、走るという以外に疲れたならば早く疲労を回復するというのも必要だろう。それからまた体重が減ればそれを補うのは栄養問題である。疲労の問題もやってみようじゃないか、栄養問題も。そういう話が出ましたんです。

私も非常に賛成をして、やってみようと。ところが疲労を研究する学者が、研究所が当時ない。幸い、九州地方の炭鉱で三井山野（福岡県嘉麻《かま》市にあった筑豊の主力鉱。一八九八〜一九七三年）というのがあります。そこに労働科学研究所というのがありまして、炭鉱労働者の能率を上げる方法、それから疲労を研究するところがあった。そこに石西《いしにし》という、この方は（旧制）三高の時分に陸上をやっておった。京都大学に行ってもやった。陸上には少し自信をもっておる。その人が研究所長。この石西君に頼んでマラソン選手の疲労問題、栄養問題をやってもらいたい、と。この発案者は岡部君であります。

　そうして石西さんが、疲労というのは、私たちはぼんやりでありましたが、尿から取ります。それから血液、もうひとつはマスクをかぶって走る、中にたまっておるところのガスを出して測るそうであります。ガスの検査、走る前後の尿、血液、これを検査します。これを一週間やってもらった。

　そうしますと今まではっきりしなかった疲労、大変なものでありまして、炭鉱労働というのは労働でも最も重労働である。その中でも一番労働量の多いのは、木材運搬だそうであります。その疲労とマラソン選手の一時間半の疲労が匹敵する。大変なもんだ。これを直す方法は長い鍛練にもよりますけれども、いかにすれば疲労を早く回復するか。

　その次は栄養問題。普通の人は二千（キロ）カロリーでありますけれども、走ると五千（キロ）カロリーがいる。それでたっぷり食料を食べさせた。一日中、栄養士がおって、魚を残せば残した魚を量る。精密な検査をしました。それを二十六年の夏にやりました。今まで走っておったその上にいわゆる科学的というか、医者の力を借りることをやった。これを最初に申し出たのは岡部君であります。

　そういう点を私は今まで長い間、マラソンをやって多少やったこともあるけれども、本当に真剣にやろうと、やろうじゃないかと発案して実行したのは、ここにおる岡部です。そうしてやりましたけれども、世界一になるということはなかなか容易じゃありません。その翌年の二十七年に、戦後初めてのオリンピック、ヘルシンキに行ってマラソンはなんとかものになると思って行きました三人の選手。練習会に出ておりましたが、西田（勝男。二十五位）、山田（敬蔵。二十六位）、内川（義高《よしたか》。棄権）、向こうに行って散々の大敗北。みんながっかりした。

　それでまた、これじゃいかんというわけで、その翌年、まあ精神的な打撃を補うために、その時走っておった選手をボストンに送って、二十八年に走った。その時が山田敬蔵、まだ元気にしておりますが、ボストンで素晴らしい記録を出して、新聞、映画となったあの記録を出したわけであります（一九五三年四月二十日、優勝記録は二時間十八分五十一秒。世界最高記録とされたが、後に距離不足が判明。その様子は、一九五四年に「心臓破りの丘」と題して映画化された）。

これが私からみると、岡部君の発案、功績となっております。

それからオリンピックはヘルシンキ、豪州（メルボルン）、ローマと三回出ましたけれども、今まで努力をした効果が一向にあがらん。いつも敗北ばかり。ことに三年前にやったローマの大会では相当準備練習した日本の選手も、とんといかん。そのとき優勝したのが、お耳に残っておるかもしらんけれども、今まで後進国といわれたアフリカ・エチオピアの選手でアベベ。あんな誰も知らないところから突拍子もないタイムが出た。二時間十六分とか。

これに岡部君がひとつ行こうというわけで、昨年の四月、万難を排して、もう七十一であります、私と同年です（笑）。ただ勝つためには一生を捧げておるようですが、エチオピアまで飛行機で飛んだ。ここに奥さんが見えておりますが、心配されたんです。飛行機で死にゃしないかどうか。それは無理からぬことであります。それを一人でエチオピアに行ってアベベの練習、高いところでの練習、高いところにいけば空気が薄い、酸素が少ない。下で一回呼吸するときは上では二回呼吸しなければ酸素の補給が足らん。空気の薄いところの問題、いまこれは外国でもやっておりますけれども日本でも問題になりまして、岡部君が中に入って明日から二週間とか航空研究所のほうの人や医者が入って研究しようということにこぎつけたそうであります。

かくのごとく終戦後いろいろ努力しまして、結局、国際大会、朝日新聞が六、七年前から外国の一流選手を呼んで（福岡国際マラソン）、それには日本も勝っております。しかし要は世界全国から集まったオリンピックで勝つということが最終の目的です。それでなければ勝ったような気がしない。

昨年の十二月、これはもうご承知でありましょう。世界一流のマラソン選手四人が来ました。そのうちにはローマで優勝したアベベの友達で、世界一で一万メートルの強いのも来ました。アメリカからも来た、フィンランドからも来た、ニュージーランドからも来た。それが昨年の十二月の二日、日本の選手も交えて福岡でやったんです。

福岡の大会では日本の選手も勝ったことはあります。外国人がだいたい勝っておる。昨年（一九六二年の十六回大会）も日本の選手が勝つかどうかというと、まだ誰も自信はありませんでしたが、ふたを開けてみると相当やった。しかし、その勝ち方は鮮やかで、行きでだいたい勝負は決まった。そして帰りはだいたい日本人の試合となって一、二、三、全部日本の選手。しかもその記録は優勝しました寺沢（徹《とおる》）が二時間十六分。昨年世界で作った記録の第二番。そして二十分台に若い日本の選手が十数人入った。外国から来ました選手も記録は自国で出した記録をみな破っておる。日本の選手の三人が破り過ぎたんです。あとで聞いてみると、日本の選手も三分も四分も破ろうとは誰も考えていなかった。まあ、夢のような話であります。

そこまでくるのに、オリンピックでは優勝しておりませんけれども、日本内地に世界の選手を集めて連勝するまでに、昭和の二十五年に練習会を開いて十二年かかったんです。その間オリンピックで三回負けとる。まあ、それだけにもっていくのについては私たちが発案したから動いたからではありません。現在選手を指導しておる若いコーチ、みなさんのご声援。

それにしましても、誰も去年の十二月で満足はしませんが、来年の十月、初めて開かれるオリンピックの東京大会でぜひひとつ勝ってもらいたい、来年はなんとしても勝たなくちゃいかん。しかも勝つにしても一等だけじゃいかん。三等までマラソンだけは全勝したいというのはみなさまもご同感だろうと思う。

それに一歩ずつ近づく気でありますけれども、あと一年半の間に選手および指導しておるコーチ、周囲の監視の目、それが緩めばこれは勝てない。さっき申したエチオピアの選手は一万では素晴らしい。いままでマラソンの長い練習はしなかったから負けたけれども、日本に来てマラソンは耐久力も必要だと、スピードばかりじゃいかんということを覚えたならば、あの速さをもって耐久力の練習をすればこれは恐ろしい。あまり少し早く勝ちすぎだと思っています。外国人が日本に対して警戒する。

まあ、そこまでもってくるのに十二、三年かかりましたが、私も日本初めてのオリンピックをやって一回も勝たず、今回はぜひ勝ってもらいたいと思っておる。その原動力、そこまでいくのについて昨年のいい記録を生み出したのは、二十五年の九州におけるマラソンに勝たせる会、そのお世話をしておる岡部君もある。それから朝日の運動部長をやりおった伊藤君なんかもおります。

今のようにあれやこれやと新しい研究というか、見どころを変えてマラソンの進歩発達に貢献しておる人がほかにもたくさんおりますけれども、七十いくつの老齢をもってこれに邁《まい》進《しん》するという人はおそらく日本でもない。世界でもありますまい。

今回、岡部君が——実は岡部君という人は柔道の本職であります。柔道の岡部は知っておるけれどもマラソンの岡部は知らん。それが九州の片田舎におってやったのでありまして、相当、十二、三年のうちにマラソンの本を読み、実際をやり、負けじ魂で、まあ、私が本当は一番マラソンのプロなんですけれども、私が感心するようなマラソンの新しい構想を提供してくれます。いいマラソンの指導者、推進者ができたと思っておりますが、来年その実績を東京大会で示してくれて、三位全入賞をしたならばみなさまとともに万歳を三唱したいと思っております。それまではその辺の大会で少々いい記録を取ったくらいで白い歯を見せるのは禁物であります。

私はマラソン一点張り。岡部君は柔道も強い、水泳、何でもやっておる。これだけ多種多様やったのはおそらく現在の日本の体育界、体育協会の年寄りたちにもありません。ただ、今まであんまり世の中に言えなかったのは、元気が良すぎて意見が強い、角《かど》がある。それでしょっちゅう人とぶつかっておった。それほどまでに自分が研究心、または意欲があるということは、これは勝負師、競争やる人には一番大切な要素と思っております。岡部君もこのごろは少し角が取れておりますけれども、その角が取れるとともにマラソン発達のためにますます努力精進されまして、一番近くは来年のオリンピックで勝つために一層の努力ご精進ご研究をお願いしたい。今日この表彰を受けることに関しましては、私も岡部君とともに関係者に篤く感謝と御礼を申し上げる次第であります。

資料2　岡部平太・朝日賞授賞式でのスピーチ

「マラソンを中心に多年スポーツ界に尽くした功績」によって、一九六二（昭和三十七）年度の朝日賞を受賞した岡部平太のスピーチ全文。授賞式は一九六三（昭和三十八）年一月下旬に行われた〈四分四十五秒〉

ただいまは自分の気持ちをいうと、何とも言えない感謝の気持ちを述べたいと思うんですが、第一番に、朝日新聞社が私みたいなわがまま勝手なものをこの栄《は》えある受賞者の中に加えられたことに、心から敬意と尊敬を表すわけです。

私は初めて家内から、朝日の方が来られて金栗さんとおんなじ賞品をいただけるというから、私、あんまりそういうことを心掛けていなかったものですから、ああそうかと聞いて。ところがだんだんだんだん聞いて、昨日あたり東京に参りまして、自分の先生とかに会ったらこれは大変なことだということを聞かされて、初めて自分も考え込んでしまったんでございます。なるほど今日聞かせていただくと、非常な方々がなっておられる（受賞している）と。これは自分も本気でかからなきゃいけないと、こういう風にまあ、考えて来た次第でございます。

第二に、金栗さんが熊本県の草深い田舎からわざわざ東京に出てきて、私のために功績を述べていただいたことに対して、まあ先輩で当たり前ではありますけれども（会場笑）、篤く感謝いたします。

それから第三には、学会の方々がみんな協力して私の言うことを支持していただいて、日本の最高と、私たちの研究範囲では最高と思われる方々が集まって、この（一月）二十日からずっとぶっ続けに二月の十三、四日ころまで航空医学研究所の実験隊に集まっていろんなテストをやられます（金栗四三の祝辞を参照）。ありとあらゆるテストをやられます。それは日本にはかつてない研究心だと思いまして、この方々に感謝の意を表します。

もう一人私はぜひ述べたい、感謝を捧げたいと思いますのは、アメリカのスタクトンというところの大学におられる私の恩師がおられます。エイモス・アロンゾ・スタッグという先生ですが、この先生が昨年の八月十六日が満百歳の誕生日でございます。私は先生より三十年遅れていきよるわけで、七十一歳になりましたんですが、先生は今度百一歳になられる。その先生のことを思うと自分はまだ若いんだと、年のことなんか考えておれませんですから。不幸にして太平洋を離れておりますから、これだけの会に私が表彰を受けていようとは、先生、おそらく知られないだろうと思いますが、奥さまはもう今年九十歳を超されるんですが、非常に長命な方で。

そして一昨年までフットボールのボールを持って自らコーチをされていました。私の今の年齢は金栗さんがさっき言われました七十一歳ですが、先生がシカゴ（大学）をリタイアされたのが七十一の時でございます。それから三十年ぶっ続けにコーチにあたっておられます。私はですから一生涯、先生はフットボールですけれども、もともと野球の名投手なんですけれどもフットボールをやっておられます。私はいくらやったって一生涯かかっても先生にはとても追いつかないと思いますが、私は結局、一生涯グラウンドにおるつもりですから、このあたりでどうのこうのということは自分としては、自分はそんな気ではいちゃいけないと。これから一生懸命で日本のスポーツ界のために、純粋なスポーツのために働くつもりでございます。どうぞ支援してやってください。

それからここに来ておられない方で私を推薦された方、私に同情されている方がたくさんおられると。その方々は誰々ということはほとんど言えませんけれども、これはもう非常に心強いことで、みんな私は同じスポーツの仲間だと思って尊敬し、友情を持ってやっております。どうぞよろしくお願いします。

［著者］

橘 京平（たちばな・きょうへい）

知られざる偉人を発掘し、世に出すために西日本新聞メディアラボ（福岡市）が立ち上げたプロジェクト名。2019年、『Peace Hill―天狗と呼ばれた男 岡部平太物語』（上下巻、幻冬舎）を上梓。

＊株式会社西日本新聞メディアラボ

㈱西日本新聞社（福岡市）が100％出資するデジタル事業会社。1993年設立。売上高12億7,000万円（2020年度）。社員数80名（契約、パート・アルバイト含む）、平均年齢35歳。WEB・映像コンテンツ制作、デジタルメディア運営、クラウドソーシング、デジタルマーケティング、イベントプロモーション、広告代理業など多彩な事業を展開。クライアントの情報発信をワンストップで叶えられる企業を目指している。

直《ひた》向《む》きに勝つ

近代コーチの祖・岡部平太

2021年7月1日　初版第1刷発行

著　者　橘　京平

発行者　藤村興晴

発行所　忘《ぼう》羊《よう》社《しゃ》

〒810-0074　福岡市中央区大手門1-7-18

電　話 092-406-2036　FAX 092-406-2093

印刷・製本　シナノ・パブリッシングプレス